A-Z B

Key to Maps

Reference

Motorway	M61	Church or Chapel	†
A Road	A58	Fire Station	■
B Road	B6226	Hospital	H
Dual Carriageway		House Numbers A & B Roads only	83 96
One Way A Roads Traffic flow is indicated by a heavy line on the drivers' left.	→	Information Centre	i
Pedestrianized Road		National Grid Reference	³70
Restricted Access		Police Station	▲
Track/Footpath	======	Post Office	★
Railway Level Crossing Station		Toilet	▽
Built Up Area	WOOD ST		
Local Authority Bndy.			
Posttown Boundary			
Postcode Boundary Within Posttown			
Map Continuation	10		
Ambulance Station	✚		
Car Park	P		

Scale

1:15,840
4 inches to 1 mile

0   ¼   ½   ¾ Mile
0   250   500   750 Metres   1 Kilometre

Copyright of GEOGRAPHERS' A-Z Map Company Limited
Head Office : Fairfield Road, Borough Green, Sevenoaks, Kent TN15 8PP Telephone 01732 781000
Showrooms : 44 Gray's Inn Road, London WC1X 8HX Telephone 0171 242 9246
The Maps in this Atlas are based upon the Ordnance Survey mapping with the permission of the Controller of Her Majesty's Stationery Office.

© 1997 EDITION 1   © Crown Copyright (399000)
   1998 EDITION 1A (Part Revision)

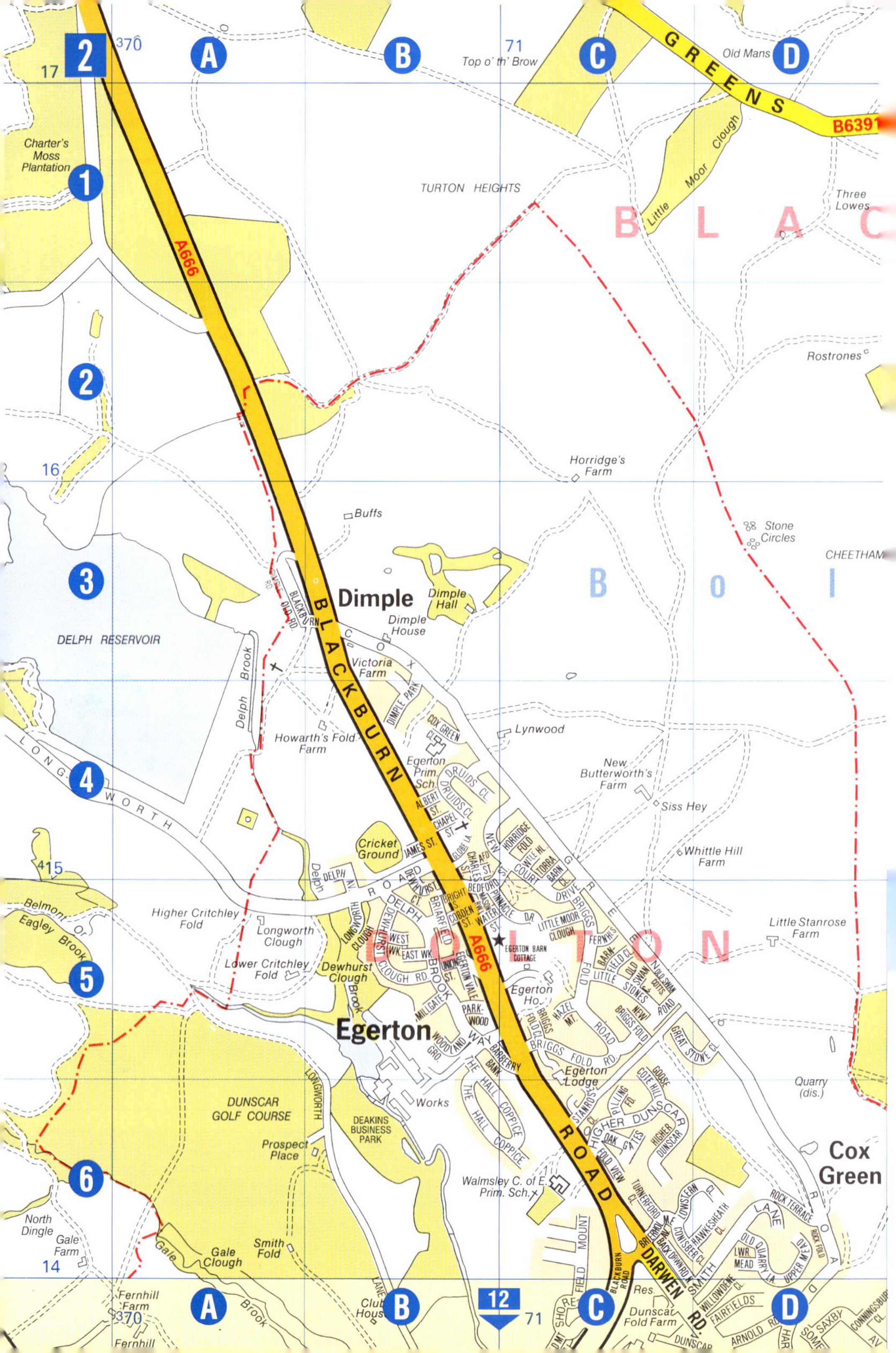
2
370
17
A
B
71
Top o' th' Brow
C
GREENS
Old Mans
D
B6391
Charter's Moss Plantation
1
TURTON HEIGHTS
Little Moor Clough
Three Lowes
BLAC
A666
2
Rostrones
16
Horridge's Farm
Buffs
Stone Circles
CHEETHAM
3
Dimple
Dimple Hall
B o l
DELPH RESERVOIR
Dimple House
COX
Victoria Farm
Delph Brook
BLACKBURN
DIMPLE PARK
Lynwood
COX GREEN CL.
Howarth's Fold Farm
LONGWORTH
4
Egerton Prim. Sch.
DRUIDS CL.
New Butterworth's Farm
Siss Hey
ALBERT ST.
CHAPEL ST.
Cricket Ground
JAMES ST.
Whittle Hill Farm
415
DELPH AV.
ROAD
Belmont or Eagley Brook
Higher Critchley Fold
Longworth Clough
Little Stanrose Farm
BOLTON
EGERTON BARN COTTAGE
Lower Critchley Fold
Dewhurst Clough
5
Egerton Ho.
Egerton
BRIGGS FOLD RD.
Egerton Lodge
DUNSCAR GOLF COURSE
Works
DEAKINS BUSINESS PARK
HIGHER DUNSCAR
Quarry (dis.)
Prospect Place
Cox Green
6
Walmsley C. of E. Prim. Sch.
ROAD
North Dingle
Gale Farm
Smith Fold
Gale Clough
Gale
14
DARWEN RD.
Res.
Fernhill Farm
A
370
Brook
Club House
B
12
71
C
Dunscar Fold Farm
D
Fernhill

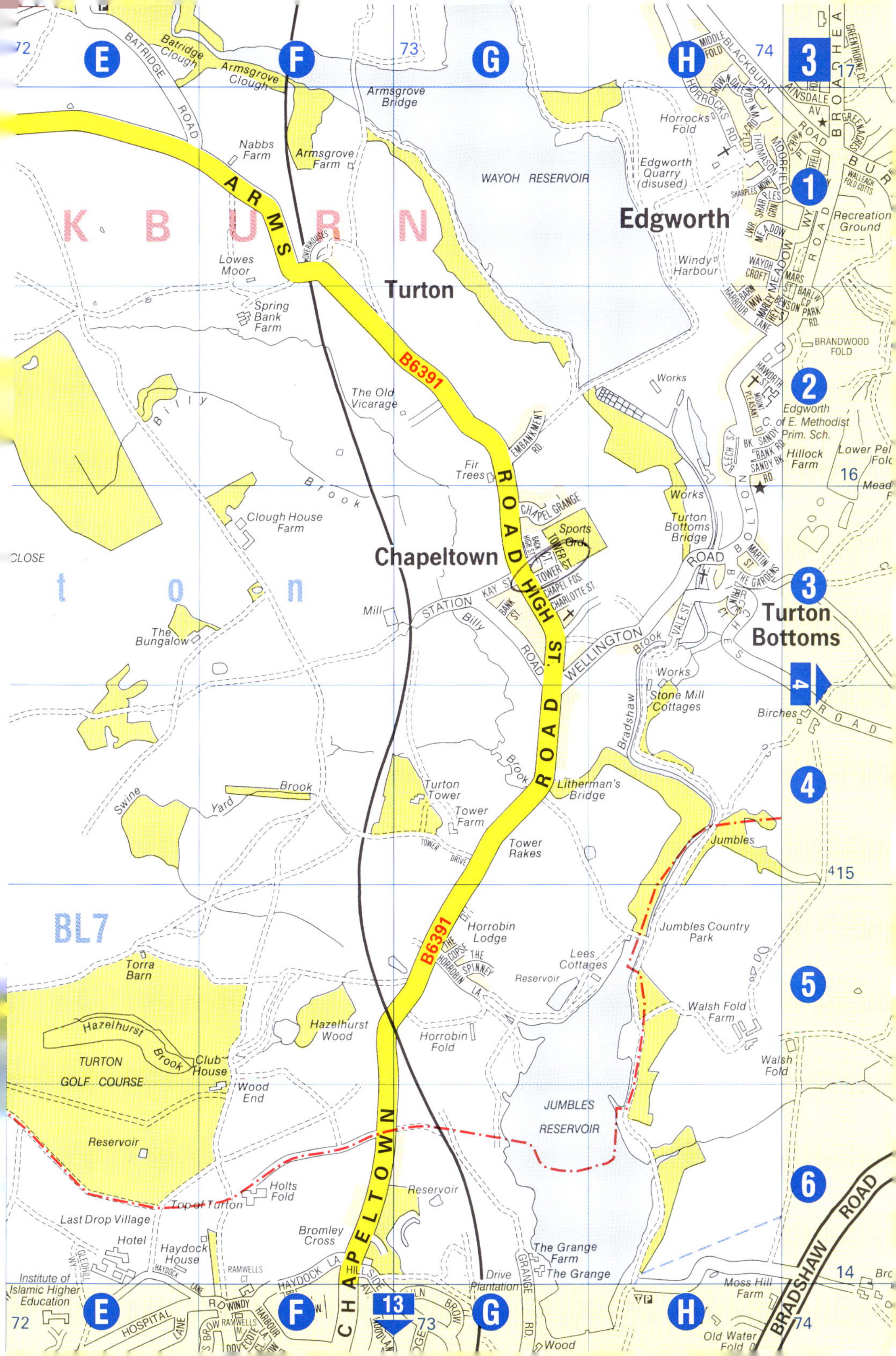

E
F
G
H
3
72
73
74
17
16
415
14
Batridge Clough
Armsgrove Clough
Armsgrove Bridge
BATRIDGE ROAD
Nabbs Farm
Armsgrove Farm
WAYOH RESERVOIR
Horrocks Fold
Edgworth Quarry (disused)
Edgworth
Windy Harbour
MIDDLE FOLD
BLACKBURN ROAD
HORROCKS RD.
AINSDALE AV.
GREENTHORNE CL.
GREENACRES
THOMASON FOLD
MOORFIELD
SHARPLES MDW
LWR. SHARPLES GRN.
MEADOW WY.
WAYOH CROFT
MARS ST.
BARLW CP.
BENSON PARK RD.
BRANDWOOD FOLD
BARN MW.
MARLEY LANE
HARBOUR LANE
WALLEACH FOLD COTTS
Recreation Ground
BROADHEAD
1
2
Edgworth C. of E. Methodist Prim. Sch.
Hillock Farm
Lower Pel Fold
Mead
HAWORTH ST.
MOUNT PLEASANT
BK. SANDY
BANK RD.
SANDY BK. RD.
BEECH ST.
BOLTON ROAD
KBURN
ARMS
B6391
OVERHOUSES
Lowes Moor
Spring Bank Farm
Turton
The Old Vicarage
Billy Brook
EMBANKMENT RD.
Works
Fir Trees
CHAPEL GRANGE
Sports Grd.
Clough House Farm
Chapeltown
CLOSE
ton
Mill
STATION
KAY ST.
BACK HIGH ST.
TOWER CT.
TOWER ST.
CHAPEL FDS.
CHARLOTTE ST.
BANK ST.
HIGH ST.
ROAD
Billy ROAD
WELLINGTON ROAD
Turton Bottoms Bridge
MARTIN ST.
THE GARDENS
BIRCHES ROAD
SPRING CT.
VALE ST.
Turton Bottoms
The Bungalow
Brook
Works
Stone Mill Cottages
Bradshaw Brook
Birches
4
Swine Yard Brook
Turton Tower
Tower Farm
TOWER DRIVE
Tower Rakes
Litherman's Bridge
Jumbles
BL7
Horrobin Lodge
THE COPSE
THE SPINNEY
HORROBIN LA.
Lees Cottages
Reservoir
Jumbles Country Park
5
Torra Barn
Hazelhurst Brook
TURTON GOLF COURSE
Club House
Hazelhurst Wood
Horrobin Fold
Walsh Fold Farm
Walsh Fold
Wood End
JUMBLES RESERVOIR
Reservoir
6
BRADSHAW ROAD
Holts Fold
Top of Turton
CHAPELTOWN
Reservoir
Last Drop Village
Bromley Cross
Hotel
Haydock House
HAYDOCK LANE
HAYDOCK LA.
The Grange Farm
The Grange
GRANGE RD.
Drive Plantation
Moss Hill Farm
Institute of Islamic Higher Education
GLEDHILL WAY
HOSPITAL ROAD
LANE
WINDY HARBOUR LA.
RAMWELLS CT
RAMWELLS M.
DOVECOTE LA.
HILLSIDE
13
KILN BROW
Wood
Old Water Fold
TP

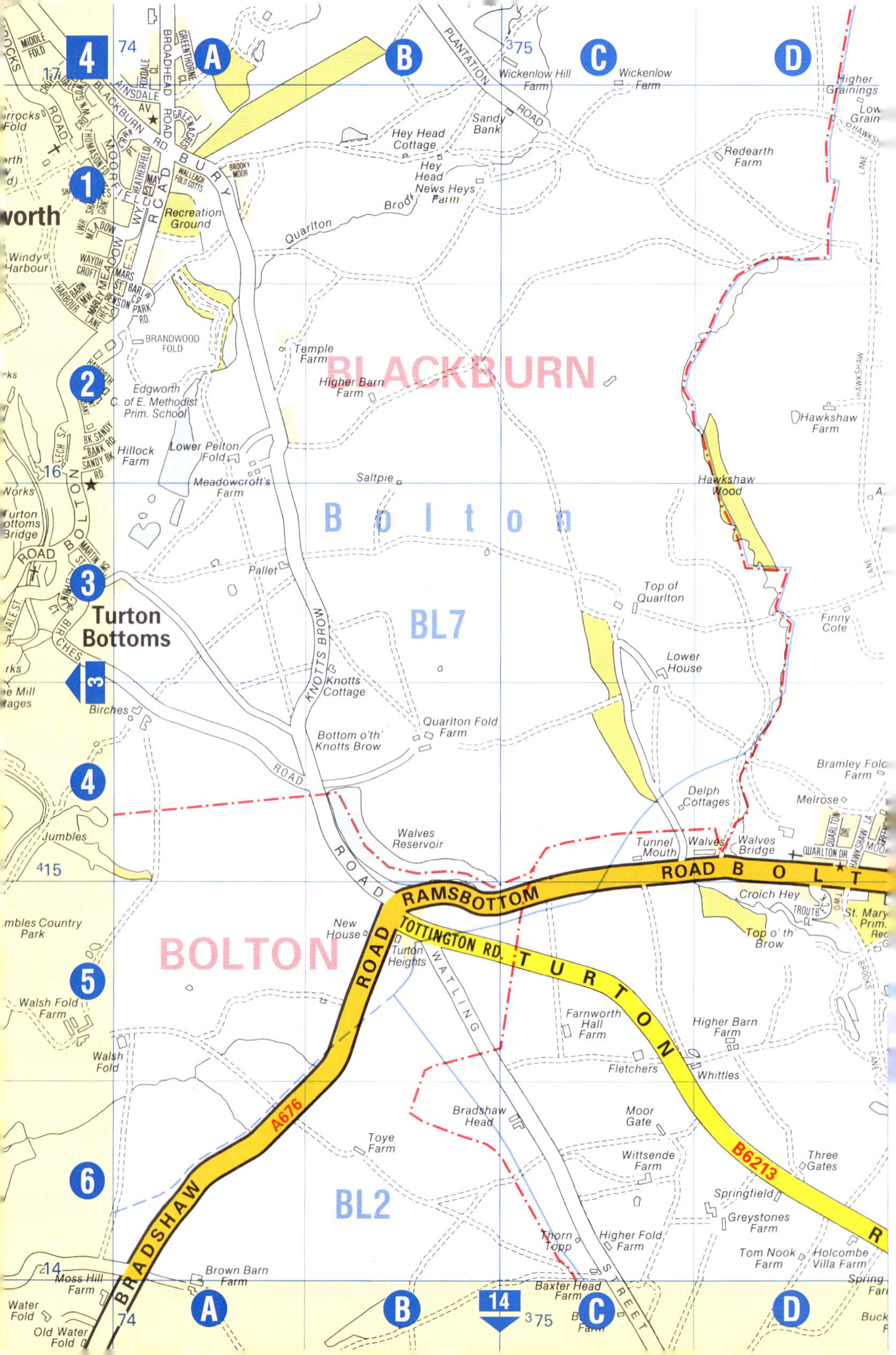
A
B
C
D
74
375
17
16
415
14
1
2
3
4
5
6
3
14
BLACKBURN
Bolton
BL7
BOLTON
BL2
Middle Fold
Blackburn Rd.
Ainsdale Av.
Broadhead Road
Greenthorne Cl.
Foxdale Cl.
Greenacres
Moorfield
Bury Road
Walleach Fold Cotts.
Brooky Moor
Recreation Ground
Plantation Road
Wickenlow Hill Farm
Wickenlow Farm
Sandy Bank
Hey Head Cottage
Hey Head News Heys Farm
Quarlton Brook
Higher Grainings
Low Grain
Redearth Farm
Windy Harbour
Brandwood Fold
Temple Farm
Higher Barn Farm
Edgworth C. of E. Methodist Prim. School
Hillock Farm
Lower Pelton Fold
Meadowcroft's Farm
Saltpie
Hawkshaw Farm
Hawkshaw Wood
Hawkshaw Lane
Pallet
Top of Quarlton
Turton Bottoms
Knotts Brow
Knotts Cottage
Lower House
Finny Cote
Birches
Quarlton Fold Farm
Bottom o'th' Knotts Brow
Bramley Fold Farm
Melrose
Delph Cottages
Jumbles
Walves Reservoir
Tunnel Mouth
Walves
Walves Bridge
Quarlton Dr.
Ramsbottom Road
Road Bolton
Croich Hey
Troutbeck Cl.
St. Mary Prim.
Top o' th' Brow
New House
Tottington Rd.
Turton Heights
Turton
Watling Street
Jumbles Country Park
Walsh Fold Farm
Walsh Fold
Farnworth Hall Farm
Higher Barn Farm
Fletchers
Whittles
Bradshaw Head
Moor Gate
A676
Toye Farm
Wittsende Farm
Three Gates
B6213
Springfield
Greystones Farm
Bradshaw
Thorn Topp
Higher Fold Farm
Tom Nook Farm
Holcombe Villa Farm
Moss Hill Farm
Brown Barn Farm
Baxter Head Farm
Water Fold
Old Water Fold

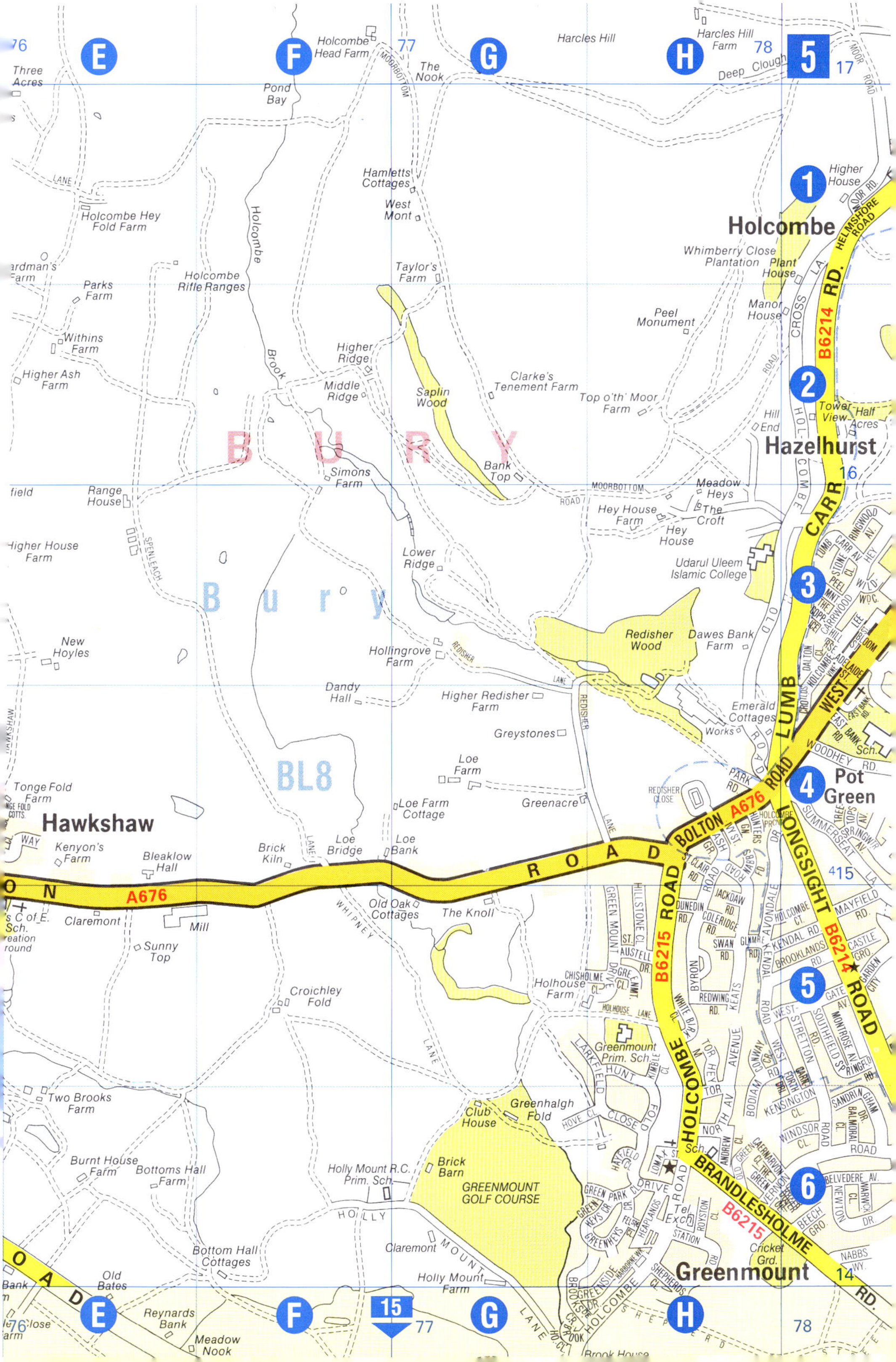

5
E
F
G
H
76
77
78
17
16
15
14
Three Acres
Holcombe Head Farm
Pond Bay
The Nook
Harcles Hill
Harcles Hill Farm
Deep Clough
MOORBOTTOM
MOOR ROAD
LANE
Holcombe Hey Fold Farm
Hamletts Cottages
West Mont
Holcombe Brook
Higher House
Holcombe
HELMSHORE ROAD
MOOR RD.
Whimberry Close Plantation
Plant House
Manor House
Holcombe Rifle Ranges
Taylor's Farm
Parks Farm
Withins Farm
Higher Ash Farm
Higher Ridge
Middle Ridge
Saplin Wood
Peel Monument
CROSS LA.
B6214 RD.
Clarke's Tenement Farm
Top o'th' Moor Farm
Hill End
Tower View
Half Acres
Hazelhurst
BURY
Bank Top
Simons Farm
Range House
MOORBOTTOM ROAD
Meadow Heys
Hey House Farm
The Croft
Hey House
HOLCOMBE
CARR
Higher House Farm
SPENLEACH
Lower Ridge
Udarul Uleem Islamic College
Bury
New Hoyles
Hollingrove Farm
REDISHER
Redisher Wood
Dawes Bank Farm
LUMB
WEST
BLOOM
ADELAIDE
Dandy Hall
Higher Redisher Farm
LANE
Emerald Cottages
Works
Greystones
Sch.
WOODHEY RD.
HAWKSHAW
BL8
Loe Farm
PARK RD.
Pot Green
Tonge Fold Farm
Greenacre
REDISHER CLOSE
Hawkshaw
Loe Farm Cottage
BOLTON A676 ROAD
LONGSIGHT
SUMMERSEAT
Kenyon's Farm
WAY
Bleaklow Hall
Brick Kiln
Loe Bridge
Loe Bank
ROAD
ST CLAIR RD.
415
N
A676
Claremont
Mill
Old Oak Cottages
The Knoll
WHIPNEY
HILLSTONE CL.
GREEN MOUNT DRIVE
B6215 ROAD
DUNEDIN RD.
JACKDAW RD.
COLERIDGE RD.
SWAN RD.
AVONDALE
HOLCOMBE CT.
MAYFIELD RD.
KENDAL RD.
BROOKLANDS RD.
CASTLE GRO.
B6214 ROAD
GARDEN CITY
s C of E. Sch.
Sunny Top
ST. AUSTELL DR.
BYRON
Croichley Fold
CHISHOLME CL.
Holhouse Farm
REDWING RD.
KEATS
GATE AV.
HOLHOUSE LANE
WEST STRETTON
SOUTHFIELD
MONTROSE AV.
Greenmount Prim. Sch.
WHITE BIRKS
TOR HEY M.
AVENUE
LANE
LARKFIELD
HUNT
KIMBLE
HOLCOMBE
TOR
NORTH AV.
BODIAM
CONWAY
KENSINGTON CL.
SANDRINGHAM DR.
BALMORAL
Two Brooks Farm
Greenhalgh Fold
Club House
HOVE CL.
CLOSE
FOLD
WINDSOR CL.
ROAD
Burnt House Farm
Bottoms Hall Farm
Holly Mount R.C. Prim. Sch.
Brick Barn
HAYFIELD CL.
LOMAX ST.
Sch.
ANDREW CL.
BRANDLESHOLME
CAERNARVON CL.
BELVEDERE AV.
WARWICK
NEWTON
GREENMOUNT GOLF COURSE
GREEN PARK
DRIVE
ROAD
6
BEECH GRO.
HOLLY
GREEN HEYS CR.
FELSBERG
HEAPLANDS
Tel. Exch.
ROYSTON CL.
STATION
B6215
Cricket Grd.
NABBS WY.
Bottom Hall Cottages
Claremont
MOUNT
Greenmount
Old Bates
Bank
ROAD
Holly Mount Farm
SHEPHERDS
RD.
Reynards Bank
LANE
GREENSIDE DR.
BROOKSIDE
HOLCOMBE
SHEPHERD
Close
arm
Meadow Nook
Brook House
1
2
3
4
5

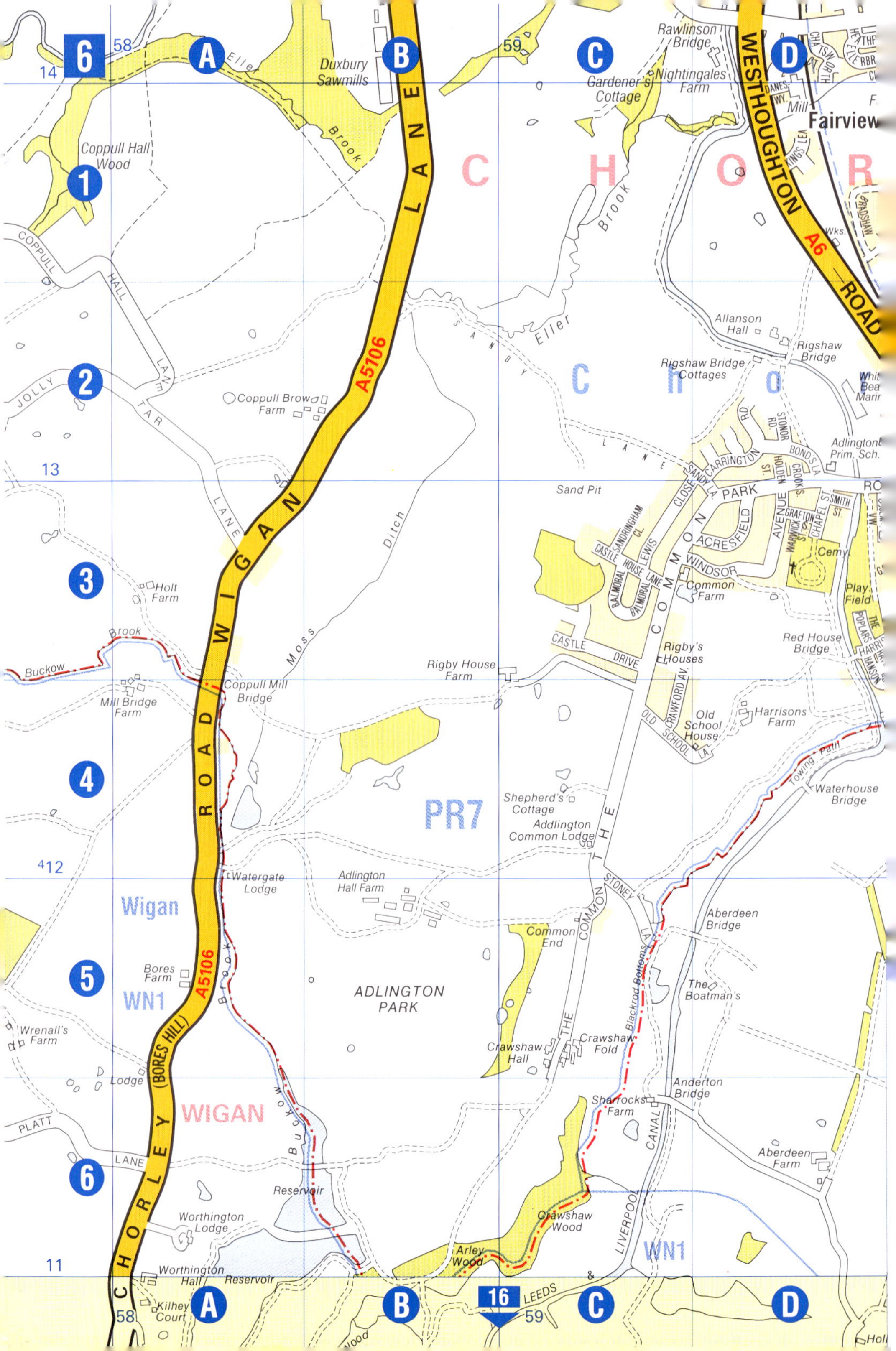
6
A
B
C
D
58
59
14
13
412
11
Eller Brook
Duxbury Sawmills
Rawlinson Bridge
Gardener's Cottage
Nightingales Farm
WESTHOUGHTON ROAD
A6
Mill
Fairview
Coppull Hall Wood
COPPULL HALL LANE
WIGAN LANE
A5106
C H O R
Brook
Sandy Eller
SANDY
Allanson Hall
Rigshaw Bridge
Rigshaw Bridge Cottages
C h o
JOLLY TAR LANE
Coppull Brow Farm
Adlington Prim. Sch.
BONDS LA.
CARRINGTON
STONOR RD.
HOLDEN ST.
CROOKS
SANDY LA.
PARK
Sand Pit
LANE
Ditch
Moss
SANDRINGHAM CL.
CLOSE
ACRESFIELD
AVENUE
GRAFTON ST.
CHAPEL ST.
SMITH ST.
WARWICK ST.
Cemy.
CASTLE HOUSE LANE
LEWIS
WINDSOR
COMMON
BALMORAL
Common Farm
Play Field
THE POPLARS
Holt Farm
Red House Bridge
CASTLE DRIVE
Rigby's Houses
Rigby House Farm
Buckow Brook
Coppull Mill Bridge
Mill Bridge Farm
CRAWFORD AV.
OLD SCHOOL LA.
Old School House
Harrisons Farm
Towing Path
Waterhouse Bridge
ROAD
PR7
Shepherd's Cottage
Addlington Common Lodge
THE COMMON
Watergate Lodge
Adlington Hall Farm
STONEY LA.
Wigan
Aberdeen Bridge
Common End
Bores Farm
A5106
ADLINGTON PARK
Blackrod Bottoms
The Boatman's
WN1
Wrenall's Farm
Brook
Crawshaw Hall
Crawshaw Fold
Lodge
(BORES HILL)
Anderton Bridge
WIGAN
Sharrocks Farm
CANAL
PLATT LANE
Buckow
Aberdeen Farm
CHORLEY
Reservoir
Worthington Lodge
Crawshaw Wood
LIVERPOOL
Arley Wood
WN1
Worthington Hall
Reservoir
&
Kilhey Court
16
LEEDS

E
F
G
H
360
61
62
14
13
412
11
1
2
3
4
5
6
8
17
Springfield Farm
Appenzell
Windy Rannets
Home Farm
ANDERTON PARK
Rivington Conference Centre
Lodge
Tan Pits Farm
Greenhalgh Farm
Rothwells Farm
King George's Field
Tennis Crt.
Prim. Sch.
St. Paul's C of E Prim. Sch.
Anderton
St. Joseph's R.C. Prim. School
Roscoe Lowe Hill
Roscoe Lowe
The Shawes
Liby.
Clinic
Adlington
ADLINGTON
Bowl. Grn.
Grove Fm.
Throstle's Nest Farm
Headless Cross
Millstone Hotel
Riverslea
Woodward House
Works
Mill Farm
Grimeford Village
Brown House Fm.
Depot
Pav.
Cricket Grd.
Warehouses
Reservoirs
PR6
Woodward Wood
Res.
Waterhouse Bri.
Huyton Fold
Edgewood
Weir
Grimeford Bri.
Grimeford Farm
White Hill
Goodman's Fold Farm
Crow's Nest
BOLTON
Greenland's Farm
White Hill Farm
Depot
Pumping Station
Markland Farm
Denton's Farm
Bolton
Rivington Service Area
Anderton House
BL6
Crowshaw House
Crowshaw Farm
Anglican Methodist Church Prim. Sch.
Bank Hos.
Wood's Barn Farm
M61
M61 MOTORWAY
A673
A6
B6227
B5408
BOLTON ROAD
CHORLEY ROAD
RAILWAY ROAD
CHORLEY ROAD
BLACKROD BY-PASS
MARKET ST
RIVER DOUGLAS
GRIMEFORD LANE
GREENLAND LANE
ROSCOE LOWE BROW
NEW ROAD
HORROBIN LANE
SUTTON LANE
DARK LANE
SCOTLAND LANE
HUYTON ROAD
CHURCH ST.

A
B
C
D
62
63
14
13
12
11
1
2
3
4
5
6
7
18
HORROBIN LA.
Windy Rannets
Home Farm
ANDERTON PARK
Rivington Conference Centre
Lodge
Tan Pits Farm
ROSCOE LOWE
BROW
RIVINGTON LA.
Headless Cross
Chorley
Riversleà
Millstone Hotel
Mill Farm
Grimeford Village
Brown House Fm.
BOLTON ROAD
A673
Mill Stone Embankment
PR6
Anderton Manor Farm
Berne House
Lakeland Farm
Great Ryeley
Greenland's Farm
Rivington Service Area
M61
M61 MOTORWAY
ANDERTON LANE
LOWER RIVINGTON RESERVOIR
RIVINGTON
Great House Barn
LEVER PARK
The Nursery
Breres' Meadow Pit
Hall Closes
Top o'th' Hill Farm
Ward's Cott.
Gilsbrook
CHORLEY
Crosses
Brown Cot
Higher Derbyshires
Pall Mall
Middle Derbyshires
The Castle
Knowle House
Crosse's Wood
Crosse's Creek
Quarry (Dis.)
Playing Field
Rivington & Blackrod High School
Douglas Diversion
Rivington Lodge
Hamer's Creek
Hamer's Cott.
Red Cot
LANE AVENUE
OLD WILLS LA.
ROYNTON ROAD
Old Lord's Farm
Jepson's Bri.
Weir
Lower Rivington Embankment
Dryfield
DRYFIELD
Pendennis
Jepson's Clough
Water Treatment Works
Squirrel Hotel
Anderton Ford Bri.
SCHOLES BANK
LEVER PARK AVENUE
FEARNHEAD AV.
HEAVILEY GRO.
CATHERINE ST. W.
CATHERINE ST. E.
MARY ST. W.
MARY ST. E.
DICKINSON ST. W.
DICKINSON CT.
LEE LANE
B6226
BK. CROWN ST.
CHORLEY NEW ROAD
A673
BO
LANE
SQUIRREL LANE
Mill Bri.
Anderton Old Hall Farm
Crown Clough
CROWN LANE
B5238
BL6
WILLIAM ST.
OFFERTON ST.
Playing Fields
HORWICH
River Douglas
Weir
Works
Mill
Resr.
Reservoir
STAR LA.
CROWN LANE
VALE AVENUE
MASON ST.
Pearl Brook
Vale Ho.
AVONHEAD CL.
Works
Wood's Barn Farm
Blackrod
BLACKROD BY-PASS
FACTORY BROW
Playgrd.
Bank Hos.
Travelling Crane
VALE COTTS.
Sch.
Prim. Sch.
Wks.
Club
Bowling Grn.

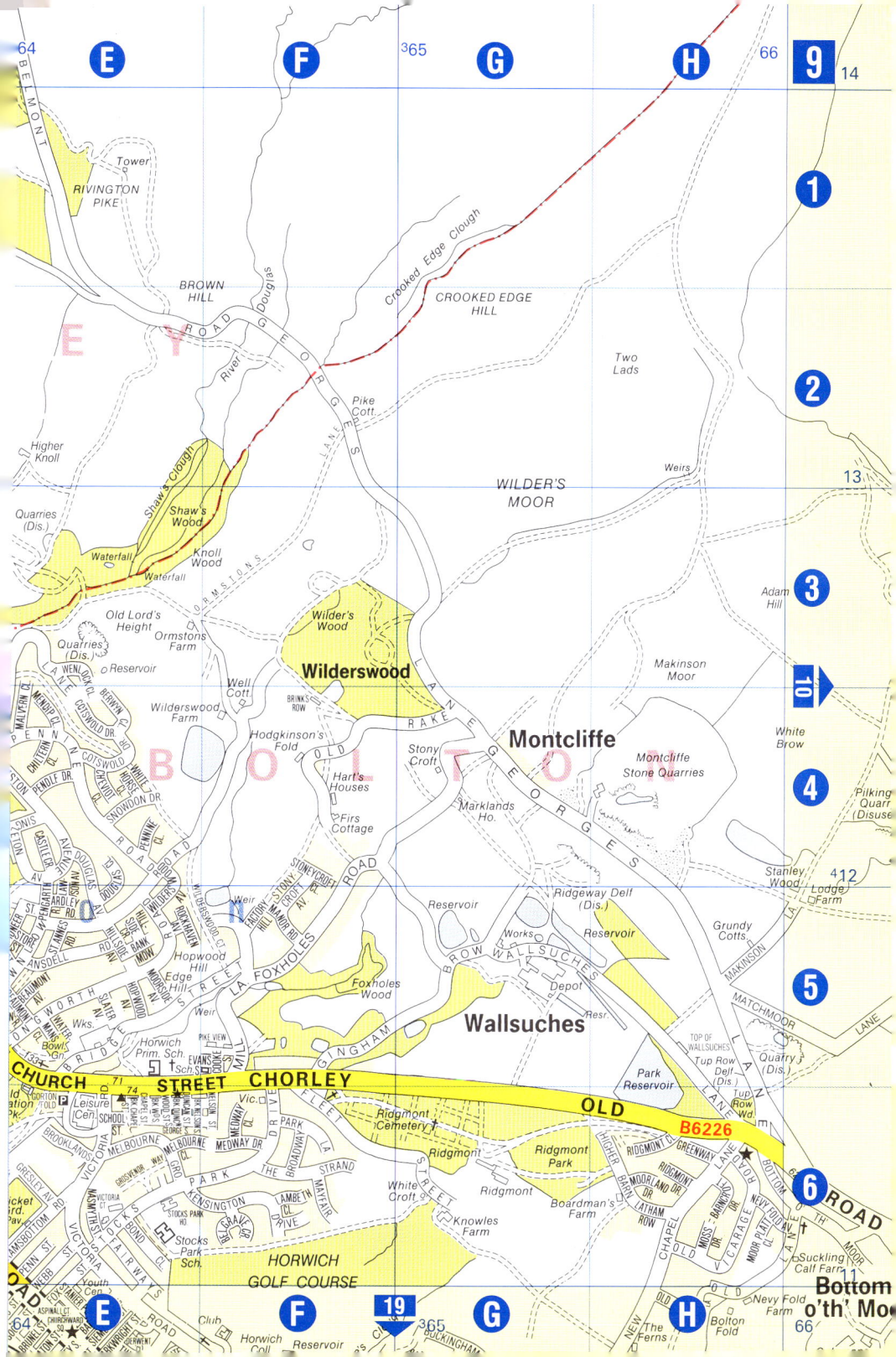

Map: Rivington / Wilderswood / Montcliffe / Wallsuches / Horwich area

Grid references (top): E 64, F 365, G, H 66, 9, 14

Northern area
- RIVINGTON PIKE
- Tower
- BROWN HILL
- River Douglas
- BELMONT ROAD
- Crooked Edge Clough
- CROOKED EDGE HILL
- Two Lads
- Pike Cott.
- Higher Knoll
- Shaw's Clough
- Shaw's Wood
- Quarries (Dis.)
- Waterfall
- Knoll Wood
- Waterfall
- Old Lord's Height
- Quarries (Dis.)
- Reservoir
- Ormstons Farm
- WILDER'S MOOR
- Weirs
- Adam Hill
- Wilder's Wood
- **Wilderswood**
- Wilderswood Farm
- Well Cott.
- Brinks Row
- Hodgkinson's Fold
- Stony Croft
- Hart's Houses
- Firs Cottage
- Marklands Ho.
- **Montcliffe**
- Montcliffe Stone Quarries
- Makinson Moor
- White Brow
- Pilking Quarr (Disuse)
- Stanley Wood
- Lodge Farm
- GEORGES LANE
- RAKE LANE
- OLD LANE

Southern area (Horwich / Wallsuches)
- BOLTON
- PENNINE ROAD
- COTSWOLD DR
- SNOWDON DR
- MENDIP
- MALVERN
- BERWYN
- CHILTERN
- PENDLE DR
- ALEXANDRA
- DOUGLAS AV
- ARDLEY RD
- CASTLE AV
- PENCARROW
- ANSDELL RD
- BEAUMONT
- WENTWORTH
- BRIDGE
- SLATER
- MOORSIDE
- HOPWOOD
- Edge Hill
- Weir
- FACTORY
- STONY CROFT
- MANOR RD
- ROCKHAVEN AV
- STONEYCROFT AV
- Reservoir
- Ridgeway Delf (Dis.)
- Reservoir
- Works
- Depot
- **Wallsuches**
- Resr.
- Top of Wallsuches
- Tup Row Delf (Dis.)
- Quarry (Dis.)
- Grundy Cotts
- MAKINSON
- MATCHMOOR LANE
- Foxholes Wood
- FOXHOLES ROAD
- MILL LANE
- GINGHAM
- PIKE VIEW
- Horwich Prim. Sch.
- EVANS
- COOKE
- **CHURCH STREET** — **CHORLEY OLD ROAD** — **B6226**
- Park Reservoir
- Ridgmont Cemetery
- Ridgmont
- Ridgmont Park
- White Croft
- Boardman's Farm
- Knowles Farm
- RIDGMONT
- MOORLAND DR
- LATHAM ROW
- HIGHER RIDGMONT
- GREENWAY
- MOSS BANK
- CHAPEL
- MOOR PLATT
- NEVY FOLD AV
- GARAGE
- Nevy Fold Farm
- Suckling Calf Farm
- Bolton Fold
- The Ferns
- **Bottom o'th' Moor**
- NEW CHORLEY OLD ROAD
- 74
- Vic.
- MELBOURNE
- MEDWAY DR
- PARK
- BROADWAY
- STRAND
- MAYFAIR
- LAMBETH CL
- KENSINGTON DRIVE
- FLEET
- BROOKLANDS
- GRESLEY AV
- GROSVENOR WAY
- NASHSMITH CT
- VICTORIA RD
- STOCKS PARK DR
- FAIRWAY
- Stocks Park Sch.
- **HORWICH GOLF COURSE**
- Horwich Coll
- Reservoir
- Club
- BUCKINGHAM
- Leisure Cen
- CHAPEL
- Youth Cen
- ASPINALL CT
- CHURCHWARD
- BELGRAVE
- ABRAHAM
- PENN ST

Grid (bottom): E 64, F 19 365, G, H 66, 6

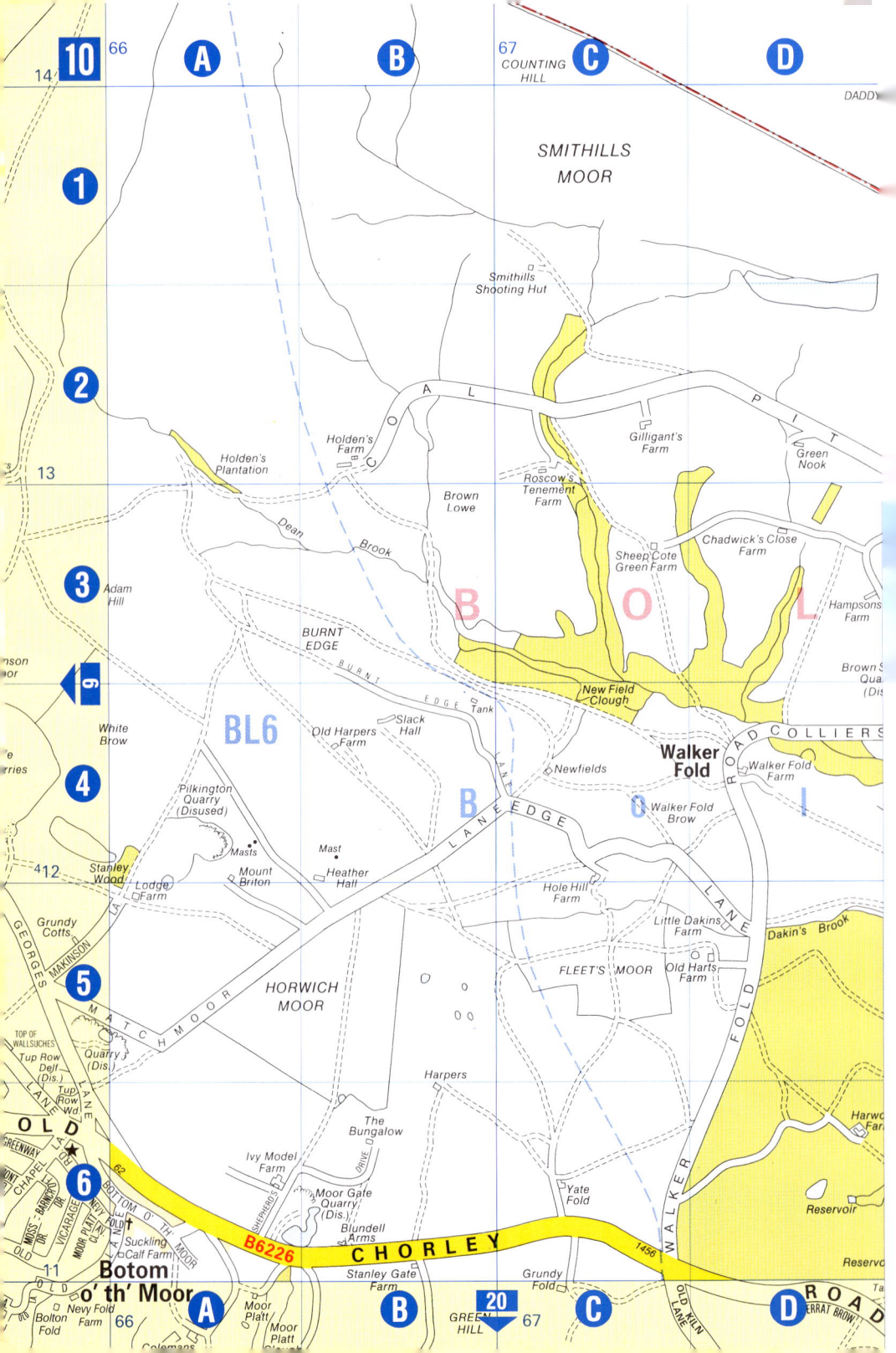

Map: Smithills Moor / Horwich Moor / Bottom o' th' Moor

Grid references: 10, 66, A, B, 67 COUNTING HILL, C, D, DADDY

Row 1
- SMITHILLS MOOR

Row 2
- Smithills Shooting Hut
- Holden's Plantation
- Holden's Farm
- COAL PIT
- Gilligant's Farm
- Green Nook
- 13

Row 3
- Adam Hill
- Dean Brook
- Brown Lowe
- Roscow's Tenement Farm
- Sheep Cote Green Farm
- Chadwick's Close Farm
- BOL...
- Hampsons Farm

Row 4 (BL6 area)
- 9
- White Brow
- BURNT EDGE
- Old Harpers Farm
- Slack Hall
- Tank
- BURNT EDGE
- Newfields
- New Field Clough
- Walker Fold
- Walker Fold Farm
- ROAD COLLIERS
- Brown... Quarry (Dis)

Row 5
- Pilkington Quarry (Disused)
- Masts
- Mast
- Stanley Wood
- Lodge
- Mount Briton
- Heather Hall
- LANE EDGE
- Hole Hill Farm
- Walker Fold Brow
- Little Dakins Farm
- Old Harts...
- Dakin's Brook
- 412
- Grundy Cotts
- HORWICH MOOR
- FLEET'S MOOR
- WALKER FOLD LANE
- MATCHMOOR LANE
- GEORGES MAKINSON
- Quarry (Dis.)
- TOP OF WALLSUCHES
- Tup Row Delf (Dis.)
- Tup Row Wd
- Harpers
- Harw...

Row 6 (Bottom o' th' Moor)
- OLD GREENWAY LA
- CHAPEL
- MOSS DR, BARNES RD, VICARAGE RD, MOOR PLATT, NEW FOLD
- BOTTOM O' TH'
- SHEPHERDS
- The Bungalow
- Ivy Model Farm
- Moor Gate Quarry (Dis.)
- Blundell Arms
- Yate Fold
- Reservoir
- Reservoir
- 62
- Suckling Calf Farm
- B6326 CHORLEY
- Stanley Gate Farm
- Grundy Fold
- 1456
- OLD KILN LANE
- ROAD
- FERRAT BROW
- 11
- Nevy Fold
- Bolton Fold Farm
- Botom o' th' Moor
- Moor Platt
- Moor Platt
- 20
- GREEN HILL
- 66
- 67

A B C D

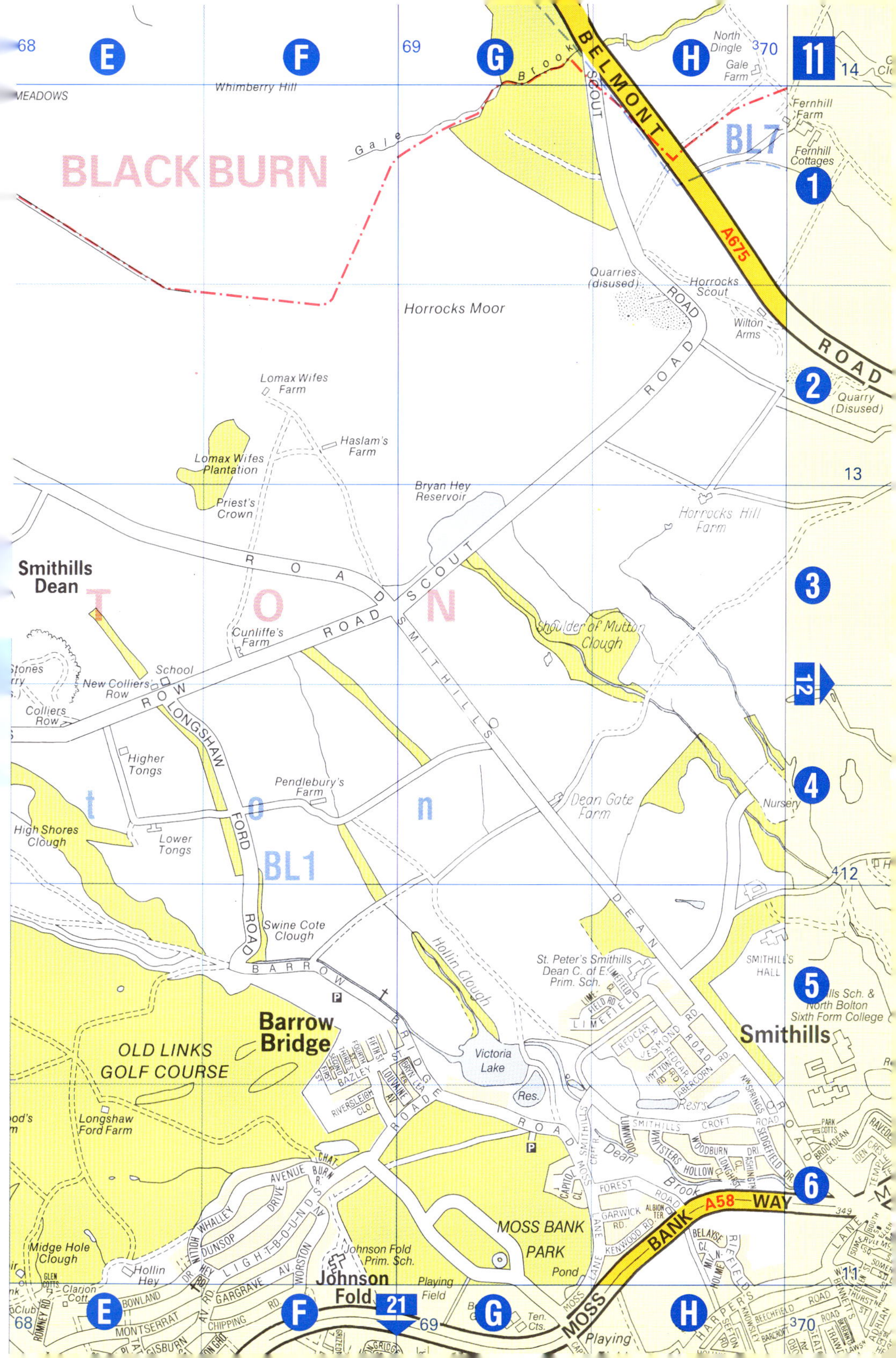
68
E
F
69
G
H
370
11
14
MEADOWS
Whimberry Hill
Brook
BELMONT
SCOUT
North Dingle
Gale Farm
Fernhill Farm
BL7
Fernhill Cottages
Gale
BLACKBURN
1
A675
Quarries (disused)
Horrocks Scout
ROAD
Horrocks Moor
Wilton Arms
ROAD
2
Quarry (Disused)
Lomax Wifes Farm
Haslam's Farm
Lomax Wifes Plantation
Bryan Hey Reservoir
13
Priest's Crown
Horrocks Hill Farm
Smithills Dean
ROAD
SCOUT
T O N
3
Shoulder of Mutton Clough
Cunliffe's Farm
School
Stones
New Colliers Row
Colliers Row
ROW
LONGSHAW
SMITHILLS
12
Higher Tongs
Pendlebury's Farm
4
Nursery
t o n
Dean Gate Farm
High Shores Clough
Lower Tongs
FORD
BL1
412
DEAN
ROAD
Swine Cote Clough
Hollin Clough
St. Peter's Smithills Dean C. of E. Prim. Sch.
SMITHILLS HALL
BARROW
5
Smithills Sch. & North Bolton Sixth Form College
Barrow Bridge
OLD LINKS GOLF COURSE
BRIDGE
Victoria Lake
Res.
LIMEFIELD
REDCAR
JESMOND
ROAD
ABERCORN RD
Smithills
Resrs
BAZLEY
RIVERSLEIGH CLO.
LOUVAINE AV
BRYN LEA
Longshaw Ford Farm
ROAD
SMITHILLS CROFT ROAD
SEDGEFIELD DR
WOODBURN
WHITSTERS HOLLOW
LONGHURST
ASHINGTON
Dean Brook
PARK COTTS
BROOKDEAN CL.
CHAT
BURN
AVENUE
FOREST ROAD
6
A58
WAY
DUNSOP DRIVE
WHALLEY
CAPITOL CL.
GARWICK RD.
ALBION TER
349
MOSS BANK PARK
KENWOOD RD
BANK
BELAYSE CL.
Midge Hole Clough
Johnson Fold Prim. Sch.
Hollin Hey
Pond
Clarion Cott
Johnson Fold
Playing Field
BOWLAND
GARGRAVE
MOSS
11
E
F
21
G
H
MONTSERRAT
CHIPPING
69
Ten. Cts.
Playing
370
ROMNEY RD.
GISBURN
HARPERS
BEECHFIELD ROAD
BARCROFT

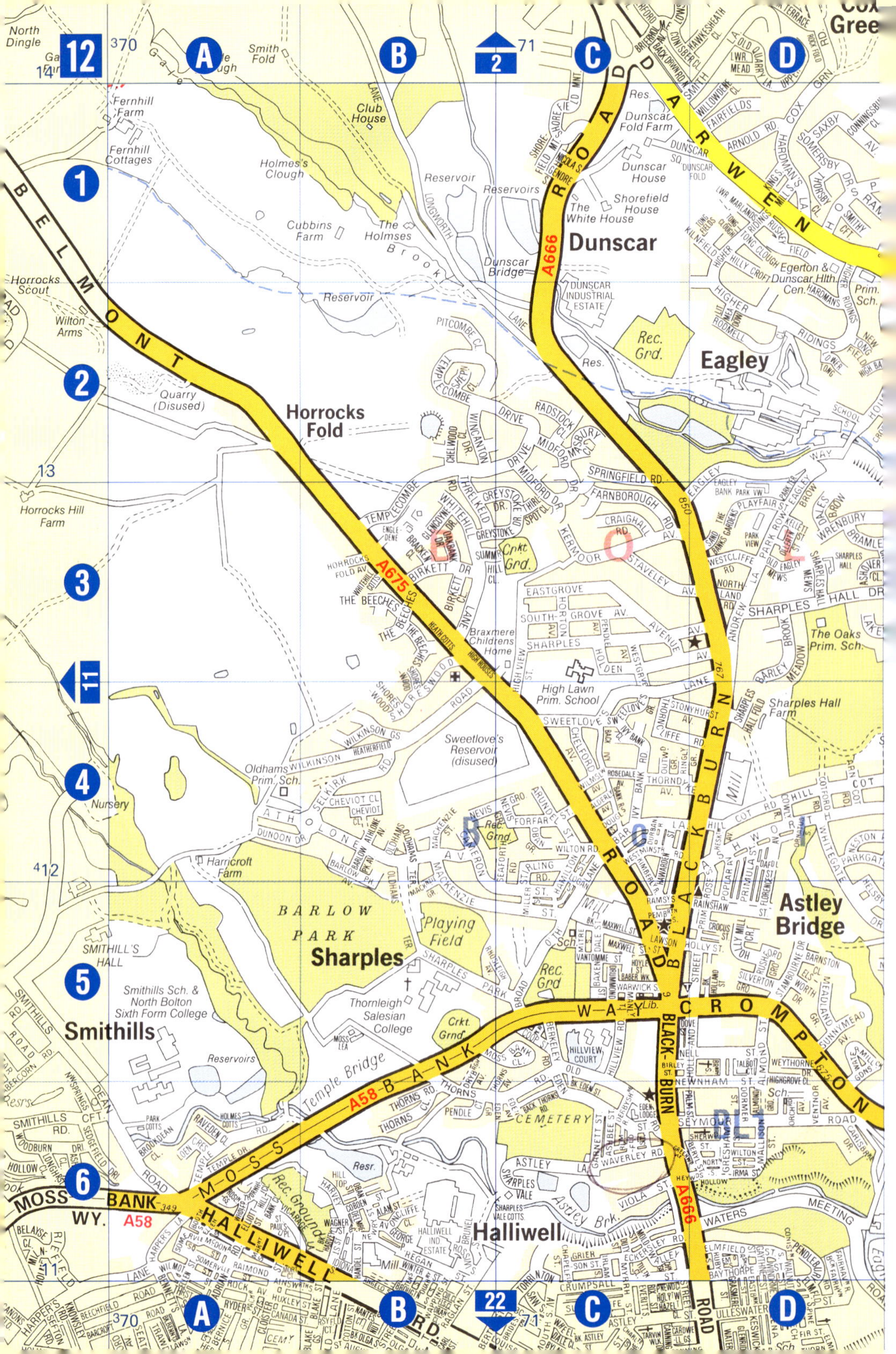
A
B
C
D
2
11
22
1
2
3
4
5
6
370
71
14
13
412
11
North Dingle
Smith Fold
Fernhill Farm
Fernhill Cottages
Club House
Holmes's Clough
Cubbins Farm
The Holmes
Brook
Reservoir
Reservoirs
Longworth
Dunscar Bridge
Dunscar
Dunscar Fold Farm
Dunscar House
Shorefield House
The White House
Dunscar Industrial Estate
Rec. Grd.
Res.
Eagley
Egerton & Dunscar Hlth. Cen.
Prim. Sch.
Horrocks Scout
Wilton Arms
Quarry (Disused)
Horrocks Fold
Horrocks Hill Farm
BELMONT ROAD
A675
A666
DARWEN ROAD
Springfield Rd.
Farnborough Rd.
Templecombe Dr.
Crkt Grd.
The Beeches
Braxmere Childrens Home
High Lawn Prim. School
Sharples Hall Dr.
The Oaks Prim. Sch.
Sharples Hall Farm
Sweetlove's Reservoir (disused)
Oldhams Prim. Sch.
Nursery
Athlone Av.
Harricroft Farm
Barlow Park
Sharples
Playing Field
Rec. Grd.
Thornleigh Salesian College
Crkt. Grnd
Smithill's Hall
Smithills Sch. & North Bolton Sixth Form College
Smithills
Reservoirs
Temple Bridge
Moss Bank Way
A58
Halliwell Rd.
Rec. Ground
Resr.
Cemetery
Hillview Court
Sharples Vale
Astley Brk.
Halliwell
Halliwell Ind. Estate
Mill
Astley Bridge
Blackburn Road
Crompton Way
A666
BL1
Lib.
Waters Meeting Rd.
Mill
Cox Green

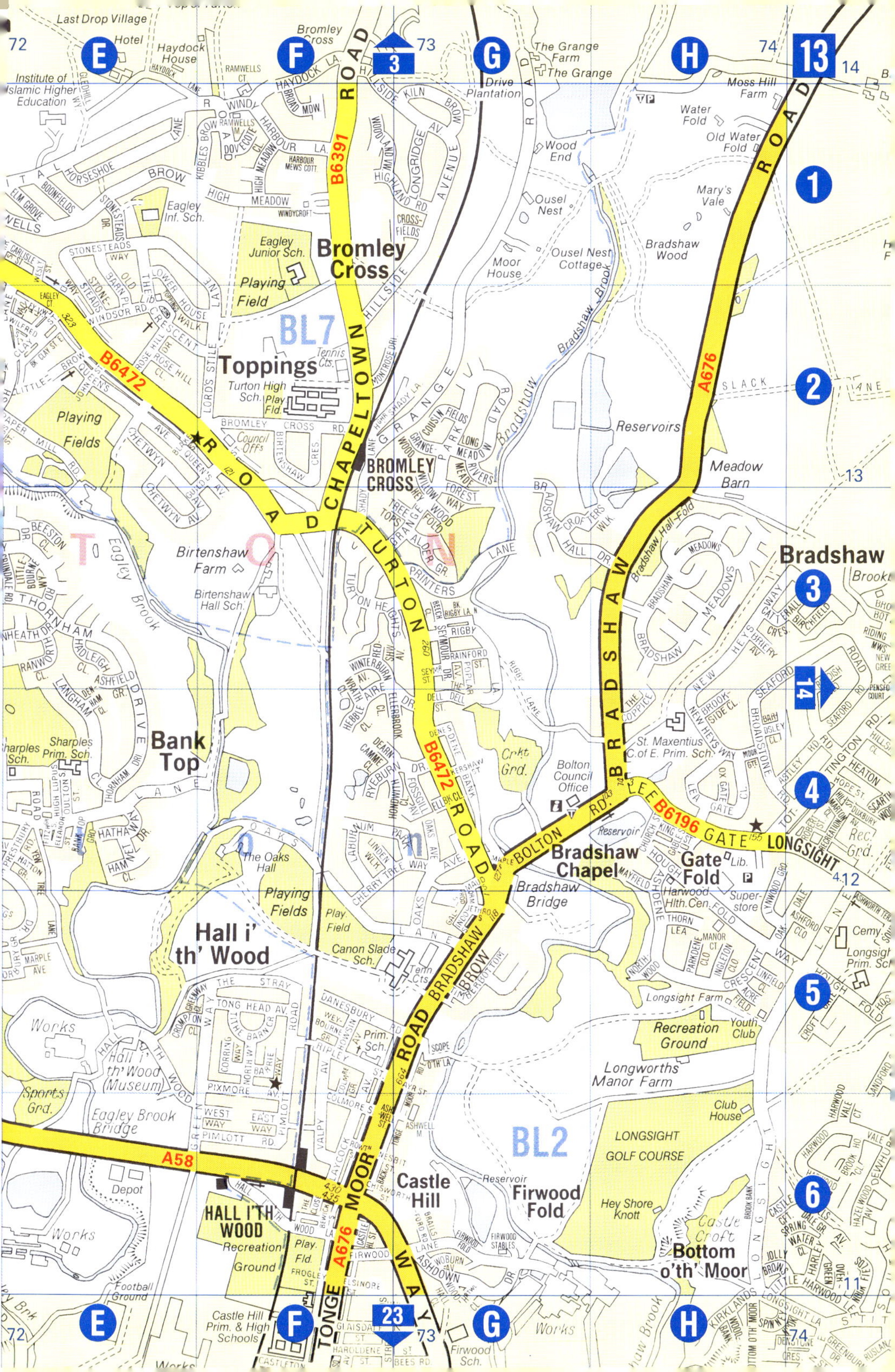

Last Drop Village Hotel
Haydock House
Bromley Cross
Institute of Islamic Higher Education
The Grange Farm
The Grange
Drive Plantation
Moss Hill Farm
Water Fold
Old Water Fold
Wood End
Mary's Vale
Ousel Nest
Eagley Inf. Sch.
Eagley Junior Sch.
Playing Field
Bromley Cross
Moor House
Ousel Nest Cottage
Bradshaw Wood
Bradshaw Brook
BL7
Toppings
Turton High Sch.
Council Offs
Playing Fields
BROMLEY CROSS
Reservoirs
Meadow Barn
Birtenshaw Farm
Birtenshaw Hall Sch.
Eagley Brook
Bradshaw
Sharples Prim. Sch.
Sharples Sch.
Bank Top
Crkt Grd.
St. Maxentius C.of E. Prim. Sch.
Bolton Council Office
Reservoir
The Oaks Hall
Playing Fields
Bradshaw Chapel
Bradshaw Bridge
Gate Fold
Lib.
Harwood Hlth.Cen.
Super-store
Cemy
Longsight Prim. Sch.
Hall i' th' Wood
Play Field
Canon Slade Sch.
Tenn Cts.
Longsight Farm
Youth Club
Recreation Ground
Works
Hall i' th' Wood (Museum)
Prim. Sch.
Longworths Manor Farm
Sports Grd.
Eagley Brook Bridge
Club House
LONGSIGHT GOLF COURSE
BL2
Depot
Castle Hill
Reservoir
Firwood Fold
Hey Shore Knott
Castle Croft
Bottom o'th' Moor
HALL I'TH WOOD Recreation Ground
Works
Play. Fld.
Football Ground
Castle Hill Prim. & High Schools
Firwood Sch.
Works
A676
A58
B6391
B6472
B6196
CHAPELTOWN ROAD
TURTON ROAD
BRADSHAW ROAD
BRADSHAW BROW
TONGE MOOR ROAD
BOLTON RD.
LEE GATE
LONGSIGHT
3
23
14
72
73
74
13
12
11
1
2
3
4
5
6
E
F
G
H

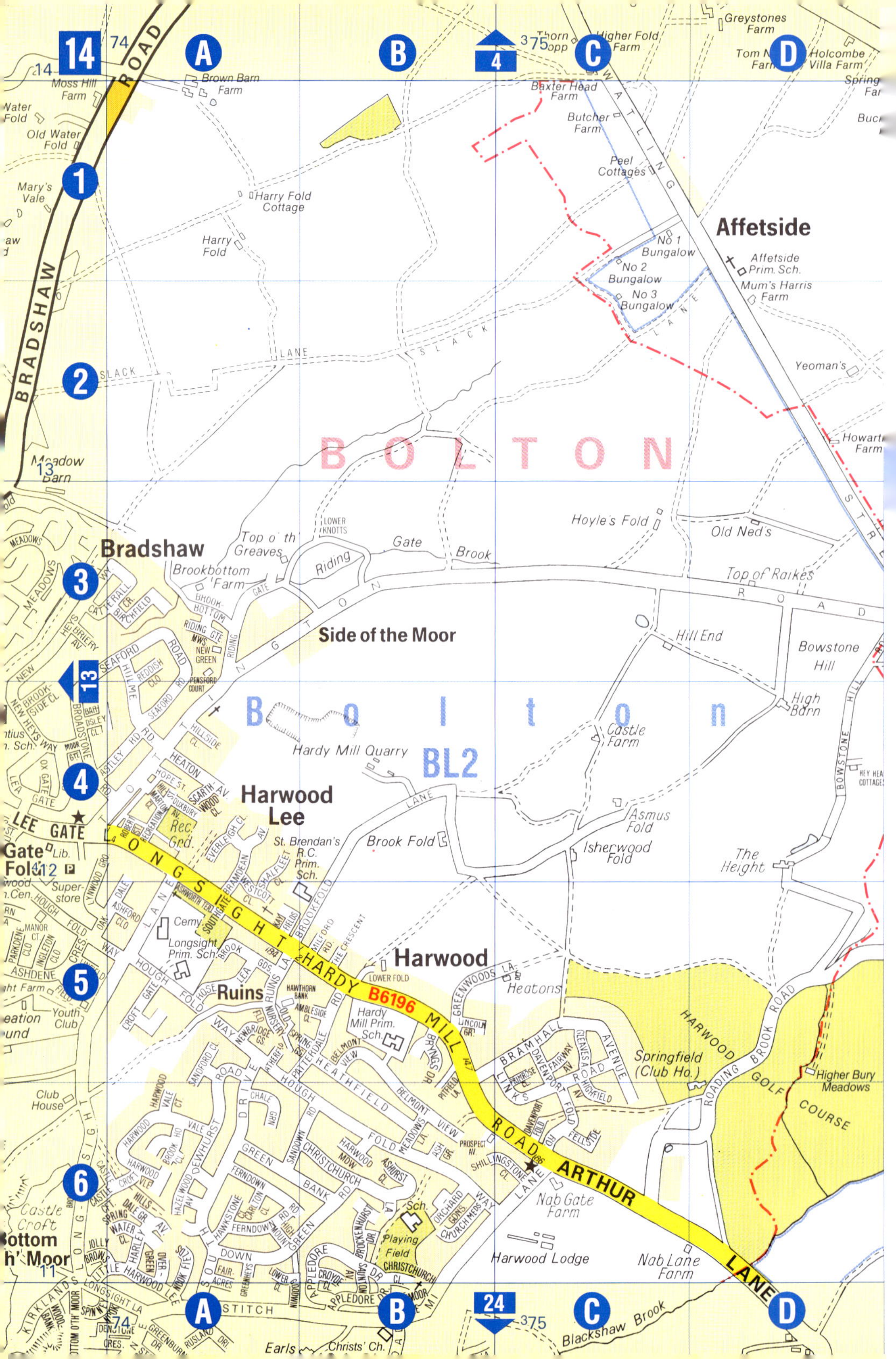
14
74
375
A
B
C
D
1
2
3
4
5
6
4
13
24
BRADSHAW ROAD
Moss Hill Farm
Water Fold
Old Water Fold
Mary's Vale
Meadow Barn
Brown Barn Farm
Harry Fold Cottage
Harry Fold
SLACK LANE
Thorn Copp
Higher Fold Farm
Greystones Farm
Holcombe Villa Farm
Baxter Head Farm
Butcher Farm
Peel Cottages
WATLING STREET
Affetside
No 1 Bungalow
No 2 Bungalow
No 3 Bungalow
Affetside Prim. Sch.
Mum's Harris Farm
Yeoman's
Howarth Farm
BOLTON
Bolton
BL2
Hoyle's Fold
Old Ned's
Top o' th' Greaves
Riding Gate Brook
Bradshaw
Brookbottom Farm
Side of the Moor
Top of Raikes
ROAD
Hill End
Bowstone Hill
High Barn
Castle Farm
Hardy Mill Quarry
BOWSTONE HILL
HEY HEAD COTTAGES
Harwood Lee
Brook Fold
Asmus Fold
Isherwood Fold
The Height
St. Brendan's R.C. Prim. Sch.
Rec. Grd.
LEE GATE
Gate Fold
Lib.
Super-store
Cemy.
Longsight Prim. Sch.
Ruins
Harwood
LOWER FOLD
Heatons
B6196
HARDY MILL ROAD
LONGSIGHT
Hardy Mill Prim. Sch.
HARWOOD GOLF COURSE
Springfield (Club Ho.)
ROADING BROOK ROAD
Higher Bury Meadows
Youth Club
Club House
Castle Croft
Bottom o' th' Moor
ARTHUR LANE
Nab Gate Farm
Harwood Lodge
Nab Lane Farm
Playing Field
Sch.
STITCH
Blackshaw Brook
Earls
Christs' Ch.
11
12
13

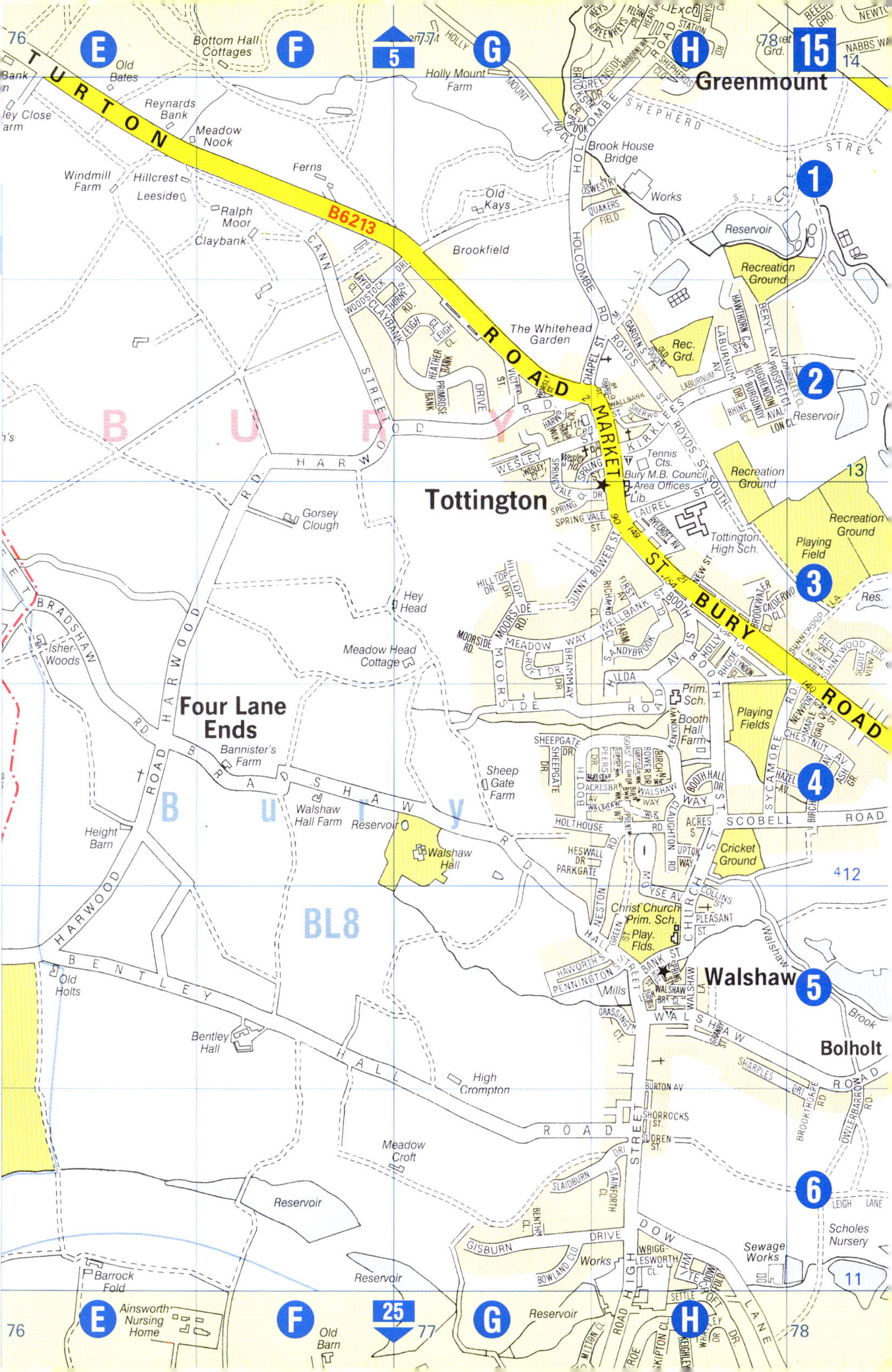

E
F
G
H
5
25
76
77
78
14
13
12
11
1
2
3
4
5
6
TURTON ROAD
B6213
Bottom Hall Cottages
Old Bates
Reynards Bank
Meadow Nook
Windmill Farm
Hillcrest
Leeside
Ralph Moor
Claybank
Ferns
Holly Mount Farm
Greenmount
Brook House Bridge
Works
Old Kays
Brookfield
Reservoir
Recreation Ground
Rec. Grd.
The Whitehead Garden
MARKET ST.
BURY ROAD
Tottington
Tennis Cts.
Bury M.B. Council Area Offices
Lib.
Tottington High Sch.
Playing Field
Res.
B U R Y
HARWOOD RD
Gorsey Clough
Hey Head
Meadow Head Cottage
Isher-Woods
BRADSHAW RD
Four Lane Ends
Bannister's Farm
Sheep Gate Farm
Height Barn
Walshaw Hall Farm
Walshaw Hall
Bury
BL8
Prim. Sch.
Booth Hall Farm
Playing Fields
SCOBELL ROAD
Cricket Ground
Christ Church Prim. Sch.
Play. Flds.
Walshaw
Mills
Bolholt
Brook
Old Holts
BENTLEY HALL ROAD
Bentley Hall
High Crompton
Meadow Croft
HIGH STREET
Reservoir
Barrock Fold
Ainsworth Nursing Home
Old Barn
Works
Sewage Works
Scholes Nursery

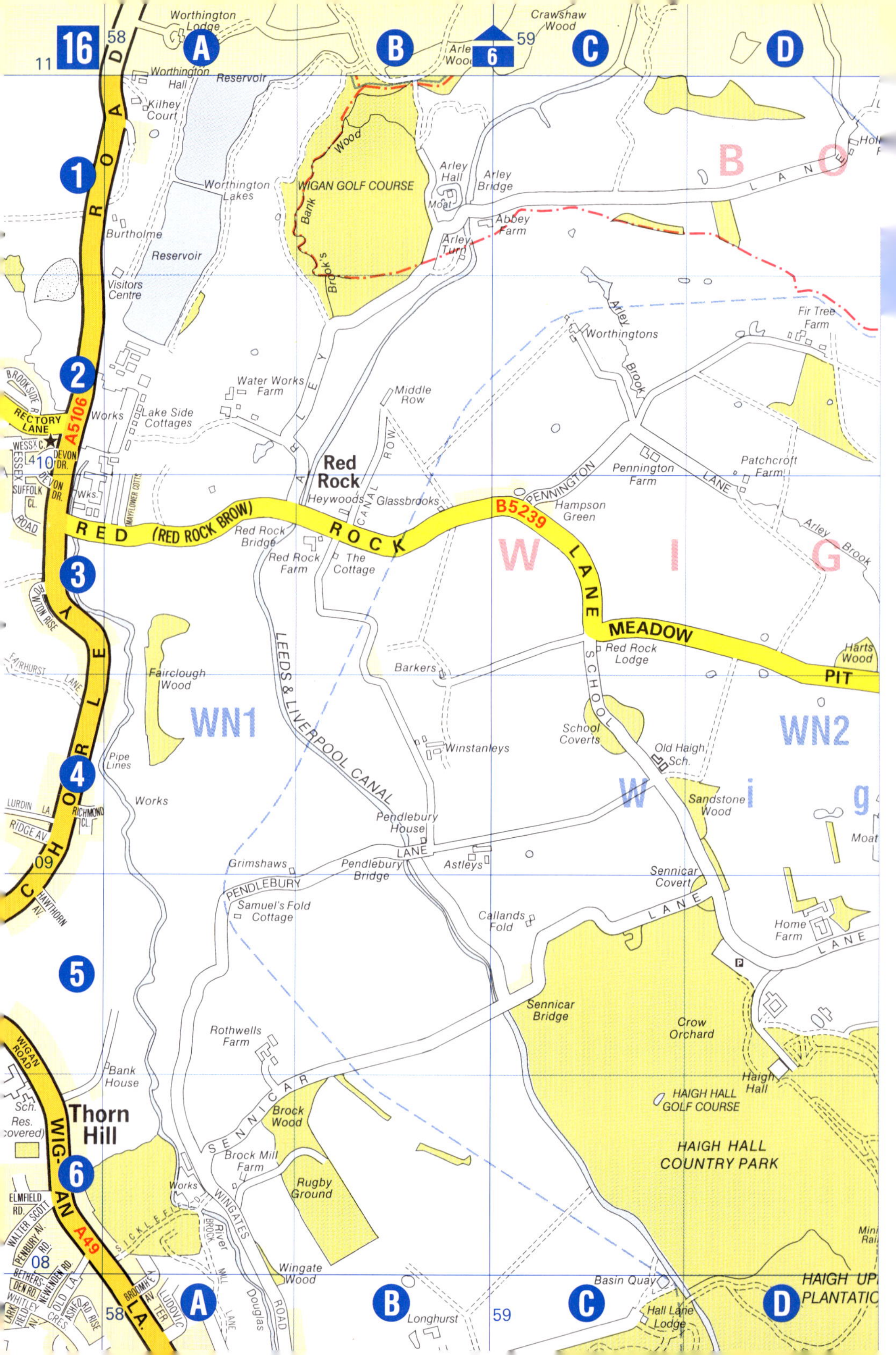

A
B
C
D
58
59
11
6
1
2
3
4
5
6
10
09
08
Worthington Lodge
Crawshaw Wood
Arley Wood
Worthington Hall
Reservoir
Kilhey Court
WIGAN GOLF COURSE
Bank Wood
Brook's
Arley Hall
Arley Bridge
Moat
Abbey Farm
Arley Turn
Worthington Lakes
Burtholme
Reservoir
Visitors Centre
LANE
B
O
ROAD
BROOKSIDE RD.
RECTORY LANE
A5106
WESSEX C.
ESSEX
SUFFOLK CL.
DEVON DR.
DEVON DR.
ROAD
Works
Lake Side Cottages
Water Works Farm
Wks.
MAYFLOWER COTTS
Red Rock
Heywoods
Glassbrooks
Middle Row
CANAL ROW
ARLEY
Arley Brook
Worthingtons
Fir Tree Farm
Pennington Farm
PENNINGTON
LANE
Patchcroft Farm
Hampson Green
B5239
RED (RED ROCK BROW) ROCK
Red Rock Bridge
Red Rock Farm
The Cottage
W
I
G
LANE
Arley Brook
MEADOW
PIT
Harts Wood
Red Rock Lodge
Barkers
SCHOOL
School Coverts
Old Haigh Sch.
WN1
WN2
Fairclough Wood
FAIRHURST LANE
ROWTON RISE
CHORLEY
Pipe Lines
Works
LEEDS & LIVERPOOL CANAL
Winstanleys
W
i
g
Sandstone Wood
Moat
LURDIN LA
RICHMOND CL.
RIDGE AV.
HAWTHORN AV.
Pendlebury House
LANE
Astleys
Grimshaws
Pendlebury Bridge
PENDLEBURY
Samuel's Fold Cottage
Sennicar Covert
LANE
Callands Fold
Home Farm
LANE
Sennicar Bridge
Crow Orchard
Rothwells Farm
Haigh Hall
HAIGH HALL GOLF COURSE
HAIGH HALL COUNTRY PARK
WIGAN ROAD
Bank House
Sch.
Res. (covered)
Thorn Hill
SENNICAR
Brock Wood
Brock Mill Farm
Rugby Ground
WINGATES
ELMFIELD RD.
WALTER SCOTT AV.
PENBURY RD.
WIGAN LA.
A49
SICKLEFIELD
Works
River Douglas
BROCK MILL LANE
ROAD
BROOMHEY AV.
LUDOVIC TER.
NEWENDEN RD.
BETHERSDEN RD.
WHITLEY CRES
OLD LA
ASHCROFT RISE
HEILEY AV.
Wingate Wood
Longhurst
Basin Quay
Hall Lane Lodge
HAIGH UP PLANTATIC

17
7
61
62
18
E
F
G
H
1
2
3
4
5
6
Little Scotland
Blackrod
Bolton BL6
Haigh
Holly Nook
Aspull
Scot Lane End
Crowshaw Farm
Blackrod Anglican Methodist Church Prim. Sch.
Pennington Hill
Pennington Fold
Rigby Hill
Cricket Grd.
Pav.
Holmes
Rollinson House Farm
Copperas House
Brown Fold
Sibbering's Farm
Makinson's Fm.
Wood's Barn Farm
Bank Hos.
Playgrd.
Cemy.
Tucker's Hill Farm
Tucker's Hill
Nightingale's Farm
Freezeland Farm
Willoughby Farm
Harts
Green House
Whittle Tag Farm
Toddingtons
Edge's Farm
Whalley Cotts
Gorses Farm
Yates's Farm
Butcherfield Row
Haigh & Aspull (St. David's) C. of E. Prim. Sch.
Vicarage
Reservoir (covered)
Woodside
Haighlands
Tennis Court
Windmill
Prospect Cotts.
Walker Gardens
Curfew House
Engine Shed
Haigh Upper Plantations
Hilton Farm
Manor House Farm
Aspull Common
Aspull Mkt.
Play. Fld.
Aspull Church Jun. & Inf. Sch.
Stanley Nook Farm
Shepherds Farm
Scot Lane Farm
Walker's Higher Farm
Walker's Lower Farm
Alkers Fold
Pumping Sta.
Borsdane Brook
BLACKROD BY-PASS
A6
B5408
NEW CHURCH S.
MANCHESTER RD.
B5239
HAIGH RD.
HAIGH ROAD
B5238
SCOT LANE
RILEY LANE
MEADOW PIT LA.
LITTLE SCOTLAND
TUCKERS HILL BROW
COPPERAS LANE
TODDINGTON LANE
STANLEY LANE
WIGAN ROAD
BOLTON ROAD
BALCARRES ROAD
RATCLIFFE ROAD
STATION ROAD
VICARAGE RD. W.
HALF ACRE LA.
LYMBRIDGE DR.
GREENBARN WY.
410
410
09
08
11
360

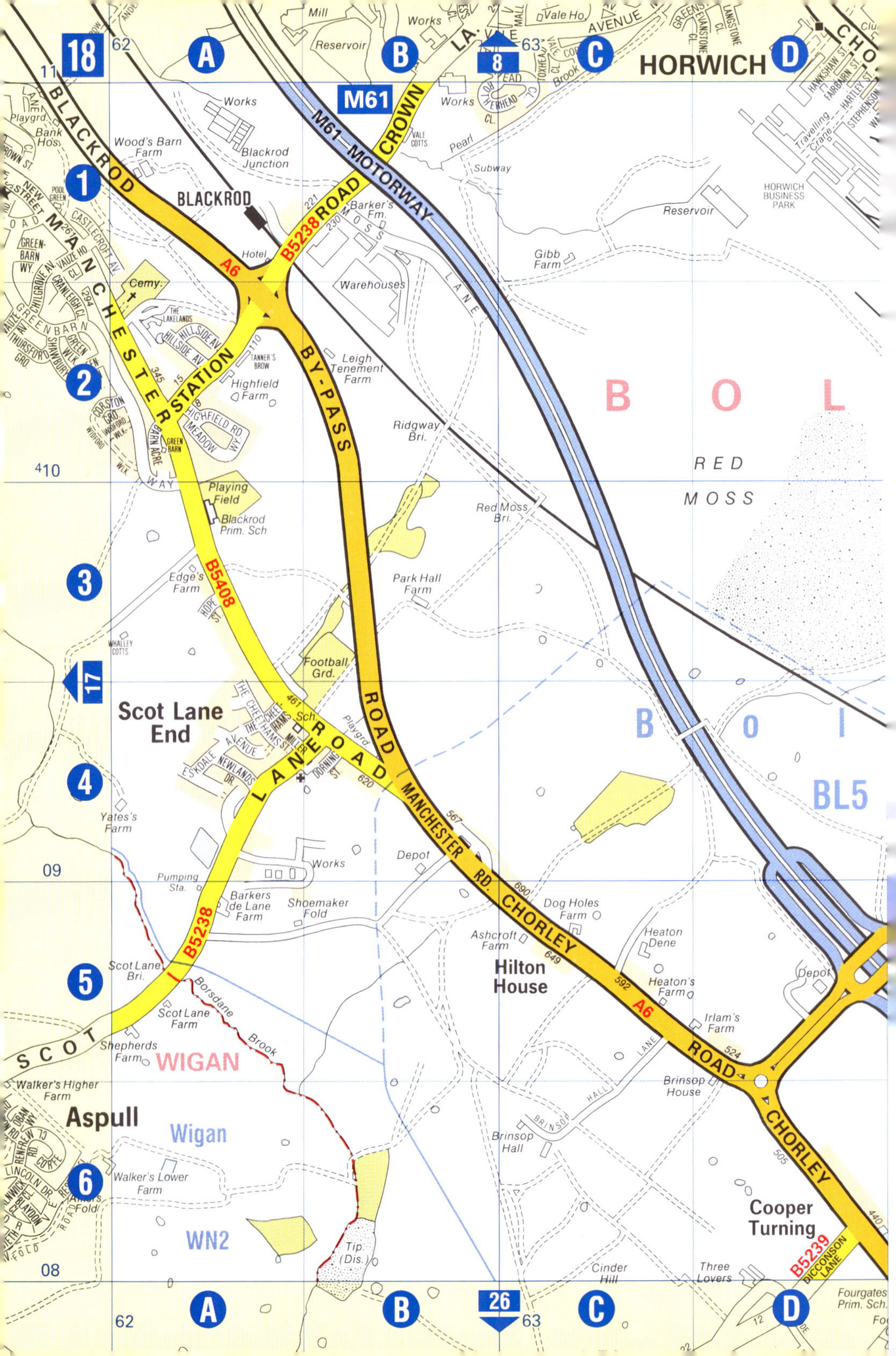
HORWICH
BLACKROD
M61
M61 MOTORWAY
A6
B5238
B5408
B5239
CROWN ROAD
BY-PASS ROAD
STATION ROAD
MANCHESTER ROAD
MANCHESTER RD.
CHORLEY ROAD
CHORLEY
LANE ROAD
SCOT
AVENUE
Blackrod Junction
Wood's Barn Farm
Works
Mill
Reservoir
Hotel
Barker's Fm.
MOSS LANE
Warehouses
Subway
Pearl Brook
Gibb Farm
HORWICH BUSINESS PARK
Travelling Crane
Cemy.
Leigh Tenement Farm
Highfield Farm
HIGHFIELD RD.
MEADOW WY.
HILLSIDE AV.
TANNER'S BROW
Ridgway Bri.
RED MOSS
Red Moss Bri.
B O L
B o l
BL5
Playing Field
Blackrod Prim. Sch
Edge's Farm
HOPE ST.
WHALLEY COTTS
Park Hall Farm
Football Grd.
Scot Lane End
Sch.
Playgrd.
THE CHEETHAMS
NEWLANDS DR.
DORNING ST.
Yates's Farm
Works
Depot
Pumping Sta.
Barkers de Lane Farm
Shoemaker Fold
Dog Holes Farm
Ashcroft Farm
Heaton Dene
Hilton House
Heaton's Farm
Irlam's Farm
Depot
Scot Lane Bri.
Scot Lane Farm
Borsdane Brook
Shepherds Farm
WIGAN
Wigan
WN2
Walker's Higher Farm
Aspull
Walker's Lower Farm
Brinsop House
HALL LANE
BRINSOP
Brinsop Hall
Cooper Turning
DICCONSON LANE
Tip (Dis.)
Cinder Hill
Three Lovers
Fourgates Prim. Sch.
GREENBARN WY.
CASTLECROFT AV.
CHILGROVE AV.
CRANLEIGH CL.
SHAWBURY GRO.
THURSFORD GRO.
BARN ACRE
WAY
RENFREW RD.
LINCOLN DR.
BLAYDON
A B C D
1 2 3 4 5 6
62 63
11 410 09 08
8 17 26

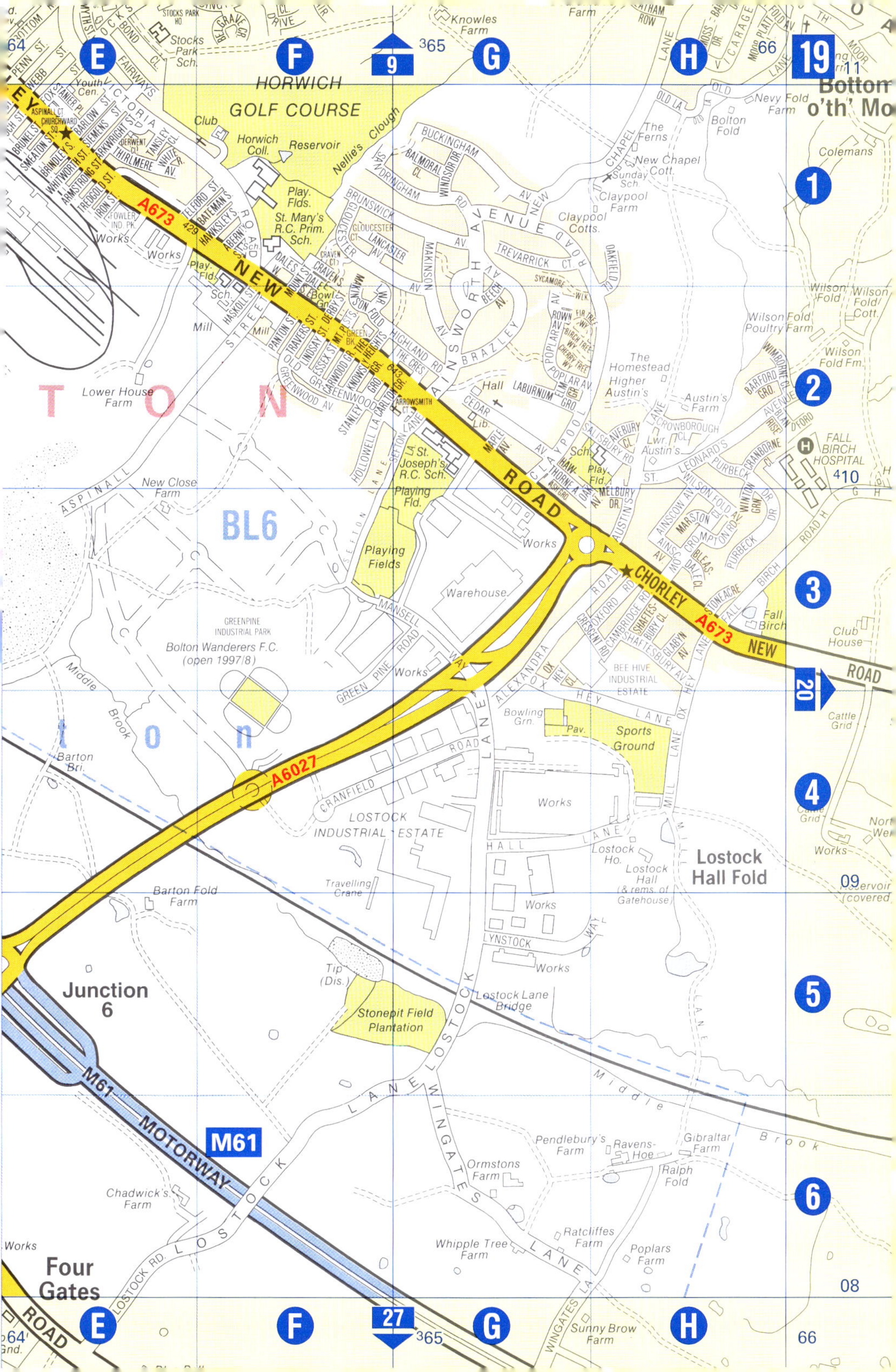
E
F
G
H
9
365
66
HORWICH
GOLF COURSE
Horwich Coll.
Reservoir
Nellie's Clough
Knowles Farm
Stocks Park Sch.
Club
Youth Cen.
VICTORIA
FAIRWAYS
A673
NEW
ROAD
CHORLEY
A6027
Play. Flds.
St. Mary's R.C. Prim. Sch.
Works
Mill
Lower House Farm
New Close Farm
BL6
GREENPINE INDUSTRIAL PARK
Bolton Wanderers F.C. (open 1997/8)
Middle Brook
Barton Bri.
Barton Fold Farm
Junction 6
M61 MOTORWAY
M61
Chadwick's Farm
Four Gates
LOSTOCK RD.
LOSTOCK LANE
Stonepit Field Plantation
Tip (Dis.)
Lostock Lane Bridge
LOSTOCK INDUSTRIAL ESTATE
Travelling Crane
CRANFIELD ROAD
MANSELL WAY
GREEN PINE ROAD
Warehouse
Playing Fields
St. Joseph's R.C. Sch.
Playing Fld.
BUCKINGHAM
SANDRINGHAM RD.
BRUNSWICK
AINSWORTH AVENUE
BRAZLEY AV.
TREVARRICK CT.
CLAYPOOL ROAD
Claypool Farm
Claypool Cotts.
New Chapel Cott.
CHAPEL
Sunday Sch.
The Ferns
OLD LA.
Nevy Fold Farm
Bolton Fold
Colemans
Bottom o'th' Moor
Wilson Fold
Wilson Fold Cott.
Wilson Fold Poultry Farm
Wilson Fold Fm.
The Homestead
Higher Austin's
Austin's Farm
Lwr. Austin's
FALL BIRCH HOSPITAL
Fall Birch
Club House
20
Cattle Grid
BEE HIVE INDUSTRIAL ESTATE
OX HEY LANE
ALEXANDRA
Bowling Grn.
Pav.
Sports Ground
MILL LANE
HALL LANE
Lostock Ho.
Lostock Hall (& rems. of Gatehouse)
Lostock Hall Fold
LYNSTOCK WAY
Reservoir (covered)
Middle Brook
Pendlebury's Farm
Ravens-Hoe
Gibraltar Farm
Ralph Fold
Ormstons Farm
WINGATES LANE
Ratcliffes Farm
Whipple Tree Farm
Poplars Farm
Sunny Brow Farm
1
2
3
4
5
6
410
09
08
27
BOLTON

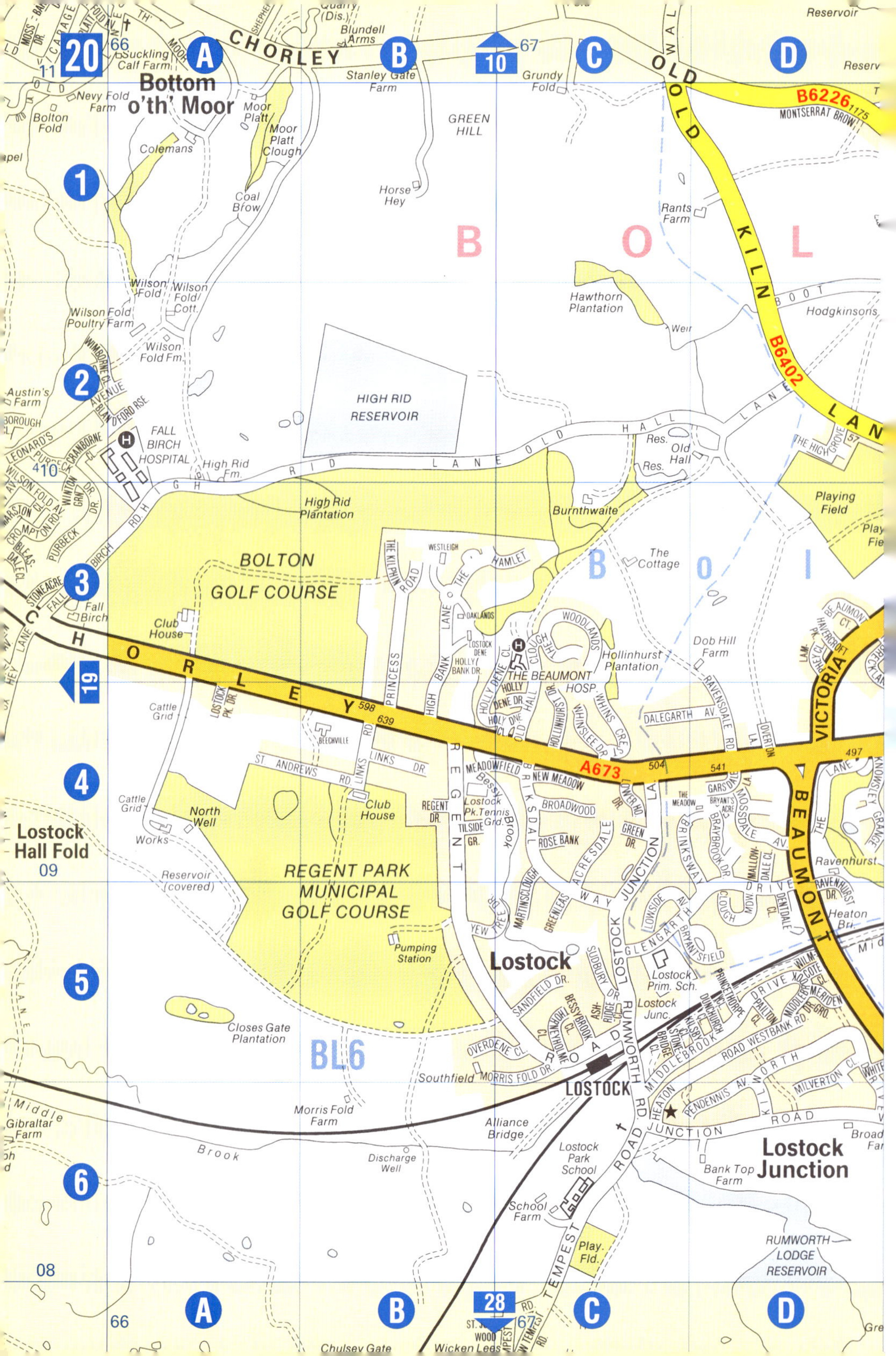

Bottom o'th' Moor
CHORLEY
Suckling Calf Farm
Nevy Fold Farm
Bolton Fold
Colemans
Moor Platt
Moor Platt Clough
Coal Brow
Blundell Arms
Stanley Gate Farm
GREEN HILL
Horse Hey
Grundy Fold
OLD KILN
B6226
MONTSERRAT BROW
Rants Farm
B O L
Hawthorn Plantation
Weir
BOOT
Hodgkinsons
B6402
LANE
Wilson Fold
Wilson Fold Cott.
Wilson Fold Poultry Farm
Wilson Fold Fm.
WIMBORNE CL.
AVENUE
BLANDFORD RSE.
Austin's Farm
FALL BIRCH HOSPITAL
CRANBORNE CL.
PURBECK
WINTON GRN.
HIGH RID RESERVOIR
High Rid Fm.
HIGH RID LANE
OLD HALL LANE
Res.
Old Hall
Res.
THE HIGH GROVE
Playing Field
High Rid Plantation
Burnthwaite
BOLTON GOLF COURSE
THE KILPHIN ROAD
WESTLEIGH
THE HAMLET
The Cottage
B O L
STONEACRE
FALL BIRCH
Fall Birch
Club House
OAKLANDS
LOSTOCK DENE
HOLLY BANK DR.
HIGH BANK LANE
WOODLANDS
THE CLOUGH
Hollinhurst Plantation
THE BEAUMONT HOSP.
Dob Hill Farm
CHORLEY
598
639
PRINCESS
HOLLY DENE CL.
HOLLY DENE DR.
OLD HALL
HOLLINHURST DR.
WHINSLEE DR.
WHINS CRES.
DALEGARTH AV.
RAVENSDALE RD.
OVERTON LA.
VICTORIA
497
Cattle Grid
LOSTOCK PK. DR.
BEECHVILLE
LINKS RD.
LINKS DR.
ST. ANDREWS RD.
REGENT
MEADOWFIELD
Bessy Brook
A673
504
541
NEW MEADOW
BROADWOOD
LOWER RD.
THE MEADOW
BRYANT'S ACRE
GARSDALE
MOSSDALE
BEAUMONT
KNOWSLEY GRANGE
Ravenhurst
Cattle Grid
Works
North Well
Lostock Hall Fold
Club House
REGENT DR.
Lostock Pk. Tennis Grd.
TILSIDE GR.
ROSE BANK
ACRESDALE
GREEN DR.
JUNCTION
BRINKSWAY
BRAYBROOK DR.
MALLOW-DALE CL.
Reservoir (covered)
REGENT PARK MUNICIPAL GOLF COURSE
WAY
DRIVE
RAVENHURST DR.
Heaton Bri.
YEW TREE DR.
MARTINSCLOUGH
GREENLEAS
LOWSIDE AV.
CLOUGH
DENTDALE
Pumping Station
Lostock
SUDBURY DR.
GLENGARTH
BRYANT'S FIELD
Lostock Prim. Sch.
LOSTOCK JUNCTION
PRINCETHORPE
WILMCOTE
MERIDEN
SANDFIELD DR.
BESSYBROOK CL.
ASH-RIDGE CL.
Lostock Junc.
DUNCHURCH
RUMWORTH
PAILTON CL.
MIDDLEBROOK DR.
Closes Gate Plantation
BL6
OVERDENE CL.
THORNEYHOLME CL.
ROAD
BRIDGE
STONE CL.
KILSBY CL.
MIDDLEBROOK
ROAD WESTBANK RD.
Southfield
MORRIS FOLD DR.
LOSTOCK
HEATON
PENDENNIS AV.
KILWORTH
MILVERTON CL.
Middle
Gibraltar Farm
Morris Fold Farm
Alliance Bridge
RUMWORTH RD.
JUNCTION
ROAD
Broad Far
Brook
Discharge Well
Lostock Park School
ROAD
Bank Top Farm
Lostock Junction
School Farm
TEMPEST
Play. Fld.
RUMWORTH LODGE RESERVOIR
LANE
Reservoir
Reserv
Quarry (Dis.)
Chulsey Gate
Wicken Lees
A B C D
1 2 3 4 5 6
66 67
11 410 09 08
10
19
28

Montserrat
Johnson Fold
MOSS BANK PARK
Playing Field
Bowling Greens
Recreation Ground
Cricket Grd.
Lower Pools
Doffcocker
Delph Hill
DOFFCOCKER LODGE
Kingdom Hall
Markland Hill
Heaton
Lowndes Street Day Nursery
Devonshire Rd. Prim. Sch.
Superstore
Bolton Steam Mus.
Avondale Hlth. Cen.
Gilnow Park
Playing Fields
Bolton Sch.
Woodside Junior & Senior Schs.
Ravens Wood
Clevelands Prep. Sch.
Newlands Nursing Home
Play. Field
New Overdale Youth Training Centre
Atkinson's Farm
HEATON CEMETERY
Middle Brook
DEANE GOLF COURSE
Bank Wood
Dover Bank Plantation
GOLF COURSE
Pocket
HASLAM PARK
Haslam Park Co. Prim. Sch.
Ladybridge Prim. Sch.
Club Ho.
Grave Yard
Deane
New York
St. Mary C of E Prim. School
Com. Cen.
BL1
BL3
A58
A673
A676
B6226
B6202
MOSS BANK WAY
CHORLEY OLD ROAD
CHORLEY NEW ROAD
WIGAN ROAD
TUDOR AV.
STAPLETON AV.
11
22
29
E
F
G
H
1
2
3
4
5
6
68
69
370
410
09
08

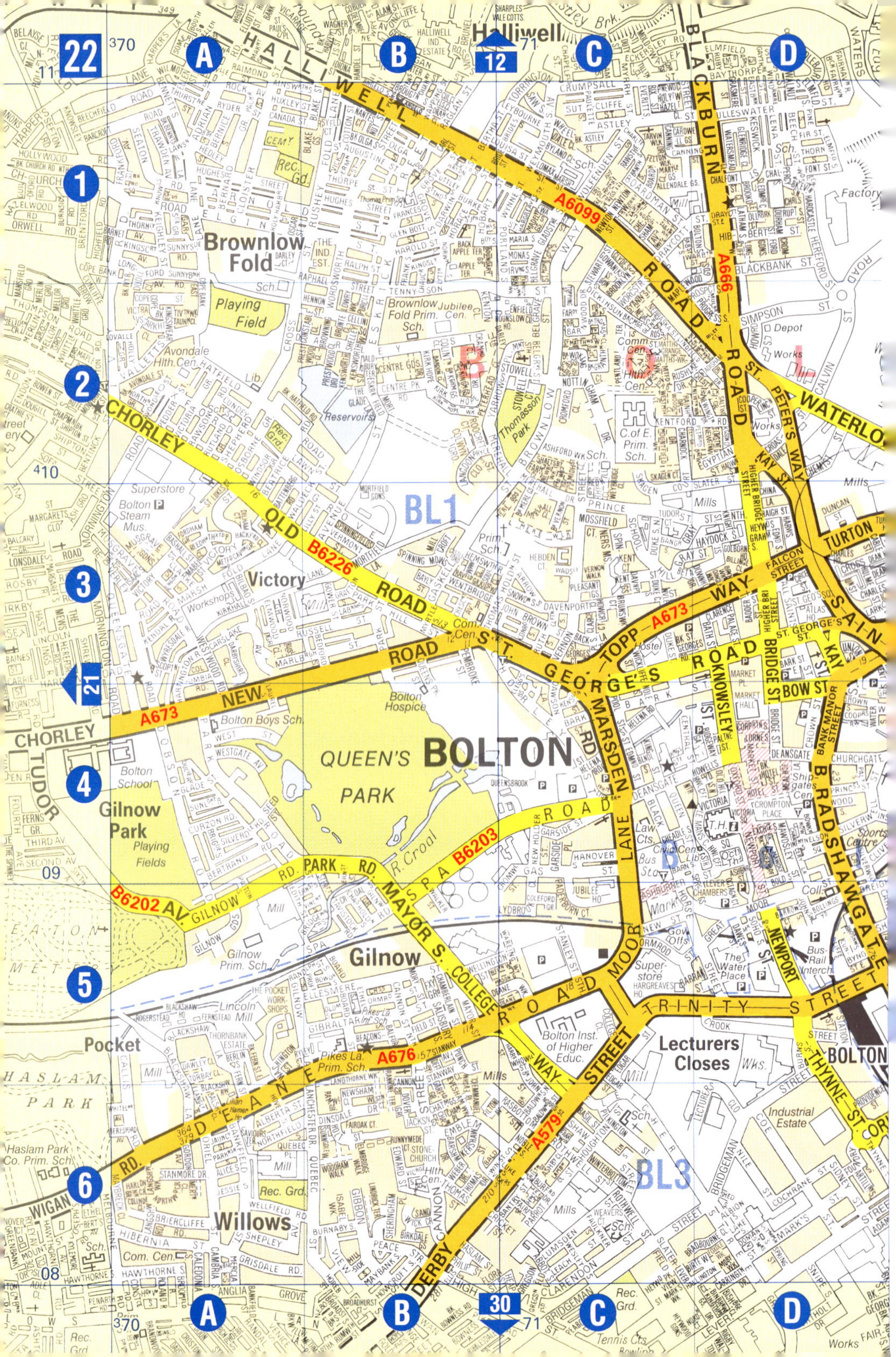
A
B
C
D
Halliwell
12
1
2
3
4
5
6
HALLIWELL
A6099
BLACKBURN ROAD
A666
Brownlow Fold
Playing Field
Brownlow Fold Prim. Sch.
Jubilee Cen.
Avondale Hlth.Cen.
Reservoirs
Thomasson Park
C.of E. Prim. Sch.
Depot
Works
Factory
WATERLOO
CHORLEY
OLD
B6226
ROAD
Superstore
Bolton Steam Mus.
Victory
Workshops
BL1
NEW
A673
ROAD
ST. GEORGE'S ROAD
TOPP WAY
A673
TURTON
21
Bolton Hospice
Bolton Boys Sch.
QUEEN'S PARK
BOLTON
CHORLEY
TUDOR
Bolton School
Gilnow Park
Playing Fields
B6202
GILNOW
B6203
R. Croal
MARSDEN
LANE
Law Cts.
Bus Sta.
Gilnow
Gilnow Prim. Sch.
Mill
Lincoln Mill
Pocket
HASLAM PARK
MAYOR ST.
COLLEGE
MOOR
TRINITY STREET
Lecturers Closes
Bolton Inst. of Higher Educ.
Pikes La. Prim. Sch.
A676
DEANE
A579
DERBY
BL3
Industrial Estate
BOLTON
THYNNE ST.
Haslam Park Co. Prim. Sch.
WIGAN
RD.
Rec. Grd.
Willows
Com. Cen.
30
Rec. Grd.
Tennis Cts.
Works
370
71
410
09
08
11

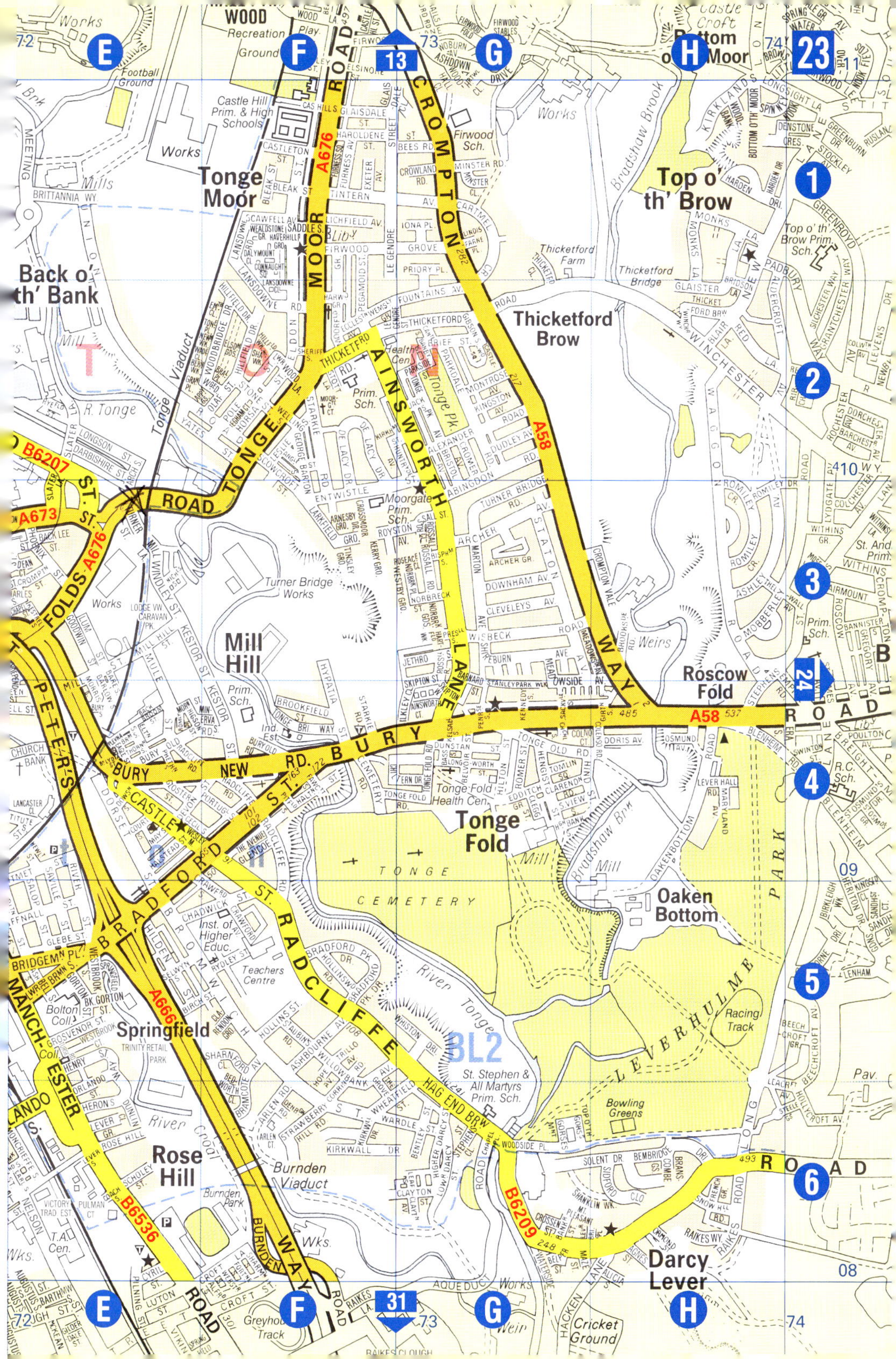
23
13
24
31
E
F
G
H
1
2
3
4
5
6
72
73
74
410
09
08
Tonge Moor
Back o' th' Bank
Top o' th' Brow
Bottom o' th' Moor
Thicketford Brow
Mill Hill
Roscow Fold
Tonge Fold
Oaken Bottom
Springfield
Rose Hill
Darcy Lever
Castle Croft
WOOD Recreation Ground
Football Ground
Castle Hill Prim. & High Schools
Firwood Sch.
Thicketford Farm
Thicketford Bridge
Top o' th' Brow Prim. Sch.
Turner Bridge Works
Moorgate Prim. Sch.
Tonge Pk.
Health Cen.
Tonge Fold Health Cen.
TONGE CEMETERY
LEVERHULME PARK
Racing Track
Bowling Greens
St. Stephen & All Martyrs Prim. Sch.
Inst. of Higher Educ.
Teachers Centre
Bolton Coll.
TRINITY RETAIL PARK
Burnden Viaduct
Burnden Park
Tonge Viaduct
River Tonge
R. Tonge
River Croal
Bradshaw Brook
Cricket Ground
Greyhound Track
BL2
A676
A58
A666
A673
B6207
B6209
B6536
TONGE MOOR ROAD
CROMPTON WAY
AINSWORTH LANE
BURY ROAD
BURY NEW RD.
BRADFORD ST.
RADCLIFFE RD.
ST. PETER'S WAY
MANCHESTER RD.
FOLDS RD.
CASTLE ST.
BURNDEN WAY
HAG END BRW.
BRADSHAW BRW.
WINCHESTER WAY
WAGGON ROAD
CROMPTON VALE
STATION RD.
NEW LA.
GREENROYD AV.
THICKETFORD RD.
FOUNTAINS AV.
ROSCOW RD.
PARK RD.
LONG LANE
HACKEN LANE
AQUEDUCT
RAIKES LA.
RAIKES CLOUGH

A
B
C
D
1
2
3
4
5
6
14
23
32
74
375
410
09
08
493
BOLTON
Bolton
Breightmet
BL2
BL3
BREIGHTMET GOLF COURSE
Club House
Red or Middlebrook Bridge
Blackshaw Brook
Reservoirs
Cherry Tree Cotts
Arthur Lane Farm
Nab Lane Farm
Dearden Fold
Ainsworth Hall Farm
Taylors Farm
Mills
BOUNDARY IND. EST.
BREIGHTMET IND. EST.
BURY IND. EST.
Fold Mill
Bradley Fold Pottery
Five Acre Farm
Davenport Farm
Playing Fields
Pav.
Football Ground
Blackshaw Prim. Sch.
Moss Co. Sch.
BLENHEIM ROAD ESTATE
Crompton Fold Prim. Sch.
Playing Field
R.C. Sch.
Prim. Sch.
Club
Alastair Ross Health Cen.
LABURNUM LODGE
THE HOLLIES
St. Andrew's Prim. Sch.
Red Lane Prim. Sch.
Withins Sch.
Top o' th' Brow Prim. Sch.
Christs' Ch. C.of E. Prim. Sch.
Earls
Racing Track
Roscow Fold
Top o' th' Brow
A58
A665
B6196
B6209
BURY ROAD
NEW BURY ROAD
RADCLIFFE ROAD
RADCLIFFE MOOR RD.
ARTHUR LANE
OLD BURY ROAD
BURY LANE
OLD WOOD LANE
TAYLOR'S LA.
RED LANE
NEWBY RD.
DEEPDALE RD.
MILNTHORPE WAY
BREIGHTMET FOLD LA.
BRODICK DRIVE
BLENHEIM RD.
GARSTANG AV.
MORAR DRI.
BROWNS RD.
BOUNDARY DR.
WILLAND DR.
EXFORD DR.
SOMERTON RD.
ROAD
LANE

E
F
G
H
15
77
76
78
11
Scholes Nursery
Sewage Works
Hardrock Fold
Ainsworth Nursing Home
Reservoir
Old Barn
Starling
Bury
Knowsley
Brown Hill
Lowercroft Co. Prim. Sch.
Bowl. Grn.
Rec. Grd.
Mill
Cockey Moor
OLD RD.
CHURCH
B6196
STREET
COCKEY
MOOR
ROAD
AINSWORTH
ROAD
B6196
BL8
Mile La. Hlth. Cen.
Ainsworth
HIGHER
PIT
LA.
STREET
Pilkington Fold
MOORGATE
B6292
STARLING
ROAD
Reservoir
B
U
R
Y
Kiln Clough
Top o' th' Carrs
SHERWOOD AV.
BOLTON ROAD
BOLTON
A58
AND
BURY
ROAD
Plane Trees
Higher Spen Moor
Ainsworth Lodge Farm
Reservoir
Pond
HIGHER AINSWORTH ROAD
Halfway Houses
Openshaw Fold
409
Manchester
CONSTELLATION TRAD. EST.
B6292
Coggra Fold
Bradley Fold Works
Moss Shaw Farm
M26
Rec. Grd.
Black Lane
Rec. Grd.
CEMY.
AINSWORTH
ROAD
A665
RADCLIFFE MOOR RD.
COUNTESS LANE
Youth Centre
Football Grd.
Prim. Sch.
Radcliffe Jun. & Inf. Schs.
Colshaw Play.
Works
08
1
2
3
4
5
6
33

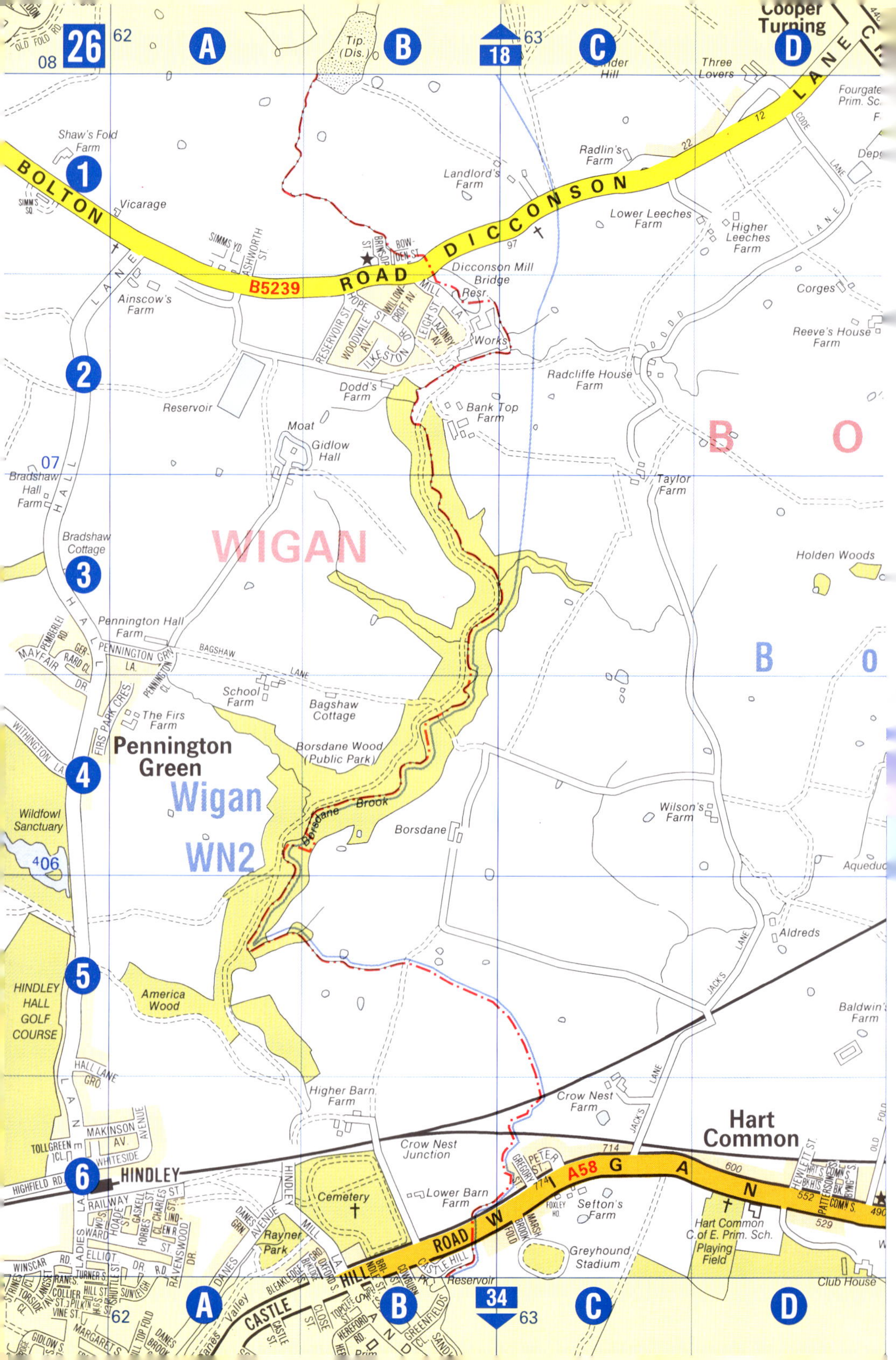

A
B
C
D
18
62
63
08
07
1
2
3
4
5
6
Cooper Turning
Tip. (Dis.)
Cinder Hill
Three Lovers
Fourgate Prim. Sc.
Shaw's Fold Farm
BOLTON
Vicarage
SIMMS YD.
ASHWORTH ST.
Radlin's Farm
Landlord's Farm
DICCONSON
LANE
Lower Leeches Farm
Higher Leeches Farm
CODE LANE
BOW-DEN ST.
ROAD
B5239
Dicconson Mill Bridge
Resr.
Ainscow's Farm
HOPE ST.
WILLOW CROFT AV.
MILL LA.
Corges
RESERVOIR ST.
WOODVALE AV.
LEIGH ST.
LAZONBY AV.
ILKESTON DR.
Works
Reeve's House Farm
Radcliffe House Farm
Dodd's Farm
Reservoir
Bank Top Farm
Moat
Gidlow Hall
B O
Bradshaw Hall Farm
HALL
Taylor Farm
WIGAN
Bradshaw Cottage
Holden Woods
Pennington Hall Farm
PENNINGTON GRN.
BAGSHAW LANE
PENNINGTON CL.
PEMBERLEI RD.
GERRARD CL.
MAYFAIR DR.
School Farm
Bagshaw Cottage
FIRS PARK CRES.
The Firs Farm
Pennington Green
Borsdane Wood (Public Park)
WITHINGTON LA.
Wigan
WN2
Wildfowl Sanctuary
Borsdane Brook
Borsdane
Wilson's Farm
406
Aqueduct
Aldreds
HINDLEY HALL GOLF COURSE
America Wood
JACKS LANE
Baldwin's Farm
HALL LANE GRO.
Higher Barn Farm
Crow Nest Farm
MAKINSON AVENUE
Hart Common
TOLLGREEN CL.
WHITESIDE
Crow Nest Junction
714
HIGHFIELD RD.
HINDLEY
PETER ST.
GREGORY ST.
A58
WIGAN
600
HEWLETT ST.
PATTERSONS ST.
COMN S.
552
RAILWAY
HOADE ST.
GASKELL ST.
CHARLES ST.
Lower Barn Farm
Cemetery
Sefton's Farm
FOXLEY HO.
529
490
WARD
FORBES ST.
LINDEN R
RAVENSWOOD DR.
DANES GRN
AVENUE
HINDLEY MILL LA.
Rayner Park
ROAD
BROOK FOLD
MARSH
Hart Common C. of E. Prim. Sch.
Greyhound Stadium
Playing Field
ELLIOT ST.
WINSCAR RD.
TURNER S.
SUNLEIGH DR.
LADIES LA.
BLEAKLEDGE GRO.
OXFORD S.
CASTLE HILL
Reservoir
Club House
34
CASTLE
CASTLE ST.
HILL ST.
COLLIER ST.
SHUTTLE ST.
VINE ST.
MARGARETS
GIDLOW S.
HILL TOP FOLD
DANES BROOK
TOPCLIFFE
HEREFORD RD.
GREENFIELDS CL.
SAND

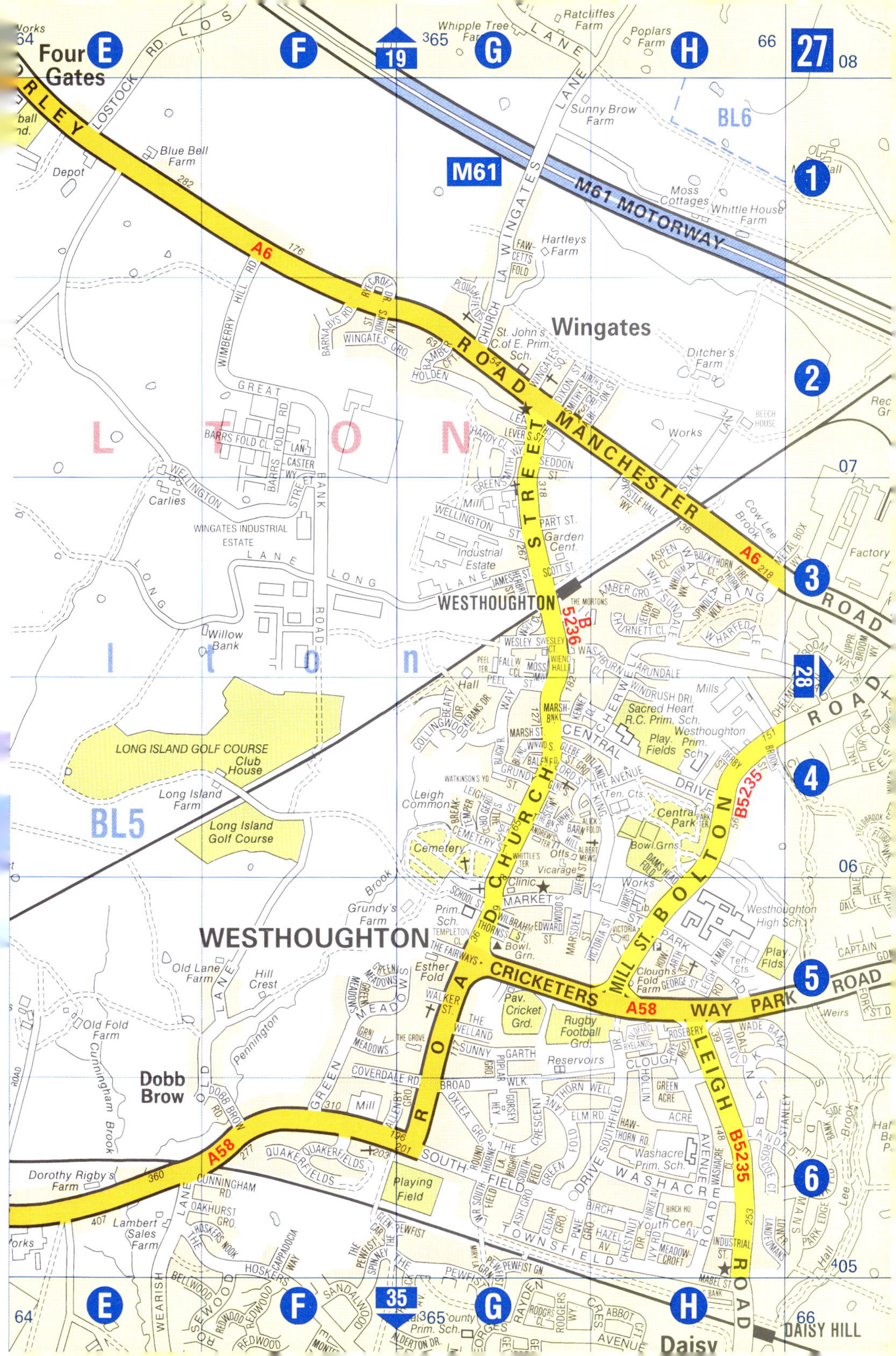

19
28
35
Four Gates
Works
Ratcliffes Farm
Whipple Tree Farm
Poplars Farm
Sunny Brow Farm
BL6
Blue Bell Farm
Depot
M61
M61 MOTORWAY
Moss Cottages
Whittle House Farm
Hartleys Farm
A6
MANCHESTER ROAD
LOSTOCK RD.
WINGATES LA.
Wingates
St. John's C.of E. Prim. Sch.
Ditcher's Farm
BEECH HOUSE
Works
WIMBERRY HILL RD.
GREAT BARRS FOLD RD.
BARRS FOLD CL.
LANCASTER WY.
WELLINGTON ST.
Carlies
WINGATES INDUSTRIAL ESTATE
LONG LANE
Mill
Industrial Estate
Garden Cent.
CHURCH STREET
WESTHOUGHTON
B5236
Factory
ROAD
Willow Bank
Hall
Mills
Sacred Heart R.C. Prim. Sch.
Westhoughton Prim. Sch.
Play. Fields
LONG ISLAND GOLF COURSE
Club House
Long Island Farm
Long Island Golf Course
BL5
Leigh Common
Cemetery
Central Park
Bowl.Grns.
Clinic
Vicarage
Offs.
Works
Lib.
BOLTON ST.
B5235
Westhoughton High Sch.
Grundy's Farm
Prim. Sch.
Bowl. Grn.
WESTHOUGHTON
MARKET ST.
Esther Fold
Old Lane Farm
Hill Crest
CRICKETERS WAY
A58
PARK ROAD
Pav. Cricket Grd.
Rugby Football Grd.
Play. Flds
Ten. Cts.
Clough's Fold Farm
Weirs
Old Fold Farm
Cunningham Brook
Pennington
Dobb Brow
Reservoirs
LEIGH ROAD
Mill
Washacre Prim. Sch.
Youth Cen.
Dorothy Rigby's Farm
Lambert Sales Farm
Playing Field
TOWNSFIELD
WASHACRE
County Prim. Sch.
DAISY HILL
Daisy

A
B
C
D
1
2
3
4
5
6
66
67
08
07
06
405
20
27
36
RUMWORTH
LODGE
RESERVOIR
BL6
BL5
Chulsey Gate Farm
Wicken Lees Farm
ST. JOHNS WOOD
TEMPEST RD.
NEW TEMPEST RD.
Moss Hall Farm
Villa Rose
CHULSEY GATE LANE
Whittle House Farm
ROAD
LOCK LANE
GOLDSTN RD.
MIREY LA.
COWDALS RD.
HAVISHAM CL.
COPPERFIELDS
PERFIELDS
Sunderland Nursery
OAK BARTON
Mosslands
ST. JOHN'S TEMPEST WOOD ACRE
Recn. Gd.
Chew Moor
Seddon Fold
Gravel Hole
M61
M61 MOTORWAY
POCKET NOOK RD.
MEADOWBROOK CL.
Pocket Nook
Morris Farm
B O L
Ditcher's Farm
BEECH HOUSE
Nook Gate
Recreation Ground
Pav.
CHEW MOOR LA.
Monks Farm
Factory
METAL BOX WY.
Cow Lee Brook
MAN-CHESTER ROAD
SLACK LANE
WINSLOW ROAD
WHITEGATE
HIGHGATE
TAYWOOD RD.
HILLSIDE CL.
CARTMEL CL.
HORNBY DR.
BOLTON RD
960
KNUTSFORD
MOSS
PUNCH LA.
PENDLEBURY FOLD
SNYDALE WAY
PUNCH LANE
BUCKTHORN CL.
THORN
WAYFARING
SPINDLE WLK.
WHARFEDALE
CHERWELL
Playing Fields
HEATONS GRO.
SNYDALE CL.
Snydale Cott.
BOLTON ROAD
CALVER HEY CL.
Snydale Hall Farm
Snydale Gate Farm
WHITE HORSE GRO.
Reservoir (covered)
Junction 5
BROOM WAY
UPPR. BROOM WY.
381
376
A6
197
B5235 ROAD
Mills
Westhoughton Prim. Sch.
CHELMER ROAD
151
DERBY ST.
BROOK
BOLTON
56
COW LEES
LEES DR.
HALL LEE DR.
WESTBURY
REDSTOCK CL.
ALLERTON CL.
BROADHEATH CL.
UPPER DR.
WINTERTON CL.
SELBOURNE CL.
YELLOW LODGE DR.
541
ROAD
MANLEY CRESCENT
BEEHIVE GREEN
546
FELLBRIDGE CL.
Sch.
SNYDALE
Works
NORRIS RD.
701
MANCHESTER
757
722
765
Knowles Bridge Farm
Back Fa
LANE
FIELDBROOK WLK.
CAPTAIN FOLD
MEADOW BROOK
BARNFIELD DR.
FAIRHAVEN AV.
ALEXANDRIA DR.
SINGLETON GRO.
337
ROAD
Recn. Gd.
Beech Hall Farm
BRANCKER ST.
Knowles Bank Bridge
The Cottage
Stone Holes Wood
DALE LEE
WATER'S NOOK RD.
MARY HN CT.
CAPTAIN LEES GDNS.
R 270
MANLEY ROW
Owler Hall Farm
Chequerbent
Westhoughton High Sch.
Play. Flds.
ALMA RD.
ST. LEIGH
207
A58
PARK ROAD
130
101
BAILEY FOLD
LEE BANK
FORE ST DR
Water's Nook
PLATT LANE
Markland Plantation
CRICKETERS WAY
Weirs
WADE BANK
DALTON FOLD
LEIGH
39
148
AVENUE
WASHACRE CL.
CRE
STANLEY CL.
BANK SIDE
BANK FLD.
PARK EDGE
LANDEDMANS
INDUSTRIAL ST.
253
Hall Lee Brook
Hall Lee Bank Park
Old Dam Wood
Hooper Green
Green Common
GREEN COMMON LANE
Ashes Farm
Yew Tree Farm
Back o'th' Lawn Wood
Weir
Scout Camp
Mill Dam Stream
Belgrave Spinney
MABEL ST.
HUNT'S BANK
ROAD
DAISY HILL
Lower
Hawsthorne Wood

29
21
30
37
E
F
G
H
1
2
3
4
5
6
68
69
370
08
07
06
405
New York
St. Mary's C of E. Prim. School
Tennis Cts.
The Deane School
Deane
Clin. & Lib.
Motel
Garden Centre
Knutshaw Bridge
Hunger Hill
Hermon Bank Farm
Fernhill Gate
HULTON HOSP.
HULTON LANE ESTATE
Playing Field
Rec. Grd.
Prim. Sch.
BL3
Garnet Fold Farm
Whitegate Farm
Heathfield Prim. Sch.
Water Towers
Top o' th' Cow
Top o' th' Height
EDGE FOLD INDUSTRIAL ESTATE
Morris Green
Gorse Wood
Reservoir (disused)
Hardwicks Plantations
Dearden's Farm
Over Hulton
Shippon's Field
Hurst Hole
Cow Wood
Hulton Park
Park Pits Wood
Cranberry Fm
Heathfield Farm
Four Lane Ends Farm
Hulton Lane Ends
St. Andrew's Over Hulton C. of E. Prim. Sch.
Play. Fld.
Braemar
Umberton's Farm
Adises Farm
Sewage Works
Israel's Farm
BEAUMONT ROAD
WIGAN ROAD
A58
A676
A6145
A579
A6
B6199
M61
M61 MOTORWAY
HULTON LANE
ST. HELENS ROAD
PLODDER LANE
SALFORD ROAD
NEWBROOK ROAD
GREENHILL LANE
WATER LANE
ROSEMARY LANE

30
370
71
22
38
29
A
B
C
D
1
2
3
4
5
6
08
07
06
405
Willows
Daubhill
DERBY STREET
ROAD
ST. HELENS
A579
BL3
BL5
Lever Edge
Great Lever
Morris Green
Mills
Nursing Home
Works
Tel. Exch.
Rec. Grd.
Play. Field
Sports Ground
Children's Home
Football Grd.
Lever Edge Prim. Sch.
Hayward Sch. & South College
Hayward High Sch.
Will Hill Brook
Doe Hey Brook
Playing Fields
GREAT LEVER & FARNWORTH GOLF COURSE
Townleys Farm
Mount St. Jo Schoo
Top o' th' Height
EDGE FOLD INDUSTRIAL ESTATE
Club House
Scot Meadow
Reservoir
BOLTON GENERAL HOSP.
PLODDER
B6199
Heathfield Farm
Stone House
WATER GATE LA.
Sewage Works
Moss Hall Farm
Subway
SALFORD ROAD
A6
Junction 4
M61 MOTORWAY
M61
Bewshill's Farm
Israel's Farm
Cutacre Brook
Brackley Municipal Golf Course
High-field Youth Centre
Cherry Tree Prim. Sch.
THE WILFRED GEERE HO.
Green Fold Sch.
PIKE MILL ESTATE
Gt. Lever Hlth. Cen.
Tennis Cts Bowling
Prim. Sch.
FRESHFIELD AVENUE
WOODVALE AVENUE
HIGHFIELD ROAD
STANLEY ROAD
AVONDALE ROAD
WINDERMERE
BUTTERMERE
CONISTON

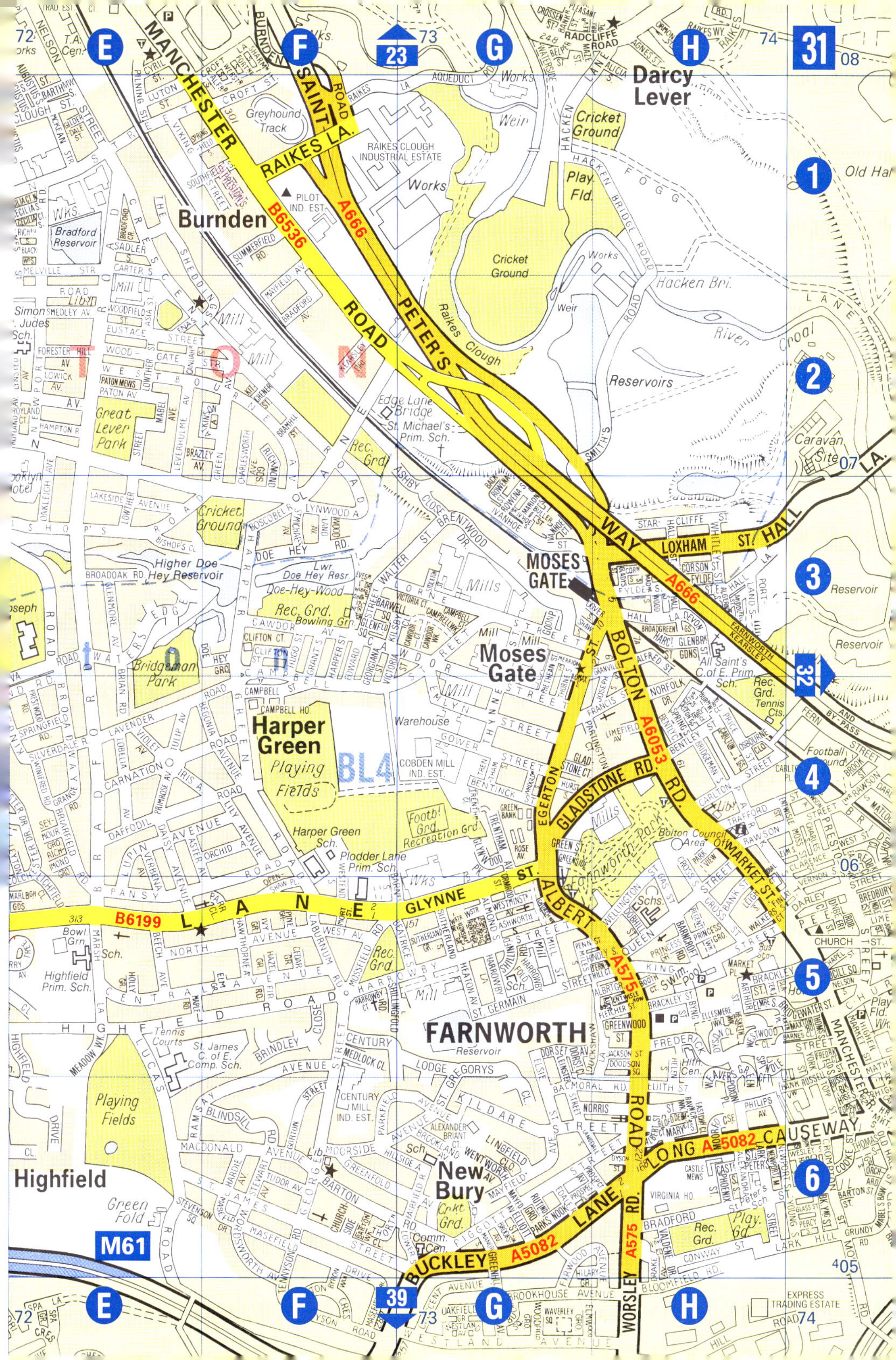
23
39
32
E
F
G
H
1
2
3
4
5
6
72
73
74
08
07
06
405
Darcy Lever
Burnden
Moses Gate
MOSES GATE
Harper Green
FARNWORTH
New Bury
Highfield
BL4
M61
A666
A6053
A575
A5082
B6536
B6199
MANCHESTER ROAD
SAINT PETER'S WAY
RAIKES LA.
RAIKES CLOUGH INDUSTRIAL ESTATE
Greyhound Track
PILOT IND. EST.
Cricket Ground
Play. Fld.
Hacken Bri.
River Croal
Reservoirs
Reservoir
Caravan Site
Old Hal
Weir
Works
Raikes Clough
Edge Lane Bridge
St. Michael's Prim. Sch.
Great Lever Park
Bradford Reservoir
Simon Judes Sch.
Higher Doe Hey Reservoir
Lwr. Doe Hey Resr
Doe-Hey-Wood
Rec. Grd.
Bowling Gr.
Bridgeman Park
Harper Green Playing Fields
Harper Green Sch.
Plodder Lane Prim. Sch.
Footbl Grd. Recreation Grd.
COBDEN MILL IND. EST.
Warehouse
Mills
LOXHAM ST.
HALL LA.
FARNWORTH KEARSLEY BY-PASS
All Saint's C. of E. Prim. Sch.
Rec. Grd. Tennis Cts.
Football Ground
BOLTON RD.
GLADSTONE RD.
EGERTON ST.
Farnworth Park
Bolton Council Area Of
MARKET ST.
GLYNNE ST.
PLODDER LANE
ALBERT RD.
Highfield Prim. Sch.
HIGHFIELD ROAD
Tennis Courts
St. James C. of E. Comp. Sch.
Playing Fields
CENTURY MILL IND. EST.
Green Fold
LONG CAUSEWAY
BUCKLEY LANE
WORSLEY RD.
CHURCH ST.
Swim. Pool
Hlth. Cen.
Rec. Grd.
Play. Fld.
Ckt. Grd.
Comm. Cen.
EXPRESS TRADING ESTATE
BROOKHOUSE AVENUE
WESTLAND AVENUE

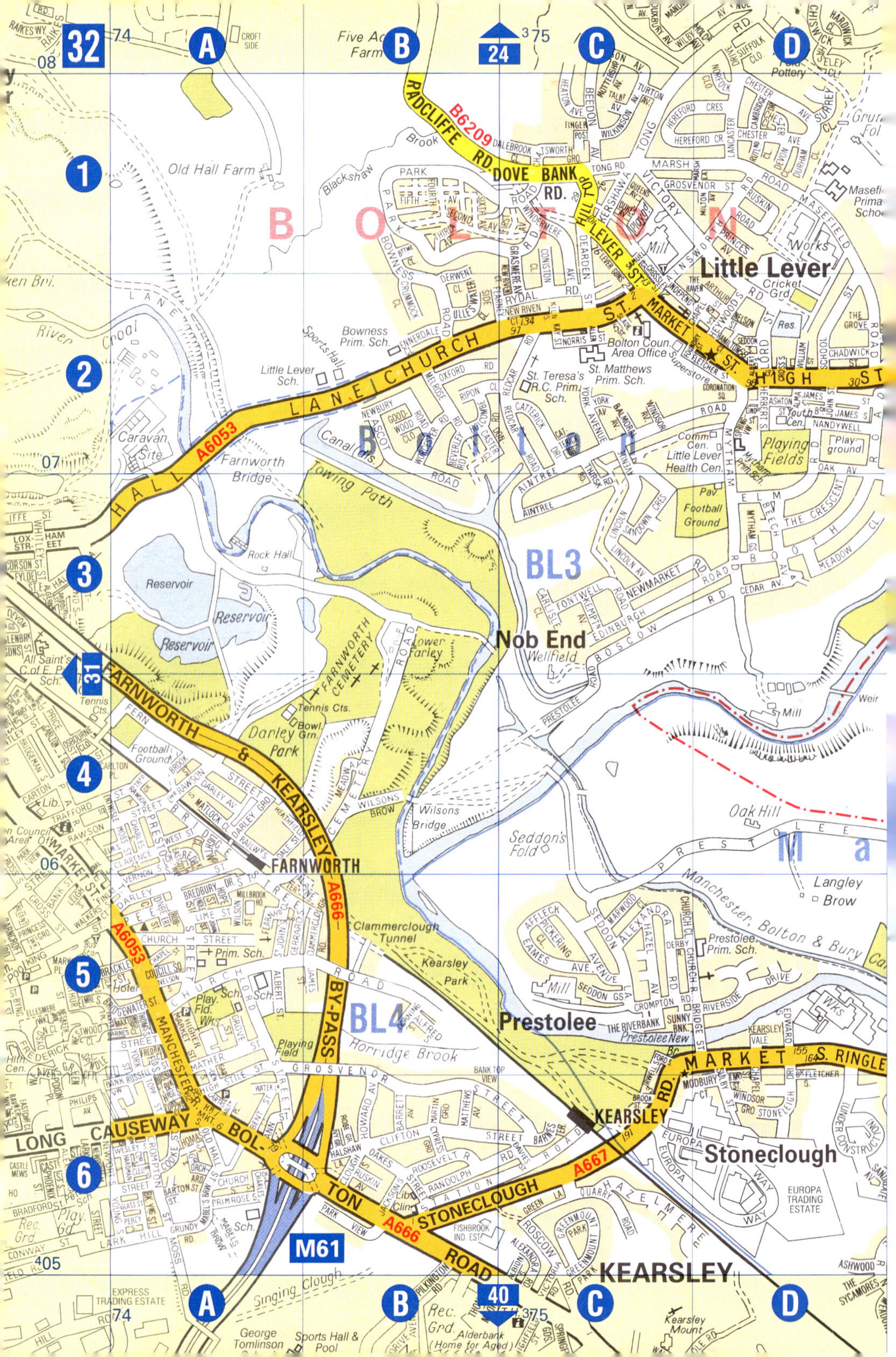
A
B
C
D
24
40
31
1
2
3
4
5
6
Five Acre Farm
Croft Side
Old Hall Farm
Blackshaw Brook
RADCLIFFE RD.
B6209
DOVE BANK RD.
HILL TOP
LEVER ST.
BOLTON
Little Lever
Cricket Grd.
Masefield Prim. Sch.
MARKET ST.
HIGH ST.
CHURCH ST.
LANE
HALL LANE
A6053
River Croal
Caravan Site
Farnworth Bridge
Little Lever Sch.
Sports Hall
Bowness Prim. Sch.
Bolton Coun. Area Office
St. Matthews Prim. Sch.
St. Teresa's R.C. Prim. Sch.
Superstore
Comm. Cen.
Little Lever Health Cen.
Playing Fields
Play-ground
Youth Cen.
Mytham Prim. Sch.
Football Ground
Canal (dis.)
Towing Path
Rock Hall
Reservoir
BL3
Nob End
Wellfield
BOSCOW RD.
PRESTOLEE RD.
Lower Farley
FARNWORTH CEMETERY
Tennis Cts.
Bowl. Grn.
Darley Park
FARNWORTH & KEARSLEY
BY-PASS
A666
FARNWORTH
All Saint's C. of E. P. Sch.
Football Ground
Lib.
Council Area Office
Wilsons Bridge
WILSONS BROW
Seddon's Fold
Oak Hill
PRESTOLEE RD.
Langley Brow
Manchester, Bolton & Bury Canal
Weir
Mill
Clammerclough Tunnel
Kearsley Park
Prestolee
Prestolee Prim. Sch.
Prestolee New
BL4
Horridge Brook
Playing Field
Prim. Sch.
Play. Fld.
Hotel
MANCHESTER RD.
A6053
MARKET ST.
S. RINGLEY RD.
KEARSLEY
Stoneclough
EUROPA WAY
EUROPA TRADING ESTATE
LONG CAUSEWAY
BOLTON ROAD
STONECLOUGH RD.
A667
A666
M61
KEARSLEY
Singing Clough
EXPRESS TRADING ESTATE
George Tomlinson
Sports Hall & Pool
Alderbank (Home for Aged)
Rec. Grd.
Kearsley Mount
FISHBROOK IND. EST.
Lib. Clinic
Rec. Grd.
Play. Gd.
ASHWOOD
THE SYCAMORES
74
75
08
07
06
405
375

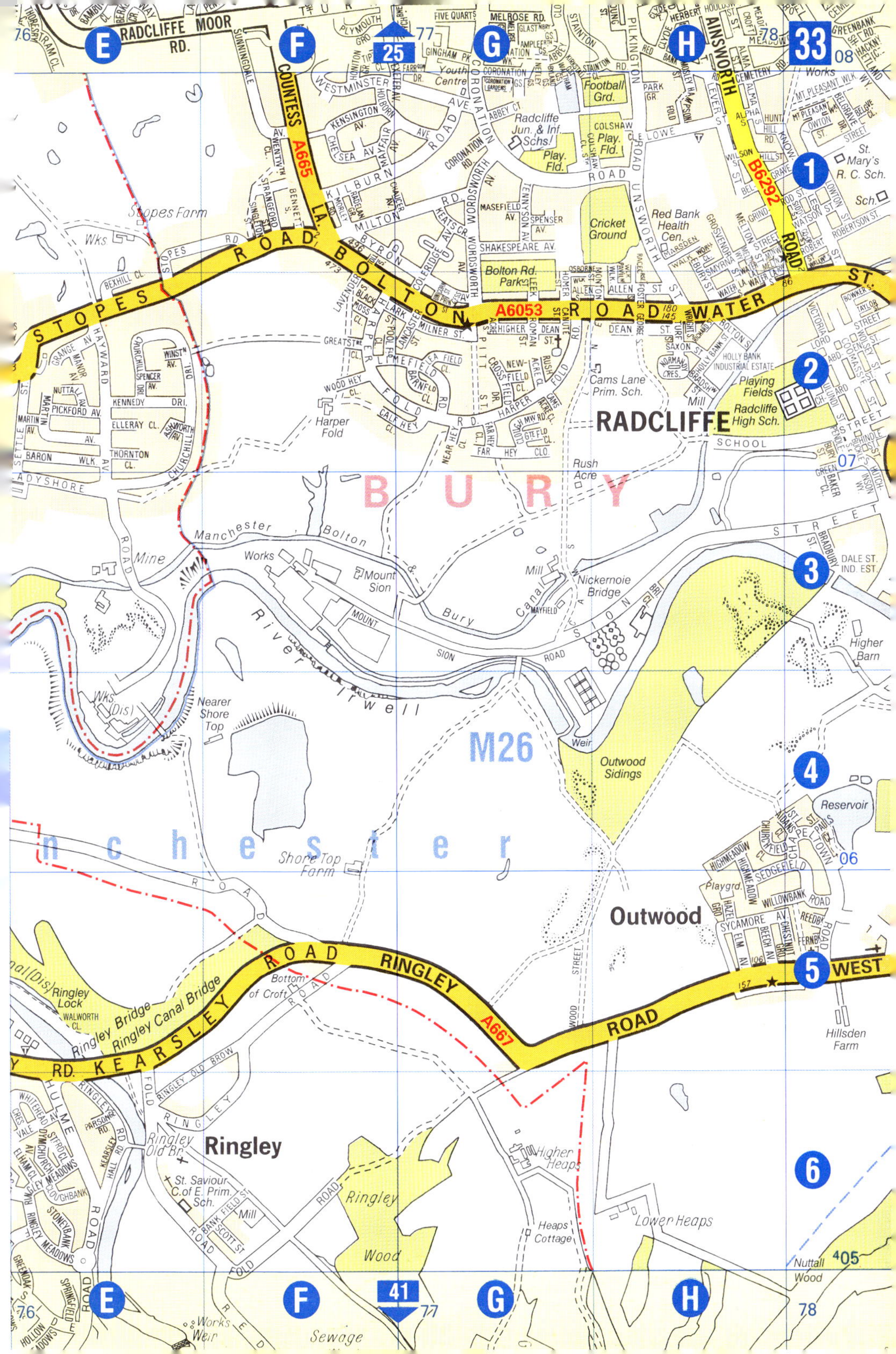
33
25
41
RADCLIFFE
BURY
M26
Outwood
Ringley
RADCLIFFE MOOR RD.
COUNTESS LA.
A665
BOLTON ROAD
A6053
WATER ST.
AINSWORTH ROAD
B6292
STOPES ROAD
RINGLEY ROAD
A667
KEARSLEY RD.
RINGLEY ROAD WEST
SION ROAD
SCHOOL STREET
Stopes Farm
Harper Fold
Cricket Ground
Football Grd.
Radcliffe Jun. & Inf. Schs.
Bolton Rd. Park
Red Bank Health Cen.
Cams Lane Prim. Sch.
Playing Fields
Radcliffe High Sch.
St. Mary's R. C. Sch.
Rush Acre
Manchester Bolton & Bury Canal
River Irwell
Mount Sion
Nickernoie Bridge
Higher Barn
Nearer Shore Top
Shore Top Farm
Outwood Sidings
Reservoir
Bottom of Croft
Ringley Lock
Ringley Bridge
Ringley Canal Bridge
Ringley Old Br.
St. Saviour C. of E. Prim. Sch.
Higher Heaps
Heaps Cottage
Lower Heaps
Ringley Wood
Hillsden Farm
Nuttall Wood
Sewage Works
Weir
DALE ST. IND. EST.
HOLLY BANK INDUSTRIAL ESTATE

A
B
C
D
1
2
3
4
5
6
26
62
63
03
02
Rayner Park
Farm
Ground
Stadium
Hart Common C. of E. Prim. Sch.
Playing Field
Club House
Reservoir
WESTHOUGHTON GOLF CENTRE
Marsh Brook
CASTLE HILL
A58
BRIDGE ST.
MARKET ST.
LANCASTER ROAD
GLOUCESTER AV.
WARWICK DR.
Playing Fields
Prim. Sch.
Chapel Fields
Swim. Baths
Dodhurst Brow Farm
Maxwell Farm
Alder Farm
ALDER LANE
The Hollins
Hollins Prim. Sch.
St. Margaret Mary R. C. Prim. Sch.
Tanfield Sch.
Mornington High Sch.
Thorley House
Playing Field
W I G A N
ATHERTON ROAD
A577
Dog Pool Brook
Pond
Works
Training Centre
Sacred Heart Prim. Sch.
Park High Sch.
Intack Farm
Mine (disused)
Alder Farm
Close Lane Farm
Close House Farm
Scowcroft Farm
Hall Lane Farm
Leyland Ten. Ct.
Park
Ten. Ct.
Pav.
Playing Fields
LEYLAND AV.
Hindley Green Prim. Sch.
Hindley Green
Wigan
Sales Cottage
Barlow's Farm
WN2
H. M. Prison
Factories
LEIGH ROAD
A578
Recreation Ground
Owen's Farm
Naylor's Farm
Bickershaw
BICKERSHAW LANE
B5237
SMITH'S LA.
CLOSE LANE
EDGEWORTH RD
WOODLAND AVENUE
CROSSDALE RD.
LUDLOW AVENUE
SWAN LANE

35
27
36
E
F
G
H
1
2
3
4
5
6
Lambert Sales Farm
Banks Farm
Cunningham Brook
BOLTON
Bolton
Hosker's Nook
Marshes Farm
Harts i'th' Hole
The Pungle
Bugle Horn
Daisy Hill
DAISY HILL
Reservoir
Mountain Farm
Works
Edges Farm
Eatock County Prim. Sch.
Resr.
Daisy Hill C.of E. Prim. Sch.
Cricket Ground
Pav. Playing Flds.
Old Sirs
Land Farm
Land Farm Equestrian Centre
Sewage Works
Gillibrands
BL5
HINDLEY GREEN INDUSTRIAL ESTATE
Speakman's Farm
Carr Common Cottages
Belvedere Farm
Marsh Brook
Hall Lee Brook
Astleys
Manchester
Subway
Small Brook
Hindley's Farm
COLLIERY LANE
LOWER LEIGH ROAD
LEIGH ROAD
SCHOFIELD LANE
B5235
A577
CORNER LA.
SMALLBROOK LANE
WIGAN ROAD
HINDLEY ROAD
WAYROAD
Bowker's Bridge
Lower Snipes
Smith's Farm
M46
Dangerous Corner
Leigh
Playing Fields
WN7
Cemetery
Pond
Parsonage Bridge
Play. Fld.
War Mem.
Westleigh High Sch.
Westleigh Methodist Prim. Sch.
Pickley Green
Playing Field
Nursery
LOVERS LANE
ATHERLEIGH WAY
A579
Works
Pav.
Playing Field

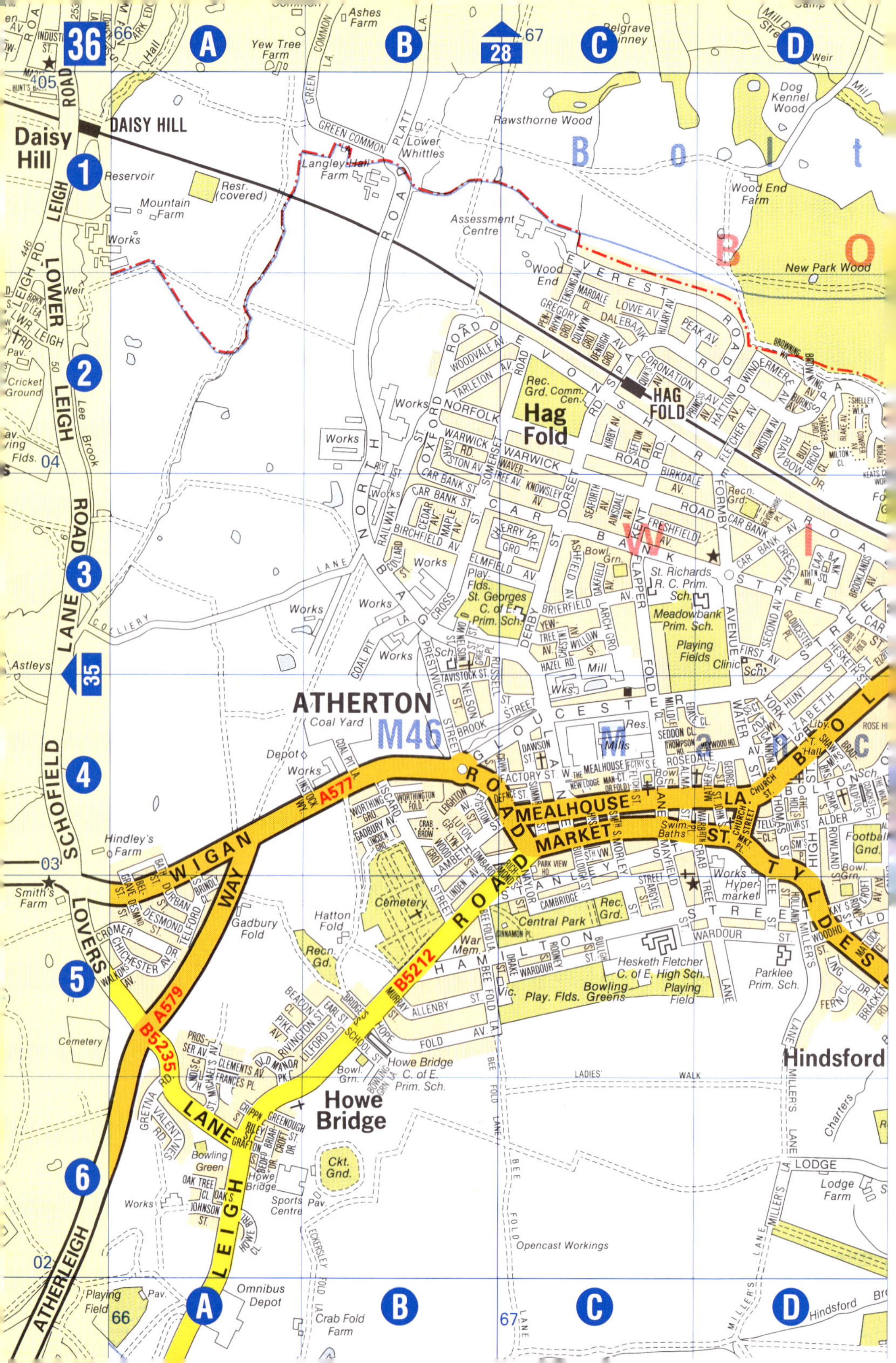
A
B
C
D
1
2
3
4
5
6
28
35
66
67
405
04
03
02
Daisy Hill
DAISY HILL
Yew Tree Farm
Ashes Farm
Belgrave Spinney
Weir
Dog Kennel Wood
Rawsthorne Wood
Reservoir
Resr. (covered)
Mountain Farm
Works
Langley Hall Farm
Lower Whittles
GREEN COMMON
PLATT LA.
Assessment Centre
Wood End Farm
Wood End
New Park Wood
B o l t
B O
LOWER LEIGH ROAD
LEIGH RD.
Cricket Ground
Lee Brook
Flds.
SCHOFIELD LANE
Astleys
EVEREST ROAD
Hag Fold
HAG FOLD
Rec. Grd. Comm. Cen.
NORTH ROAD
CAR BANK ST.
DEVONSHIRE ROAD
FORMBY AV.
W I
St. Richards R. C. Prim. Sch.
Meadowbank Prim. Sch.
Playing Fields
Clinic
St. Georges C. of E. Prim. Sch.
Play. Flds.
Mill
ATHERTON
Coal Yard
M46
Res.
Mills
Depot
A577
WIGAN WAY
MEALHOUSE LA.
MARKET ST.
Swim. Baths
BOLTON OLD ROAD
Hyper-market
Football Gnd.
TYLDESLEY
Hindley's Farm
Smith's Farm
LOVERS LANE
Cemetery
Hatton Fold
Gadbury Fold
Recn. Gd.
War Mem.
Central Park
Rec. Grd.
B5212
HAMILTON ST.
Hesketh Fletcher C. of E. High Sch.
Playing Field
Play. Flds.
Bowling Greens
Parklee Prim. Sch.
A579
B5235
LEIGH ROAD
Howe Bridge C. of E. Prim. Sch.
Bowl. Grn.
Howe Bridge
Hindsford
LADIES' WALK
Ckt. Gnd.
Bowling Green
Sports Centre
Pav.
Works
Opencast Workings
MILLER'S LANE
LODGE
Lodge Farm
Charters
ATHERLEIGH
Playing Field
Omnibus Depot
Crab Fold Farm
ECKERSLEY FOLD LA.
BEE FOLD LANE
Hindsford Br.

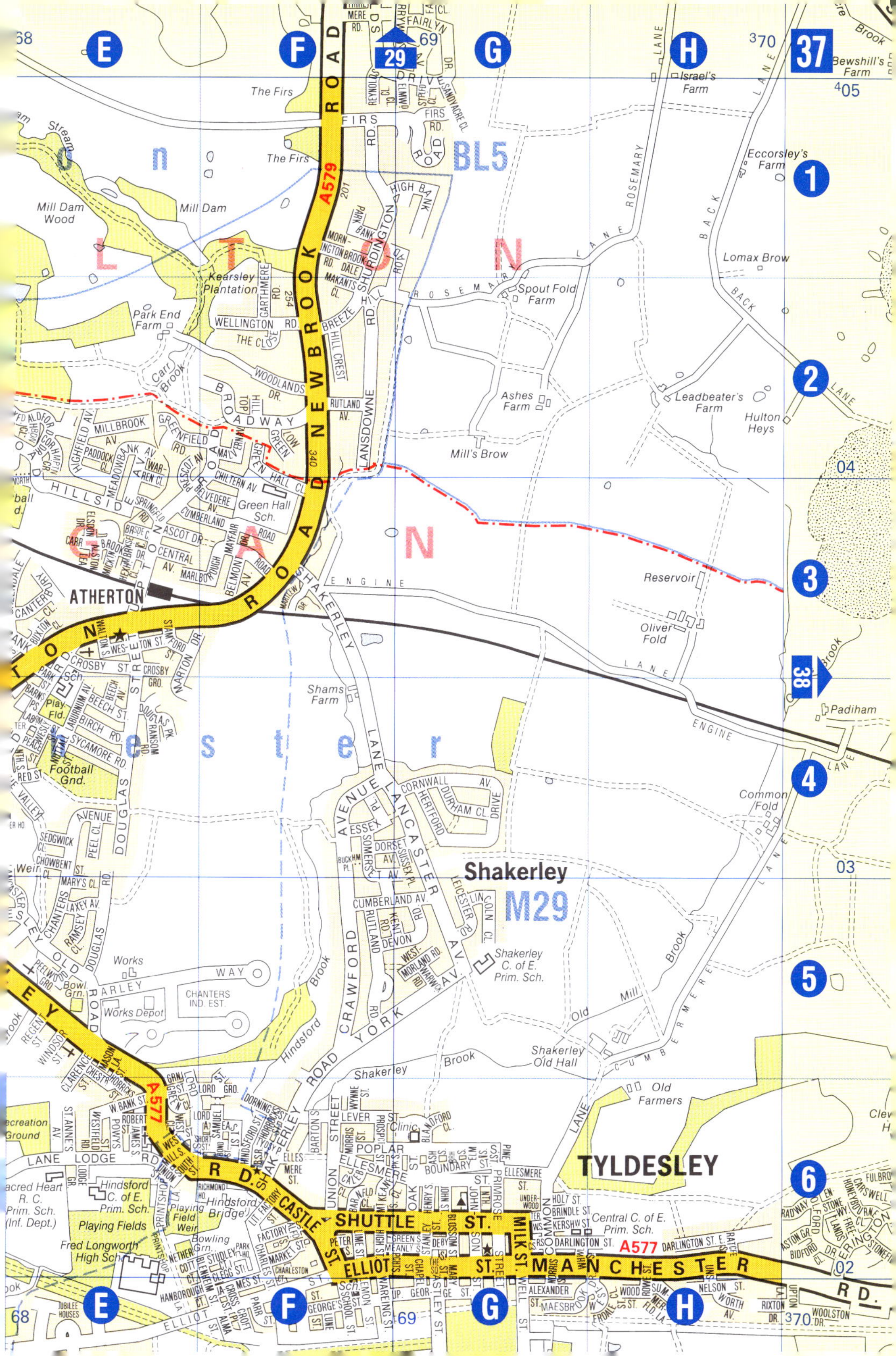
E
F
G
H
29
38
1
2
3
4
5
6
368
369
370
405
04
03
02
BL5
M29
A579
A577
ATHERTON
TYLDESLEY
Shakerley
The Firs
Mill Dam Wood
Mill Dam
Kearsley Plantation
Park End Farm
Israel's Farm
Bewshill's Farm
Eccorsley's Farm
Lomax Brow
Spout Fold Farm
Leadbeater's Farm
Hulton Heys
Ashes Farm
Mill's Brow
Reservoir
Oliver Fold
Padiham
Common Fold
Shams Farm
Green Hall Sch.
Football Gnd.
Play. Fld.
Works
Works Depot
CHANTERS IND. EST.
Bowl. Grn.
Shakerley C. of E. Prim. Sch.
Shakerley Old Hall
Old Farmers
Hindsford C. of E. Prim. Sch.
Sacred Heart R. C. Prim. Sch. (Inf. Dept.)
Playing Fields
Fred Longworth High Sch.
Recreation Ground
Bowling Grn.
Hindsford Bridge
Playing Field
Weir
Clinic
Central C. of E. Prim. Sch.
JUBILEE HOUSES
NEWBROOK ROAD
FIRS ROAD
ROSEMARY LANE
BACK LANE
ENGINE LANE
SHAKERLEY LANE
LANCASTER AVENUE
CUMBERMERE LANE
OLD MILL
SHAKERLEY ROAD
YORK AV.
CRAWFORD
BROADWAY
WOODLANDS DR.
WELLINGTON RD.
THE CLOSE
HILLSIDE AV.
MILLBROOK AV.
HIGHFIELD AV.
GREENFIELD RD.
CENTRAL AV.
ASCOT DR.
CUMBERLAND AV.
BELVEDERE AV.
CHILTERN AV
GREEN HALL CL.
RUTLAND AV.
LANSDOWNE
HIGH BANK
SHURDINGTON ROAD
BREEZE HILL CREST
CROSBY ST.
BEECH ST.
BIRCH RD.
SYCAMORE RD.
DOUGLAS
AVENUE
PEEL CL.
SEDGWICK CL.
CHOWBENT ST.
LAXEY AV.
CHANTERS
RAMSEY CL.
OLD DOUGLAS ROAD
CORNWALL AV.
HERTFORD
DURHAM CL.
ESSEX PL.
DORSET AV.
SUSSEX PL.
CUMBERLAND AV.
RUTLAND RD.
DEVON
WESTMORLAND RD.
LEICESTER RD.
LINCOLN CL.
SHUTTLE ST.
ELLIOT ST.
MILK ST.
MANCHESTER RD.
CASTLE ST.
LODGE LANE
LORD ST.
POPLAR
BOUNDARY ST.
ELLESMERE ST.
UNION STREET
LEVER ST.
DARLINGTON ST.
BRINDLE ST.
KERSHAW ST.
HOLT ST.
NELSON ST.
ALEXANDER ST.
WOOD ST.
WOOLSTON DR.
RIXTON DR.

38

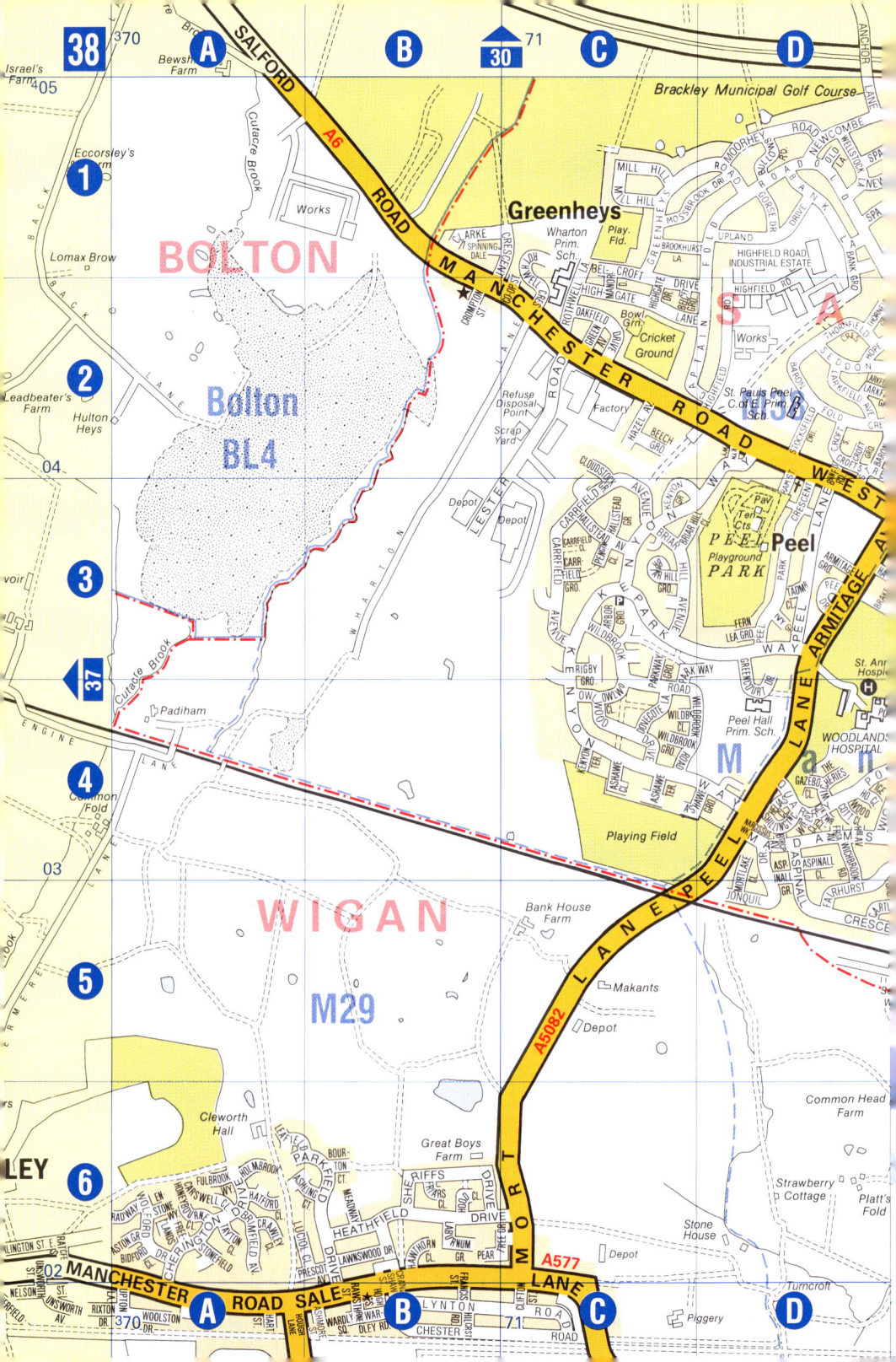

BOLTON
Bolton BL4

WIGAN
M29

Greenheys
Peel
Peel Park

39
31
40
E
F
G
H
1
2
3
4
5
6
72
73
74
04
03
02
405
M61
M61 MOTORWAY
BL4
Junc. 3
BUCKLEY LANE
A5082
CLEGG'S LANE
MANCHESTER ROAD
A6
EAST HIGH ST.
WORSLEY ROAD NTH.
A575
BOLTON ROAD
ST. MANCHESTER RD.
MEMORIAL ROAD
WALKDEN RD.
BRIDGEWATER ROAD
B5232
NEWEARTH RD.
WEST-MINSTER RD.
M28
Bolton
Little Hulton
Hill Top
WALKDEN
Parr Fold
New Manchester
EXPRESS TRADING ESTATE
OAKHILL TRADING ESTATE
HARCOURT INDUSTRIAL CENTRE
Works
Coal Yard
Depot
Blackleach Reservoir
Sports Ground
Cricket Grd.
Football Grd.
St. Paul's C.of E.Prim. Sch.
Walkden Prim. Sch.
St Mary's Park
Rec. Grd.
St. Edmund's R.C.Prim. Sch.
St. Andrew's Prim. Sch.
Little Hulton Community Sch.
Playing Fields
Little Hulton Hlth. Cen.
St. Josephs R.C. Prim. Sch.
Dukesgate Prim. Sch.
Brynheys (Old Peoples Home)
Hilton La. Prim. Sch.
Joseph Eastham High School
Playing Fields
St. George's R.C. High Sch.
Swim. Pool
Clinic
Day Cen.
Youth Cen.
Grave Yard
ST. OUEN CENTRE
LADY HARRIET WK.
WALKDEN MKT. PL.
ELLESMERE SHOP CEN.
Sludge Bed
Burgess Farm
Playing Field
Recreation Ground
Leyland Farm
Cemetery
Bowling Green
Town Hall
Putting Grn.
PARR FOLD PARK
Tennis Courts
Ash Field Sch. Play. Fld.
Walkden High Sch.
Christ the King R.C. Prim. Sch.
WALKDEN

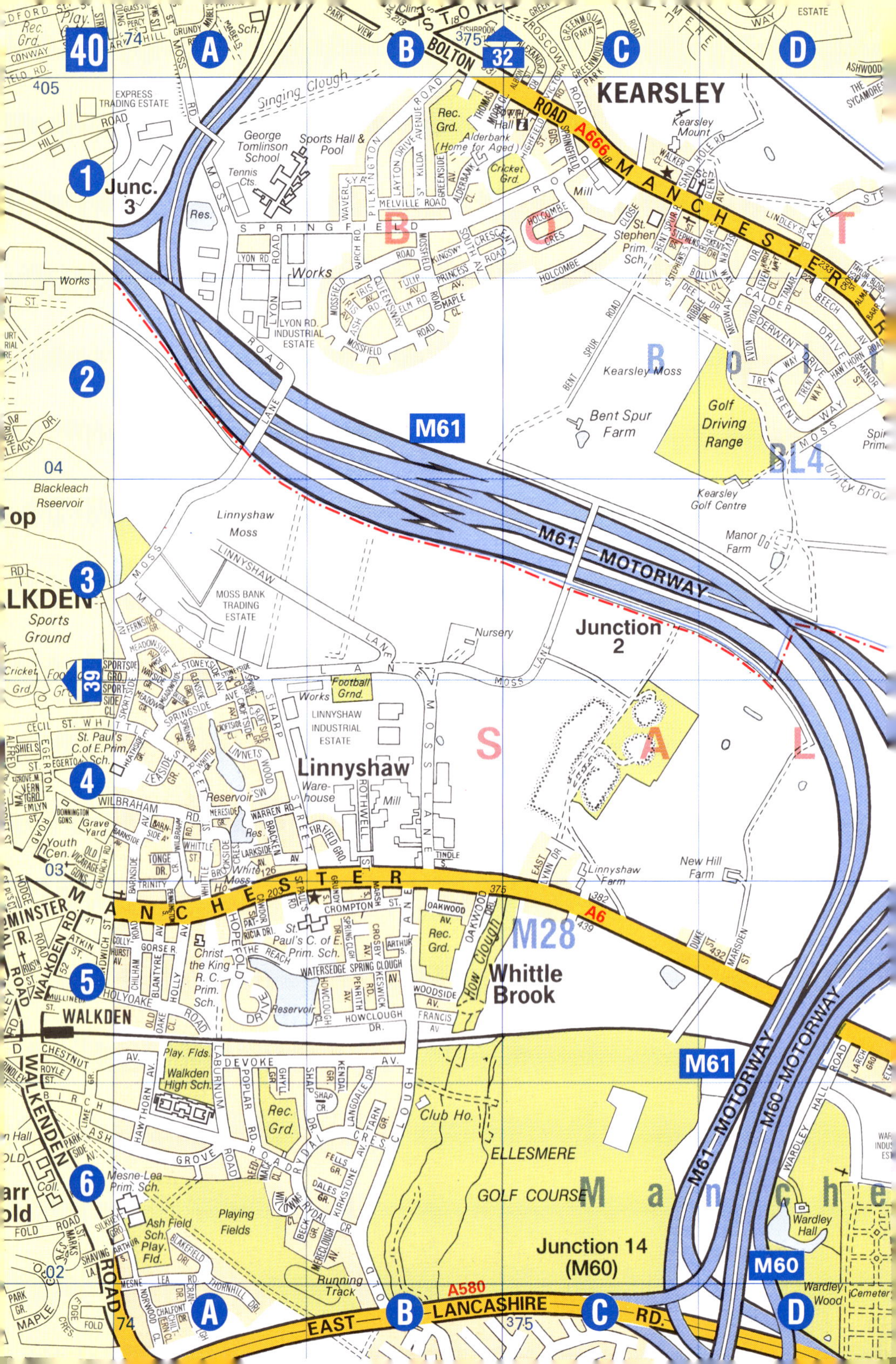
32
39
KEARSLEY
Singing Clough
EXPRESS TRADING ESTATE
George Tomlinson School
Sports Hall & Pool
Tennis Cts.
Junc. 3
Res.
SPRINGFIELD ROAD
Works
LYON RD. INDUSTRIAL ESTATE
Rec. Grd.
Town Hall
Alderbank (Home for Aged)
Cricket Grd.
Mill
St. Stephen Prim. Sch.
Kearsley Mount
A666
MANCHESTER ROAD
BOLTON ROAD
Kearsley Moss
Bent Spur Farm
Golf Driving Range
BL4
Kearsley Golf Centre
Manor Farm
M61
M61 MOTORWAY
Blackleach Rseervoir
Linnyshaw Moss
MOSS BANK TRADING ESTATE
Nursery
Junction 2
Football Grnd.
LINNYSHAW INDUSTRIAL ESTATE
Linnyshaw
Warehouse
Mill
Sports Ground
St. Paul's C. of E. Prim. Sch.
Grave Yard
Youth Cen.
Reservoir
White Moss
Linnyshaw Farm
New Hill Farm
A6
M28
Christ the King R. C. Prim. Sch.
St. Paul's C. of E. Prim. Sch.
Rec. Grd.
How Clough
Whittle Brook
WALKDEN
Play. Flds.
Walkden High Sch.
Rec. Grd.
Club Ho.
ELLESMERE GOLF COURSE
M61 MOTORWAY
M60 MOTORWAY
Mesne Lea Prim. Sch.
Ash Field Sch. Play. Fld.
Playing Fields
Running Track
Junction 14 (M60)
Wardley Hall
Wardley Wood
Cemetery
M60
A580
EAST LANCASHIRE RD.
Manchester

E
F
33
77
G
H
78
76
Lower Heaps
Heaps Cottage
Sch.
Mill
STONEYBANK
MEADOWS
SPRINGFIELD
ROAD
HOLLOW MEADOWS
HULME
FOLD RD.
SCOTT ST
Ringley Wood
Works Weir
Sewage Works
M26
Giants Seat House
GIANT'S SEAT WOOD
BURY
NUTTALL WOOD
Hurst Farm
405
1
RED ROCK LANE
River Irwell
Electricity Sub Station
SLACKEY BROW
Depot
Clifton Marina
LITTLE HURST WOOD
M25
2
Unity Brook Farm
Clifton House Farm
CLIFTON HOUSE ROAD
Weir
Rhodes Lock
04
Point School
Ryder's Farm
MANCHESTER ROAD
WESTBOURNE AV
BELMONT AV
LAWEFIELD
WAKEFIELD DRI.
CORRIE CRES
LAWEFIELD CRES.
OUTWOOD AV.
LEEWOOD
CLIFTON VIEW
CEDAR DRI.
WALNUT CL
TEAK DR.
Fletchers Canal
3
Rec. Grd.
THE BOUNDARY
FIELDERS WY.
KIRKSTILE PL
OAKWOOD AV.
SOLWAY CL
GALLOWAY DR
A666
Junction 16
Clifton Moss Farm
MOSS COLLIERY
Junction 1 (M61)
T.A. Centre
M60
M60 MOTORWAY
Clifton
4
Works
Wks.
Depot
CHESSINGTON RISE
ELLERBY AV.
WYNNE
Comm. Cen.
Clifton Prim. Sch.
M27
Reservoir
BROADHURST
CORRIE ROAD
MALCOLM
03
Junction 15 (M60)
SINDSLEY RD
MOSS BANK ROAD
Wardley C.E. Prim. Sch.
HAREWOOD LA
Reservoir
St.Mark's R.C.Prim. Sch.
5
Wardley
Wardley Grange
Playing Field
Salford Coll. (Wardley Campus)
Newtown
Mill
Ponds
Cricket Grd./ Pavilions
MOSSFIELD
Cemetery
Mossfield Prim. Sch.
Playing Field
BOLTON RD.
QUEENSWAY
Pendlebury Hlth. Cen.
Playing Fields
Rec. Grd.
ROAD
WESTMINSTER ST
THORPE
BRIERLEY RD.
BANCROFT
ACKWORTH
CROSSFIELD
BROOKFIELD
CROMWELL
The Swinton High Sch.
B5231
6
LONGVIEW DR
COPPLESTONE CT.
MOORSIDE
A6
CHORLEY ROAD
REGINALD ST.
Ind. Est.
WORDSWORTH
KINGSLEY
TENNYSON
SHAKESPEARE
STATION
SWINTON
Superstores
Industrial Estate
Works
Play. Flds.
02
TOWNSEND
PENDLEBURY

INDEX TO STREETS

HOW TO USE THIS INDEX

1. Each street name is followed by its Posttown or Postal Locality and then by its map reference; e.g. Abbey Ct. *Rad* —1G **33** is in the Radcliffe Posttown and is to be found in square 1G on page **33**. The page number being shown in bold type.
  A strict alphabetical order is followed in which Av., Rd., St., etc. (though abbreviated) are read in full and as part of the street name; e.g. Abbotsford Rd. appears after Abbot Croft but before Abbot St.

2. Streets and a selection of Subsidiary names not shown on the Maps, appear in the index in *Italics* with the thoroughfare to which it is connected shown in brackets; e.g. *Acresfield Mall. Ram* —4D **22** (off Arndale Cen.)

3. Railway stations appear in the index in CAPITALS and are referenced to the actual building and not to the station name.
  The abbreviations *BR*, *M* and *ELR* after the station name indicates whether it is a British Rail, Metro or East Lancashire Railway station; e.g. ADLINGTON STATION. *BR* —2E **7**

GENERAL ABBREVIATIONS

All : Alley	Cir : Circus	Ho : House	Pas : Passage
App : Approach	Clo : Close	Ind : Industrial	Pl : Place
Arc : Arcade	Comn : Common	Junct : Junction	Quad : Quadrant
Av : Avenue	Cotts : Cottages	La : Lane	Rd : Road
Bk : Back	Ct : Court	Lit : Little	S : South
Boulevd : Boulevard	Cres : Crescent	Lwr : Lower	Sq : Square
Bri : Bridge	Dri : Drive	Mnr : Manor	Sta : Station
B'way : Broadway	E : East	Mans : Mansions	St : Street
Bldgs : Buildings	Embkmt : Embankment	Mkt : Market	Ter : Terrace
Bus : Business	Est : Estate	M : Mews	Trad : Trading
Cvn : Caravan	Gdns : Gardens	Mt : Mount	Up : Upper
Cen : Centre	Ga : Gate	N : North	Vs : Villas
Chu : Church	Gt : Great	Pal : Palace	Wlk : Walk
Chyd : Churchyard	Grn : Green	Pde : Parade	W : West
Circ : Circle	Gro : Grove	Pk : Park	Yd : Yard

POSTTOWN AND POSTAL LOCALITY ABBREVIATIONS

Abr : Abram	*Brom X* : Bromley Cross	*Hind* : Hindley	*Ram* : Ramsbottom
Adl : Adlington	*Bury* : Bury	*Hind I* : Hindley Ind. Est.	*Stand* : Standish
Aff : Affetside	*Cheq* : Chequerbent	*Holc* : Holcombe	*Stone* : Stoneclough
Ain : Ainsworth	*Chor* : Chorley	*Hor* : Horwich	*Swint* : Swinton
And : Anderton	*Clif* : Clifton	*Ince* : Ince	*Tot* : Tottington
Asp : Aspull	*Cop* : Coppull	*Kear* : Kearsley	*Tur* : Turton
Ast : Astley	*Eger* : Egerton	*Leigh* : Leigh	*Tyl* : Tyldesley
Ath : Atherton	*Farn* : Farnworth	*L Hul* : Little Hulton	*Wals* : Walshaw
Bick : Bickershaw	*Fish I* : Fishbrook Ind. Est.	*L Lev* : Little Lever	*Wdly* : Wardley
Blac : Blackrod	*G'mnt* : Greenmount	*Los* : Lostock	*W'houg* : Westhoughton
Bolt : Bolton	*Grim V* : Grimeford Village	*Nwtwn* : Newtown	*Wig* : Wigan
Brad F : Bradley Fold	*Haig* : Haigh	*Over H* : Over Hulton	*Wing I* : Wingates Ind. Est.
Brad T : Bradley Fold Trad. Est.	*Harw* : Harwood	*Pen* : Pendlebury	*Wor* : Worsley
Brad : Bradshaw	*Hawk* : Hawkshaw	*Plat B* : Platt Bridge	
Brei : Breightmet	*Hth C* : Heath Charnock	*Rad* : Radcliffe	

INDEX TO STREETS

Abbey Clo. *Rad* —6G **25**
Abbey Ct. *Rad* —1G **33**
Abbeydale Gdns. *Wor* —4G **39**
Abbey Dri. *Bury* —2H **25**
Abbey Dri. *Swint* —6G **41**
Abbey Gro. *Adl* —2E **7**
Abbey La. *Leigh* —6F **35**
Abbey Sq. *Leigh* —6F **35**
Abbingdon Way. *Leigh* —6F **35**
Abbot Croft. *W'houg* —1H **35**
Abbotsford Rd. *Bolt* —2G **21**
Abbot St. *Bolt* —6C **22**
Abbott St. *Hor* —5D **8**
Abden St. *Rad* —4H **33**
Abercorn Rd. *Bolt* —5H **11**
Abernethy St. *Hor* —1F **19**
Abingdon Rd. *Bolt* —3G **23**
Abraham St. *Hor* —5D **8**
Ackworth Rd. *Swint* —6G **41**
Acre Field. *Bolt* —5H **13**
Acresbrook Av. *Tot* —4H **15**
Acresbrook Wlk. *Tot* —4H **15**
Acresdale. *Los* —4C **20**
Acresfield. *Adl* —3D **6**
Acresfield Clo. *Blac* —6G **7**
Acresfield Mall. Ram —4D **22**
  (off Arndale Cen.)
Acresfield Rd. *L Hul* —3F **39**
Acres St. *Tot* —4H **15**
Acre St. *Rad* —2G **33**
Acre Wood. *Los* —2B **28**
Adam St. *Bolt* —6D **22**
Addington Rd. *Bolt* —2F **29**
Adelaide St. *Adl* —1E **7**
Adelaide St. *Bolt* —1B **30**

Adelaide St. *Ram* —3H **5**
Adelphi St. *L Hul* —2F **39**
Adelphi Gro. *L Hul* —2F **39**
Adelphi St. *Rad* —6H **25**
Adisham Dri. *Bolt* —2D **22**
Adlington Clo. *Bury* —2H **25**
ADLINGTON STATION. *BR* —2E **7**
Adlington St. *Bolt* —1B **30**
Adrian Rd. *Bolt* —1A **22**
Affetside Dri. *Bury* —1G **25**
Affleck Av. *Rad* —5C **32**
Agnes St. *Bolt* —6H **23**
Ainscow Av. *Los* —3H **19**
Ainscow St. *Bick* —6A **34**
Ainsdale Av. *Ath* —3C **36**
Ainsdale Av. *Tur* —1A **4**
Ainsdale Ct. *Bolt* —2D **30**
Ainsdale Rd. *Bolt* —3C **30**
  (in two parts)
Ainse Rd. *Blac* —6F **7**
Ainsley Gro. *Wor* —5H **39**
Ainslie Rd. *Bolt* —2G **21**
Ainsworth Av. *Hor* —2G **19**
Ainsworth Ct. *Bolt* —4G **23**
Ainsworth Hall Rd. *Ain* —4D **24**
Ainsworth La. *Bolt* —2F **23**
Ainsworth Rd. *Bury* —2H **25**
Ainsworth Rd. *L Lev* —2C **32**
Ainsworth Rd. *Rad* —4H **25**
Ainsworth St. *Bolt* —1A **22**
Aintree Rd. *L Lev* —3C **32**
Aire Dri. *Bolt* —4F **13**
Aireworth St. *W'houg* —2G **27**
Alan St. *Ram* —6B **12**
Albany Clo. *L Hul* —1F **39**

Alberta St. *Bolt* —6A **22**
Albert Av. *Wor* —2G **39**
Albert Gro. *Farn* —5H **31**
Albert M. *W'houg* —4G **27**
Alberton Clo. *Asp* —5G **17**
Albert Rd. *Bolt* —3H **21**
  (Bolton)
Albert Rd. *Bolt* —2F **21**
  (Markland Hill)
Albert Rd. *Farn* —5G **31**
Albert Rd. W. *Bolt* —3F **21**
Albert St. *Eger* —4B **2**
Albert St. *Farn* —6H **31**
Albert St. *Hor* —5D **8**
Albert St. *Kear* —5A **32**
Albert St. *L Lev* —2D **32**
Albion St. *Bolt* —6D **22**
Albion St. *Kear* —6C **32**
Albion St. *W'houg* —1H **27**
Albion Ter. *Bolt* —6H **11**
Aldbury Ter. *Bolt* —2B **22**
Alderbank. *Hor* —6B **8**
Alderbank Clo. *Kear* —1B **40**
Aldercroft Av. *Bolt* —2H **23**
Alder Dri. *Wdly* —6E **41**
Alderfold St. *Ath* —4D **36**
Alder Gro. *Brom X* —3G **13**
Alder Ho. *Ath* —4D **36**
Alder La. *Hor* —4D **8**
Alderley Av. *Bolt* —4C **12**
Alderley Rd. *Kear* —3C **32**
Alderminster Av. *L Hul* —2E **39**
Alders Grn. Rd. *Hind* —2C **34**
Alder St. *Ath* —4D **36**
Alder St. *Bolt* —2D **30**

Aldersyde St. *Bolt* —2B **30**
Alderton Dri. *W'houg* —1G **35**
Aldford St. *Ath* —2E **37**
Aldford Gro. *Brad F* —6D **24**
Aldred St. *Bolt* —2H **29**
Aldsworth Dri. *Bolt* —1C **30**
Alexander Briant Ct. *Farn* —6G **31**
Alexander Rd. *Bolt* —2G **23**
Alexander St. *Tyl* —6G **37**
Alexandra Rd. *Kear* —6C **32**
Alexandra Rd. *Los* —3G **19**
Alexandra Rd. *Rad* —5C **32**
Alexandra Rd. *Wor* —2G **39**
Alexandra St. *Farn* —6H **31**
Alexandra Dri. *W'houg* —5B **28**
Alford Clo. *Bolt* —5B **24**
Alfred St. *Bolt* —1F **31**
Alfred St. *Eger* —4B **2**
Alfred St. *Farn* —3H **31**
Alfred St. *Kear* —5B **32**
Alfred St. *Tyl* —6F **37**
Alfred St. *Wor* —4H **39**
Algernon Rd. *Wor* —3G **39**
Algernon St. *Farn* —3H **31**
Algernon St. *Hind* —2A **34**
Alice St. *Bolt* —6A **22**
Alicia St. *Bolt* —6H **23**
Alick's Fold. *W'houg* —4G **27**
Allenby Gro. *W'houg* —6F **27**
Allenby St. *Ath* —5B **36**
Allendale Gdns. *Bolt* —1C **22**
Allen St. *L Lev* —2C **32**
Allen St. *Rad* —2G **33**
  (in two parts)

42 A-Z Bolton

Allerton Clo.—Bancroft Rd.

Allerton Clo. *W'houg* —4A **28**
Allerton Ho. *Ram* —*3C 22*
 (off Duke St. N.)
Allesley Clo. *W'houg* —4A **28**
All Saints Gro. *Hind* —2A **34**
All Saints St. *Bolt* —3D **22**
Alma Rd. *W'houg* —5H **27**
Alma St. —4C **36**
Alma St. *Bolt* —1A **30**
Alma St. *Kear* —2D **40**
Alma St. *L Lev* —2D **32**
Alma St. *Rad* —6H **25**
Alma St. *Tyl* —6F **37**
Almond Gro. *Bolt* —6D **12**
Almond St. *Bolt* —5D **12**
Almond St. *Farn* —5G **31**
Alnwick Clo. *Asp* —6H **17**
Alpha St. *Rad* —1H **33**
Alpine Ter. *Farn* —5A **32**
Alston Lea. *Ath* —3E **37**
Alston St. *Bolt* —2C **30**
Amber Gdns. *Hind* —3A **34**
Amber Gro. *W'houg* —3H **27**
Amberley Clo. *Bolt* —6F **21**
Amblecote Dri. E. *L Hul* —1E **39**
Amblecote Dri. W. *L Hul* —1E **39**
Ambleside Clo. *Bolt* —5B **14**
Ambrose Av. *Leigh* —6G **35**
Ampleforth Gdns. *Rad* —6G **25**
Anchor La. *Farn & Wor* —5D **30**
Ancroft Gdns. *Bolt* —2A **30**
Anderton Clo. *Ram* —2H **25**
Anderton La. *Blac* —6A **8**
 (in two parts)
Anderton St. *Adl* —2E **7**
Andrew Clo. *G'mnt* —6H **5**
Andrew La. *Bolt* —3D **12**
Andrew's Ter. *W'houg* —4G **27**
Anfield Rd. *Bolt* —2C **30**
Angelo St. *Ram* —6B **12**
 (in two parts)
Angle St. *Bolt* —2F **23**
Anglezarke Rd. *Adl* —2E **7**
Anglia Gro. *Bolt* —1A **30**
Annis Rd. *Bolt* —1H **29**
Ann St. *Kear* —6A **32**
Ansdell Rd. *Hor* —5E **9**
Anson St. *Bolt* —6D **12**
Anthony St. *Bolt* —2D **30**
Anvil St. *Farn* —6H **31**
Appleby Clo. *Bury* —1H **25**
Appleby Gdns. *Bolt* —2E **23**
Appledore Dri. *Bolt* —6B **14**
Apple Ter. *Ram* —1B **22**
Aqueduct Rd. *Bolt* —1G **31**
Arbor Clo. *L Hul* —3C **38**
Archer Av. *Bolt* —3G **23**
Archer Gro. *Bolt* —3G **23**
Arch St. *Bolt* —2E **23**
Ardens Clo. *Swint* —5F **41**
Ardley Rd. *Hor* —5E **9**
Argo St. *Bolt* —1B **30**
Argyle Av. *Wor* —2G **39**
Argyle St. *Ath* —5C **36**
Argyle St. *Hind* —2A **34**
Arkwright Clo. *Bolt* —2C **22**
Arkwright St. *Hor* —1E **19**
Arlen Ct. *Bolt* —6F **23**
Arlen Rd. *Bolt* —6F **23**
Arley La. *Haig* —2B **16**
Arley Way. *Ath* —5E **37**
Arlington St. *Bolt* —2D **30**
Armadale Cl. *Bolt* —6E **21**
Armadale Rd. *Bolt* —5E **21**
Armitage Av. *L Hul* —3D **38**
Armitage Gro. *L Hul* —3D **38**
Armitstead St. *Hind* —3A **34**
Armstrong St. *Hor* —1E **19**
Arncliffe Clo. *Farn* —4H **31**
Arncot Rd. *Ram* —4D **12**
Arnesby Gro. *Bolt* —3F **23**
Arnold Rd. *Eger* —1D **12**
Arnold St. *Ram* —1A **22**
Arnside Gro. *Bolt* —3A **24**
Arnside Rd. *Hind* —2C **34**
Arran Clo. *Bolt* —5E **21**
Arran Gro. *Rad* —6G **25**
Arrowhill Rd. *Rad* —3H **25**
Arrowsmith Ct. *Hor* —2G **19**

Arrow St. *Ram* —3C **22**
Arthur Av. *Wor* —2G **39**
Arthur La. *Ain* —6C **14**
Arthur St. *Farn* —5H **31**
Arthur St. *Hind* —2A **34**
Arthur St. *L Lev* —2D **32**
Arthur St. *Wor* —5B **40**
 (Walkden)
Arthur St. *Wor* —6A **40**
 (Worsley)
Artillery St. *Bolt* —6D **22**
Arundale. *W'houg* —3H **27**
Arundel St. *Bolt* —4C **12**
Arundel St. *Hind* —2A **34**
Arundel St. *Wdly* —6E **41**
Ascot Av. *Ath* —3E **37**
Ascot Rd. *L Lev* —2B **32**
Ashawe Clo. *L Hul* —4C **38**
Ashawe Gro. *L Hul* —4C **38**
Ashawe Ter. *L Hul* —4C **38**
Ashbank Av. *Bolt* —5E **21**
Ashbee St. *Bolt* —2C **22**
Ashbourne Av. *Bolt* —5F **23**
Ashbourne Av. *Hind* —2B **34**
Ashbourne Clo. *Leigh* —6F **35**
Ashbourne Gdns. *Hind* —2B **34**
Ashburner St. *Bolt* —5C **22**
Ashbury Pl. *Bolt* —6C **22**
Ashby Clo. *Farn* —2G **31**
Ashcombe Dri. *Bolt* —5C **24**
Ashcombe Dri. *Rad* —6F **25**
Ashcott La. *Los* —6E **21**
Ashcroft St. *Hind* —3A **34**
Ashdale Av. *Bolt* —6E **21**
Ashdale Rd. *Hind* —2B **34**
Ashdene Cres. *Bolt* —4H **13**
Ashdown Dri. *Bolt* —6G **13**
Ash Dri. *Wdly* —6E **41**
Asher St. *Bolt* —3A **30**
Ashes Dri. *Bolt* —3B **24**
Ashfield Av. *Ath* —3C **36**
Ashfield Av. *Hind* —3B **34**
Ashfield Dri. *Asp* —6G **17**
Ashfield Gro. *Bolt* —3E **13**
Ashfield St. *And* —1F **7**
Ashford Clo. *Bolt* —5A **14**
Ashford Rise. *Wig* —6A **16**
Ashford Wlk. *Bolt* —2C **22**
Ash Gro. *Bolt* —3H **21**
Ash Gro. *Harw* —6B **8**
Ash Gro. *Hor* —3G **19**
Ash Gro. *Ram* —4H **5**
Ash Gro. *Tot* —4H **15**
Ash Gro. *W'houg* —6G **27**
Ash Gro. *Wor* —6H **39**
Ashington Clo. *Bolt* —6H **11**
Ashington Dri. *Bury* —2H **25**
Ashleigh Dri. *Bolt* —3E **21**
Ashley Av. *Bolt* —3H **23**
Ashley Ct. *Swint* —5H **41**
Ashley Gro. *Farn* —5G **31**
Ashley Rd. *Hind* —4D **34**
Ashling Ct. *Tyl* —6A **38**
Ashmore St. *Tyl* —6B **38**
Ashness Clo. *Hor* —6B **8**
Ashness Dri. *Bolt* —2A **24**
Ashness Gro. *Bolt* —2A **24**
Ashness Pl. *Bolt* —2A **24**
Ashover Clo. *Bolt* —3D **12**
Ashridge Clo. *Los* —5C **20**
Ash Rd. *Kear* —3B **40**
Ash St. *Bolt* —5E **23**
Ash St. *Tyl* —6G **37**
Ashton Field Dri. *Wor* 3G **39**
Ashton St. *Bolt* —1H **29**
Ashton St. *L Lev* —2D **32**
Ashurst Clo. *Bolt* —6B **14**
Ashwell M. *Bolt* —6G **13**
Ashwell St. *Bolt* —6F **13**
Ashwood. *Rad* —6D **32**
Ashwood Av. *Wor* —2G **39**
Ashworth Av. *L Lev* —2E **33**
Ashworth La. *Bolt* —4G **13**
Ashworth St. *Asp* —1A **26**
Ashworth St. *Farn* —5G **31**
Ashworth Ter. *Bolt* —5A **14**
Asia Pl. *Bolt* —2E **31**
Askwith Rd. *Hind* —4A **34**
Aspen Clo. *W'houg* —3H **27**

Aspinall Clo. *Wor* —4D **38**
Aspinall Ct. *Hor* —1E **19**
Aspinall Cres. *Wor* —4D **38**
Aspinall Gro. *Wor* —4D **38**
Aspinall St. *Hor* —3E **19**
Aster Av. *Farn* —4E **31**
Astley La. *Ram* —6C **12**
Astley Rd. *Bolt* —4A **14**
Astley St. *Bolt* —1C **22**
Astley St. *Tyl* —6G **37**
Aston Gdns. *Farn* —4H **31**
Aston Gro. *Tyl* —6A **38**
Athens Dri. *Wor* —5G **39**
Atherfield. *Bolt* —5A **14**
Atherleigh Way. *Leigh & Ath*
 —6H **35**
Atherton Ho. *Ath* —3D **36**
Atherton Rd. *Hind* —2A **34**
ATHERTON STATION. *BR* —3E **37**
Atherton St. *Adl* —3E **7**
Atherton St. *Bick* —6A **34**
Athlone Av. *Bolt* —4A **12**
Athol Cres. *Hind* —3D **34**
Atholl Clo. *Bolt* —5F **21**
Athur La. *Bolt* —1B **30**
Atkinson Av. *Bolt* —2F **31**
Atkin St. *Wor* —5H **39**
Atlas Ho. *Ram* —3D **22**
Auberson Rd. *Bolt* —2B **30**
Auburn St. *Bolt* —1B **30**
Augustus St. *Bolt* —1E **31**
Austin's La. *Los* —3H **19**
Avallon Clo. *Tot* —2H **15**
Avebury Clo. *Hor* —2H **19**
Avenue Rd. *Bolt* —3B **22**
Avenue, The. *Adl* —1E **7**
Avenue, The. *Bolt* —4F **23**
Avenue, The. *W'houg* —4H **27**
Avoncliffe Clo. *Bolt* —6B **12**
Avon Clo. *Wor* —5E **39**
Avondale Dri. *Ram* —5H **5**
Avondale Rd. *Farn* —5D **30**
Avondale St. *Bolt* —2A **22**
Avonhead Clo. *Hor* —6B **8**
Avon Rd. *Kear* —2D **40**
Avon St. *Ram* —2H **21**
Aylesbury Cres. *Hind* —5E **35**
Aylesford Wlk. *Bolt* —2C **22**
Ayr St. *Bolt* —5G **13**
Ayrton Gro. *L Hul* —1E **39**

Baber Wlk. *Bolt* —5C **12**
Babylon La. *And* —1F **7**
Bk. All Saints St. Ram —*3D 22*
 (off Bark St.)
Bk. Apple Ter. *Bolt* —1B **22**
Bk. Astley St. *Ram* —1C **22**
Bk. Avondale St. *Ram* —2A **22**
Bk. Baldwin St. N. *Bolt* —6C **22**
Bk. Belfast St. *Ram* —1C **22**
Bk. Bennett's La. *Ram* —1A **22**
Bk. Bowness Rd. *Bolt* —1B **30**
Bk. Broom St. *Bolt* —4E **23**
Bk. Bury Rd. S. *Bolt* —4A **24**
 (in two parts)
Bk. Cambridge St. *Ram* —2C **22**
Bk. Canada St. *Hor* —6D **8**
Bk. Chapel St. *Hor* —6E **9**
Bk. Chapel St. *Tot* —2H **15**
Bk. Cheapside. *Bolt* —3H **21**
Bk. Chorley Old Rd. S. *Ram*
 —2G **21**
Bk. Church Rd. N. *Ram* 1H **21**
Bk. Clay St. E. *Brom X* —2E **13**
Bk. Common St. *W'houg* —6D **26**
Bk. Crown St. *Hor* —5C **8**
Bk. Darwen Rd. *Brom X* —3C **6**
Bk. Deane Chu. La. *Bolt* —1H **29**
Bk. Devonshire Rd. *Ram* —2G **21**
Bk. Duncan St. *Hor* —6G **5**
Bk. Eden St. *Ram* —5C **12**
Bk. Emmett St. *Hor* —6D **8**
Bk. Everton St. N. *Ram* —1D **22**
Bk. Fairhaven Rd. *Ram* —6F **12**
Bk. Fern St. E. *Bolt* —5A **22**
Bk. Fletcher St. *Rad* —5D **32**
Bk. Gorton St. *Bolt* —5E **23**
Bk. Grantham Clo. *Ram* —2C **22**

Bk. Hart St. *W'houg* —6D **26**
Bk. Harvey St. *Ram* —6B **12**
Bk. Hatfield Rd. *Ram* —2A **22**
Bk. Higher Swan La. W. *Bolt*
 —2B **30**
Bk. High St. *Tur* —3G **3**
Bk. Holland St. *Ram* —5D **12**
Bk. Hotel St. *Ram* —4D **22**
Bk. Hulton La. S. *Bolt* —3G **29**
Bk. Ivanhoe St. *Ram* —3G **31**
Bk. Ivy Bank Rd. *Ram* —4C **12**
Bk. Ivy Rd. *Ram* —2A **22**
Bk. James St. *L Lev* —2D **32**
Bk. John St. *Bolt* —5C **22**
Bk. Kingholm Gdns. *Ram* —2B **22**
Back La. *Over H* —1H **37**
Back La. *Ram* —3C **22**
Bk. Lee St. *Bolt* —3E **23**
Bk. Lever St. *Bolt* —1C **30**
Bk. Lightburne Av. *Ram* —4H **21**
Bk. Lydia St. *Bolt* —4E **23**
Bk. Market St. *Hind* —4D **34**
Bk. Market St. *Rad* —5D **32**
Bk. Markland Hill La. *Ram* —2F **21**
Bk. Markland Hill La. E. Bolt
 (off Whitecroft Rd.) —*2F 21*
Bk. Markland Hill La. W. *Ram*
 —2F **21**
Bk. Mawdsley St. *Ram* —4D **22**
Bk. Maxwell St. *Ram* —5C **12**
Bk. Mere Gdns. *Ram* —3C **22**
Bk. Mirey La. *Los* —1B **28**
Bk. Nelson St. *Hor* —6E **9**
Bk. Newton St. *Ram* —1C **22**
Bk. Olga St. *Bolt* —1B **22**
Bk. Railway View. *Adl* —3E **7**
Bk. Rawlinson St. *Hor* —5D **8**
Bk. Rigby La. N. *Bolt* —3G **13**
Bk. Rowena St. *Bolt* —3G **31**
Bk. St George's Rd. *Ram* —3C **22**
Bk. Sandy Bank Rd. *Tur* —2H **3**
Bk. Sapling Rd. *Bolt* —3H **29**
Bk. Settle St. N. *Bolt* —2B **30**
Bk. Shakerley Rd. *Tyl* —6F **37**
Bk. Shipton St. *Ram* —2H **21**
Bk. Short St. *Tyl* —6F **37**
Bk. Somerset Rd. W. *Ram* —3H **21**
Bk. Spring Gdns. *Bolt* —5D **22**
Bk. Thomasson Clo. *Ram* —2C **22**
Bk. Thorns Rd. *Ram* —6C **12**
Bk. Tonge Moor Rd. E. *Bolt* —6F **13**
Bk. Vernon St. *Ram* —3C **22**
Bk. Wigan Rd. N. *Bolt* —1G **29**
 (in two parts)
Bk. Willows La. *Bolt* —1A **30**
Bk. Woking Gdns. *Ram* —2C **22**
Bk. Wood St. *Hor* —6E **9**
Bk. Wright St. *Hor* —5D **8**
Bk. Young St. *Farn* —6A **32**
Badder St. *Ram* —3D **22**
Bag La. *Ath* —3B **36**
Bagot St. *Wdly* —6E **41**
Bagshaw La. *Asp* —3A **26**
Bailey Field. *W'houg* —5A **28**
Bailey La. *Bolt* —2A **24**
 (in two parts)
Baines St. *Ram* —3H **21**
Baker M. *Hor* —5D **8**
Baker St. *Kear* —1D **40**
Balcarres Rd. *Asp* —6F **17**
Balcary Gro. *Bolt* —3H **21**
Baldrine Dri. *Hind* —2D **34**
Baldwin St. *Bolt* —6B **22**
Baldwin St. *Hind* 4D **34**
Balfern Clo. *W'houg* —4G **27**
Balfern Fold. *W'houg* —4G **27**
Balfour St. *Bolt* —5B **22**
Balmoral. *Adl* —3C **6**
Balmoral Av. *L Lev* —2C **32**
Balmoral Clo. *G'mnt* —6H **5**
Balmoral Clo. *Hor* —1G **19**
Balmoral Rd. *Farn* —6G **31**
Balmore Clo. *Bolt* —2G **29**
Balshaw Clo. *Bolt* —6A **22**
Bamber Croft. *W'houg* —2G **27**
Bamburgh Clo. *Rad* —6E **25**
Banbury M. *Wdly* —6F **41**
Banbury St. *Bolt* —2G **23**
Bancroft Rd. *Swint* —6G **41**

A-Z Bolton 43

Bangor St.—Bodiam Rd.

Bangor St. *Ram* —3C **22**
Banker St. *Bolt* —6G **23**
Bankfield. *W'houg* —6A **28**
Bankfield Clo. *Ain* —2E **25**
Bankfield St. *Bolt* —6A **22**
 (in two parts)
Bank Field St. *Rad* —6F **33**
Bank Gro. *L Hul* —1D **38**
Bank Hall Clo. *Bury* —1H **25**
Bankhall Clo. *Hor* —6D **34**
Bank La. *L Hul* —1D **38**
Bank Meadow. *Hor* —5E **9**
Bank Side. *W'houg* —6H **27**
Bank St. *Adl* —2E **7**
Bank St. *Bolt* —4D **22**
Bank St. *Farn* —5H **31**
Bank St. *Tur* —3G **3**
Bank St. *Wals* —5H **15**
Bank Top Gro. *Bolt* —4E **13**
Bank Top View. *Kear* —6C **32**
Bank View. *Farn* —6A **32**
Bank Wood. *Bolt* —4F **21**
Banner St. *Hind* —2A **34**
Bannister St. *Bolt* —3A **24**
Bantry St. *Bolt* —6C **22**
Barbara Rd. *Bolt* —3G **29**
Barbara St. *Bolt* —1B **30**
Barberry Bank. *Eger* —5B **2**
Barchester Av. *Bolt* —2A **24**
Barcroft Rd. *Bolt* —1H **21**
Bardon Clo. *Bolt* —2B **22**
Bardsley Clo. *Bolt* —4H **13**
Bare St. *Ram* —3E **23**
Barford Gro. *Los* —2H **19**
Bark St. *Bolt* —4C **22**
 (in two parts)
Bark St. E. *Bolt* —3D **22**
Bar La. *Bolt* —4C **12**
Barley Brook Meadow. *Bolt* —3D **12**
Barlow Ct. *Tur* —2A **4**
Barlow Pk. Av. *Bolt* —4B **12**
Barlow St. *Hor* —1E **19**
Barlow St. *Ram* —4E **23**
Barlow St. *Wor* —3H **39**
Barnabys Rd. *W'houg* —2F **27**
Barn Acre. *Blac* —2A **18**
Barnacre Av. *Bolt* —4B **24**
Barnard St. *Bolt* —3G **23**
Barncroft Dri. *Hor* —6H **9**
Barncroft Rd. *Farn* —5H **31**
Barnes Clo. *Farn* —5A **32**
Barnes Pas. *Ath* —4E **37**
Barnes St. *Farn* —4F **31**
Barnes Ter. *Kear* —6C **32**
Barnet Rd. *Ram* —1A **22**
Barnfield Clo. *Eger* —5C **2**
Barnfield Rd. —2G **33**
Barnfield St. *Tyl* —6F **37**
Barnfield Dri. *W'houg* —4A **28**
Barnfield Rd. *Wdly* —5F **41**
Barn Hill. *W'houg* —4G **27**
Barn Hill Ter. *W'houg* —4G **27**
Barn Meadow. *Tur* —1H **3**
Barnsdale Av. *Ain* —3E **25**
Barnside Av. *Wor* —5A **40**
Barnston Clo. *Bolt* —5D **12**
Barn St. *Ram* —4C **22**
Barnwood Clo. —2C **22**
 (off Barnwood Dri.)
Barnwood Dri. *Ram* —2C **22**
Barnwood Ter. Bolt —2C **22**
 (off Barnwood Dri.)
Baron Fold. *L Hul* —2E **39**
Baron Fold Cres. *L Hul* —2D **38**
Baron Fold Gro. *L Hul* —2D **38**
Baron Fold Rd. *L Hul* —2D **38**
Baron Wlk. *L Lev* —2E **33**
Barracks Rd. *Abr* —6A **34**
Barrack St. *Bolt* —5C **22**
Barrett Av. *Kear* —6B **32**
Barrie Way. *Bolt* —5F **13**
Barrisdale Clo. *Bolt* —6F **21**
Barrow Bri. Rd. *Bolt* —5F **11**
Barrows Ct. *Ram* —5D **22**
Barrowshaw Clo. *Wor* —5G **39**
Barrs Fold Clo. *Wing I* —2F **27**
Barrs Fold Rd. *Wing I* —3F **27**
Barr St. *Kear* —2D **40**
Barry Cres. *Wor* —4E **39**

Barsham Dri. *Bolt* —6B **22**
Barton Rd. *Farn* —6F **31**
Barton St. *Kear* —6A **32**
Barton St. *Swint* —5H **41**
Barton St. *Tyl* —6F **37**
Barton Wlk. *Farn* —6F **31**
Barwell Sq. *Farn* —3F **31**
Bascow Av. *Hind* —4B **34**
Bashall St. *Bolt* —3A **22**
Basil St. *Bolt* —6C **22**
Bass St. *Bolt* —4G **23**
Basswood Grn. *Hind* —4C **34**
Bateman St. *Hor* —1F **19**
Bath St. *Ath* —4A **36**
Bath St. *Bolt* —3D **22**
Batridge Rd. *Tur* —1E **3**
Batsmans Dri. *Clif* —3G **41**
Battenberg Rd. *Bolt* —3A **22**
Baxendale St. *Bolt* —5C **12**
Baycliffe Clo. *Hind* —4B **34**
Bayley St. *Ram* —3B **22**
Baysdale Av. *Bolt* —1F **29**
Bayswater St. *Bolt* —3A **30**
Baythorpe St. *Bolt* —6D **12**
Bazley St. *Bolt* —5F **11**
Beacon Clo. *Ath* —5A **36**
Beacon Rd. *Bick* —6C **34**
Beaconsfield St. *Bolt* —5B **22**
Beatrice M. *Hor* —5D **8**
Beatrice Rd. *Bolt* —3A **22**
Beatrice St. *Farn* —5F **31**
Beatrice St. *Swint* —6F **41**
Beatty Dri. *W'houg* —4G **27**
Beaufort St. *Hind* —2A **34**
Beaumaris Rd. *Hind* —4C **34**
Beaumont Av. *Hor* —5E **9**
Beaumont Chase. *Bolt* —2F **29**
Beaumont Ct. *Bolt* —3D **20**
Beaumont Dri. *Bolt* —6E **21**
Beaumont Rd. *Bolt & Los* —4D **20**
Beaumont Rd. *Hor* —5E **9**
Beck Gro. *Wor* —6A **40**
Bede St. *Ram* —1A **22**
Bedford Av. *Wor* —6G **39**
Bedford Dri. *Ath* —6A **36**
Bedford Gdns. *Hind* —1B **34**
Bedford St. *Bolt* —3B **22**
Bedford St. *Eger* —5B **2**
Bedworth Clo. *Bolt* —6F **23**
Beech Av. *And* —1F **7**
Beech Av. *Ath* —4E **37**
Beech Av. *Farn* —5E **31**
Beech Av. *Hor* —2G **19**
Beech Av. *Kear* —2D **40**
Beech Av. *L Lev* —3D **32**
Beech Av. *Rad* —5H **33**
Beech Clo. *Bolt* —3G **13**
Beechcroft Av. *Bolt* —5A **24**
Beechcroft Gdns. *Bolt* —5A **24**
Beeches, The. Ath —4D **36**
 (off George St.)
Beeches, The. *Bolt* —3B **12**
Beechfield Av. *Hind* —3C **34**
Beechfield Av. *L Hul* —2E **39**
Beechfield Rd. *Bolt* —1H **21**
Beech Gro. *G'mnt* —6H **5**
Beech Gro. *L Hul* —2C **38**
Beech St. *Bolt* —1D **22**
Beech St. *Tur* —2H **3**
Beechville. *Los* —4B **20**
Beechwood St. *Bolt* —2D **30**
Beedon Av. *L Lev* —1C **32**
Bee Fold La. *Ath* —5B **36**
 (in three parts)
Beehive Grn. *W'houg* —4B **28**
Bee Hive Ind. Est. *Los* —3H **19**
Beeston Clo. *Bolt* —3E **13**
Begonia Av. *Farn* —4F **31**
Belayse Clo. *Bolt* —6H **11**
Belcroft Dri. *L Hul* —1C **38**
Belcroft Gro. *L Hul* —2C **38**
Belford Dri. *Bolt* —1C **30**
Belgrave Clo. *Rad* —1H **33**
Belgrave Cres. *Hor* —6F **9**
Belgrave Dri. *Rad* —1H **33**
Belgrave Gdns. *Bolt* —1C **22**
Belgrave St. *Ath* —5A **36**
Belgrave St. *Rad* —1H **33**

Belgrave St. *Ram* —2C **22**
 (in two parts)
Belgrave St. S. *Bolt* —2C **22**
Bellairs St. *Bolt* —2A **30**
Bella St. *Bolt* —1A **30**
Bellingham Clo. *Bury* —1H **25**
Bell St. *Bolt* —5E **23**
Bell St. *Hind* —1A **34**
Bell St. *Leigh* —6F **35**
Bellwood. *W'houg* —1E **35**
Belmont Av. *Ath* —3F **37**
Belmont Av. *Bick* —6B **34**
Belmont Av. *Clif* —2F **41**
Belmont Dri. *Asp* —6G **17**
Belmont Dri. *Bury* —2H **25**
Belmont Rd. *Adl* —2E **7**
Belmont Rd. *Eger & Bolt* —1H **11**
Belmont Rd. *Hind* —1B **34**
Belmont Rd. *Hor* —1E **9**
Belmont View. *Bolt* —5B **14**
Belper St. *Bolt* —6G **23**
Belvedere Av. *Ath* —3F **37**
Belvedere Av. *G'mnt* —6H **5**
Belvedere Rd. *And* —1F **7**
Belvoir St. *Bolt* —4G **23**
Bembridge Dri. *Bolt* —6H **23**
Bennett's La. *Bolt* —6A **12**
Bennett St. *Rad* —1F **33**
Benson St. *Tur* —2H **3**
Bentham Clo. *Bury* —6G **15**
Bentham St. *Farn* —4H **31**
Bent Hill S. *Bolt* —1G **29**
Bentinck St. *Bolt* —2H **21**
Bentinck St. *Farn* —4G **31**
Bentley Ct. *Farn* —4H **31**
Bentley Hall Rd. *Bury* —5E **15**
Bentley St. *Bolt* —6G **23**
Bentley St. *Farn* —4H **31**
Bent Spur Rd. *Kear* —2C **40**
Bent St. *Kear* —6A **32**
Benwick Ter. *Bolt* —1C **22**
Beresford Av. *Bolt* —1H **29**
Berger Gro. *Bolt* —4D **22**
Berkeley Cres. *Rad* —6E **25**
Berkeley Rd. *Bolt* —5C **12**
Berlin St. *Bolt* —5A **22**
Bernard Gro. *Bolt* —1A **22**
Berne Av. *Hor* —6C **8**
Bernice St. *Bolt* —1A **22**
Berrington Wlk. *Bolt* —2E **23**
Berry St. *Pen* —5H **41**
Bertha St. *Bolt* —1B **22**
Bertrand Rd. *Bolt* —4A **22**
Bert St. *Bolt* —2H **29**
Berwyn Clo. *Hor* —4E **9**
Beryl Av. *Tot* —2H **15**
Beryl St. *Ram* —6D **12**
Bessybrook Clo. *Los* —5C **20**
Beta St. *Ram* —3C **22**
Bethersden Rd. *Wig* —6A **16**
Beverley Rd. *Bolt* —1B **22**
Beverley Rd. *L Lev* —2B **32**
Bewick St. *Bolt* —6F **13**
Bexhill Clo. *L Lev* —2E **33**
Bexhill Dri. *Leigh* —6E **35**
Bexley Dri. *L Hul* —3G **39**
Bexley Dri. *Hind* —4D **34**
Bickershaw Dri. *Wor* —5G **39**
Bickershaw La. *Bick* —6A **34**
Bideford Dri. *Bolt* —5C **24**
Bidford Clo. *Tyl* —6A **38**
Bidston Clo. *Bury* —1H **25**
Bilbao St. *Ram* —3A **22**
Billinge Clo. *Bolt* —3D **22**
Billy La. *Clif* —5H **41**
Binbrook Wlk. *Bolt* —1D **30**
Birch Av. *Tot* —4H **15**
Birch Av. *W'houg* —6H **27**
Birchen Bower Dri. *Tot* —4H **15**
Birchen Bower Wlk. *Tot* —4H **15**
Birches Rd. *Tur* —3H **3**
Birchfield. *Bolt* —3A **14**
Birchfield Av. *Ath* —3B **36**
Birchfield Gro. *Bolt* —1E **29**
Birchfold. *L Hul* —3F **39**
Birchfold Clo. *L Hul* —3F **39**
Birchgate Wlk. *Bolt* —1C **30**
Birchgrove Clo. *Bolt* —3G **29**

Birch Ho. *W'houg* —6H **27**
Birch Rd. *Ath* —4E **37**
Birch Rd. *Kear* —1B **40**
Birch Rd. *Wor* —6H **39**
Birch St. *Bolt* —5E **23**
Birch St. *Hind* —2A **34**
Birch St. *Tyl* —6G **37**
Birch Tree Way. *Hor* —2G **19**
Birkdale Av. *Ath* —2C **36**
Birkdale Gdns. *Bolt* —6B **22**
Birkenhills Dri. *Bolt* —6E **21**
Birkett Clo. *Bolt* —3B **12**
Birkett Dri. *Bolt* —3B **12**
Birkleigh Wlk. *Bolt* —5A **24**
Birley St. *Bolt* —5C **12**
Birtenshaw Cres. *Brom X* —2F **13**
Bishopsbridge Clo. *Bolt* —1D **30**
Bishop's Clo. *Bolt* —3E **31**
Bishop's Rd. *Bolt* —3E **31**
Bispham Av. *Bolt* —4B **24**
Bispham Clo. *Bury* —2H **25**
Bispham St. *Bolt* —3G **23**
Blackbank St. *Bolt* —1D **22**
Blackburn Old Rd. *Eger* —3A **2**
Blackburn Rd. *Bolt & Tur* —5C **12**
Blackburn Rd. *Tur* —1H **3**
Blackhorse Av. *Blac* —1G **17**
Blackhorse Clo. *Blac* —6G **7**
Black Horse St. *Blac* —6G **7**
Black Horse St. *Bolt* —4C **22**
Black Horse St. *Farn* —6A **32**
Blackleach Dri. *Wor* —2H **39**
Blackledge St. *Bolt* —1A **30**
Black Moss Clo. *Rad* —2F **33**
Blackrod Brow. *Hor* —5F **7**
Blackrod By-Pass Rd. *Blac* —5G **7**
Blackrod Dri. *Bury* —2H **25**
BLACKROD STATION. *BR* —1A **18**
Blackshaw Ho. *Bolt* —5A **22**
Blackshaw La. *Bolt* —5A **22**
Blackshaw Row. *Bolt* —6A **22**
Blackthorne Clo. *Bolt* —2G **21**
Blackwood St. *Bolt* —1E **31**
Blair Av. *Hind* —4D **34**
Blair Av. *L Hul* —3F **39**
Blair La. *Bolt* —2H **23**
Blairmore Dri. *Bolt* —6E **21**
Blair St. *Brom X* —1D **12**
Blair St. *Kear* —1D **40**
Blake Av. *Ath* —2D **36**
Blakeborough Ho. Ath —4D **36**
 (off Elizabeth St.)
Blakefield Dri. *Wor* —6A **40**
Blake Gdns. *Bolt* —1B **22**
Blake St. *Brom X* —2E **13**
Blake St. *Ram* —1B **22**
Blakey Clo. *Bolt* —1F **29**
Blandford Clo. *Tyl* —6G **37**
Blandford Rise. *Los* —2H **19**
Blantyre Av. *Wor* —5A **40**
Blantyre St. *Hind* —1A **34**
Blantyre St. *Swint* —6F **41**
Blaydon Clo. *Asp* —6H **17**
Bleakledge Gro. *Hind* —1A **34**
Bleakledge St. *Hind* —6B **26**
Bleak St. *Bolt* —1F **23**
Bleasdale Clo. *Los* —3H **19**
Bleasdale Rd. *Bolt* —1F **21**
Bleasdale Rd. *Hind* —2C **34**
Blenheim Rd. *Bolt* —4H **23**
Blenheim Rd. Est. *Bolt* —5B **24**
Blenheim St. *Tyl* —6F **37**
Bleriot St. *Bolt* —2B **30**
Blethyn Clo. *Bolt* —3H **29**
Blindsill Rd. *Farn* —6F **31**
Blofield Ct. *Farn* —6H **31**
Bloomfield Rd. *Farn* —1A **34**
Bloomfield St. *Bolt* —6C **12**
Bloom St. *Ram* —3H **5**
Blossom St. *Tyl* —6D **37**
Blue Ribbon Wlk. *Swint* —6H **41**
Blundell La. *Blac* —1E **17**
Blundell St. *Ram* —4C **22**
Boardman Clo. *Ram* —1C **22**
Boardman St. *Bolt* —1C **22**
Boardman St. *Ram* —1C **22**
Board St. *Bolt* —5B **22**
Bodiam Rd. *G'mnt* —6H **5**

44 A-Z Bolton

Bolderwood Dri.—Burnmoor Rd.

Bolderwood Dri. *Hind* —3A **34**
Bold St. *Bolt* —4D **22**
Bold St. *Clif* —5H **41**
Bollin Clo. *Kear* —1C **40**
Bollings Yd. *Bolt* —5D **22**
Bolton Old Rd. *Ath* —4D **36**
Bolton Rd. *And & Hor* —1F **7**
Bolton Rd. *Asp* —6G **17**
  (in two parts)
Bolton Rd. *Ath* —4D **36**
Bolton Rd. *Brad* —4G **13**
Bolton Rd. *Bury* —3H **25**
Bolton Rd. *Farn* —3H **31**
Bolton Rd. *Hawk* —4D **4**
Bolton Rd. *Kear* —6A **32**
Bolton Rd. *Pen* —5H **41**
Bolton Rd. *Rad* —1F **33**
Bolton Rd. *Tur* —3H **3**
Bolton Rd. *W'houg & Bolt* —5H **27**
Bolton Rd. *Wor* —3H **39**
Bolton Rd. W. *Ram* —4H **5**
BOLTON STATION. *BR* —5D **22**
Bolton St. *Rad* —2H **33**
Bond Clo. *Hor* —6E **9**
Bond's La. *Adl* —2D **6**
Bond St. *Ath* —6F **27**
Boonfields. *Brom X* —1E **13**
Boothby Ct. *Swint* —6F **41**
Boothby Rd. *Swint* —6G **41**
Booth Ct. *Farn* —5H **31**
Booth Hall Dri. *Tot* —4H **15**
Booth Rd. *L Lev* —3D **32**
Booth St. *Ath* —6A **12**
Booth St. *Tot* —3H **15**
Booth Way. *Tot* —4G **15**
Boot La. *Bolt* —2D **20**
Bordesley Av. *L Hul* —1E **39**
Bores Hill. *Wig* —6A **6**
Borough Av. *Pen* —6H **41**
Borrowdale Av. *Bolt* —3G **21**
Borsdane Av. *Hind* —3A **34**
Borsden St. *Swint* —5F **41**
Boscobel Rd. *Bolt* —3F **31**
Boscow Rd. *L Lev* —3C **32**
Boston Gro. *Leigh* —6G **35**
Boston St. *Bolt* —1C **22**
Bosworth St. *Hor* —5D **8**
Bottom o' th' Moor. *Brad* —1H **23**
Bottom o' th' Moor. *Hor* —6H **9**
Boundary Dri. *Brad F* —6C **24**
Boundary Gdns. *Bolt* —1B **22**
Boundary Ind. Est. *Bolt* —4C **24**
Boundary Rd. *Swint* —6H **41**
Boundary St. *Bolt* —1B **22**
Boundary St. *Tyl* —6G **27**
Boundary, The. *Clif* —3G **41**
Bournbrook Av. *L Hul* —1E **39**
Bourne Wlk. *Bolt* —2D **22**
Bournville Dri. *Bury* —1H **25**
Bourton Ct. *Tyl* —5D **22**
Bowden St. *Asp* —1B **26**
Bowden St. *Bolt* —5B **22**
Bowden St. *Ram* —2H **21**
Bowen St. *Bolt* —2H **21**
Bowgreave Av. *Bolt* —4B **24**
Bowkers Row. *Ram* —4D **22**
Bowker St. *Rad* —2H **33**
Bowker St. *Wor* —4F **39**
Bowland Clo. *Bury* —6G **15**
Bowland Dri. *Bolt* —1C **22**
Bowling Grn. La. *Ath* —6B **36**
Bowness Rd. *Bolt* —1B **30**
Bowness Rd. *L Lev* —1B **32**
Bowstone Hill Rd. *Bolt* —4D **14**
Bow St. *Bolt* —4D **22**
Boyle St. *Ram* —2G **21**
Bracken Av. *Wor* —4A **40**
Bracken Clo. *Bolt* —3B **12**
Bracken Lea. *W'houg* —2H **35**
Bracken Rd. *Ath* —5D **36**
Brackley Rd. *Bolt* —5G **29**
Brackley St. *Farn* —5H **31**
  (in two parts)
Brackley St. *Wor* —3G **39**
Bracondale Av. *Bolt* —1H **21**
Bradbourne Clo. *Bolt* —6C **22**
Braddyll Rd. *Bolt* —5F **29**
Bradford Av. *Bolt* —2F **31**

Bradford Cres. *Bolt* —1E **31**
Bradford Pk. Dri. *Bolt* —5F **23**
Bradford Rd. *Farn & Bolt* —4E **31**
Bradford St. *Bolt* —5E **23**
Bradford St. *Farn* —6H **31**
Bradley Fold Rd. *Brad T & Ain*
  —5D **24**
Bradley La. *Bolt* —6D **24**
Bradshaw Brow. *Bolt* —5G **13**
Bradshawgate. *Bolt* —4D **22**
Bradshaw Hall Dri. *Bolt* —3G **13**
Bradshaw La. *Adl* —1D **6**
Bradshaw La. *Hth C* —1D **6**
Bradshaw Meadows. *Bolt* —3H **13**
Bradshaw Rd. *Bolt & Tur* —4H **13**
Bradshaw Rd. *Tot* —3E **15**
Bradshaw St. *Ath* —4D **36**
Bradshaw St. *Bolt* —5D **22**
Bradshaw St. *Rad* —2H **33**
Bradwell Pl. *Bolt* —2F **23**
Brady St. *Hor* —5C **8**
Braemar Gdns. *Bolt* —6E **21**
Braemar Wlk. *Asp* —6H **17**
Braemar Wlk. *Bolt* —6E **21**
Braeside Gro. *Bolt* —6E **21**
Brailsford Rd. *Bolt* —6G **13**
Brakesmere Gro. *Wor* —3D **38**
Brambling Dri. *W'houg* —1F **35**
Bramcote Av. *Bolt* —6F **23**
Bramdean Av. *Bolt* —4A **14**
Bramford Clo. *W'houg* —1G **35**
Bramhall Av. *Bolt* —5C **14**
Bramhall St. *Bolt* —2F **31**
Bramley Rd. *Bolt* —3D **12**
Brammay Dri. *Tot* —3G **15**
Brampton Rd. *Bolt* —2G **29**
Brampton St. *Ath* —4D **36**
Brancker St. *W'houg* —4C **28**
Brandleshome Rd. *G'mnt* —6H **5**
Brandon St. *Bolt* —1B **30**
Brandwood Fold. *Tur* —2A **4**
Brandwood St. *Bolt* —1A **30**
Branscombe Gdns. *Bolt* —6H **23**
Bransdale Clo. *Bolt* —1F **29**
Brantfell Gro. *Bolt* —3B **24**
Brantwood Dri. *Bolt* —3B **24**
Brathay Clo. *Bolt* —1B **24**
Braybrook Dri. *Bolt* —4D **20**
Brazley Av. *Bolt* —2E **31**
Brazley Av. *Hor* —2G **19**
Breaktemper. *W'houg* —4G **27**
Breckland Dri. *Bolt* —3D **20**
Breckles Pl. Bolt —6B **22**
  (off Kershaw St.)
Brecon Dri. *Hind* —4C **34**
Bredbury Dri. *Farn* —5A **32**
Breeze Hill Rd. *Ath* —2F **37**
Breightmet Dri. *Bolt* —4A **24**
Breightmet Fold La. *Bolt* —3B **24**
Breightmet Ind. Est. *Bolt* —4B **24**
Breightmet St. *Bolt* —5D **22**
Brent Clo. *Brad F* —6D **24**
Brentford Av. *Bolt* —1H **21**
Brentwood Dri. *Farn* —3G **31**
Brentwood Rd. *And* —1F **7**
Brian Rd. *Farn* —3E **31**
Briar Clo. *Hind* —3D **34**
Briarcroft Dri. *Ath* —6A **36**
Briarfield. *Eger* —5B **2**
Briarfield Rd. *Farn* —4E **31**
Briar Hill Av. *L Hul* —3C **38**
Briar Hill Clo. *L Hul* —3C **38**
Briar Hill Gro. *L Hul* —3C **38**
Briar Lea Clo. *Bolt* —1C **30**
Bride St. *Bolt* —1C **22**
  (in two parts)
Bridge Clo. *Rad* —3H **33**
Bridgecroft St. *Hind* —1A **34**
Bridgeman Pl. *Bolt* —5E **23**
Bridgeman St. *Bolt* —1B **30**
Bridgeman St. *Farn* —4H **31**
Bridgemere Clo. *Rad* —6H **25**
Bridges Ct. Bolt —5D **22**
  (off Soho St.)
Bridge's St. *Ath* —5B **36**
Bridge St. *Bolt* —3D **22**
Bridge St. *Farn* —4A **32**
Bridge St. *Hind* —1A **34**
Bridge St. *Hor* —5E **9**

Bridge St. *Rad* —5D **32**
Bridgewater Rd. *Wor* —5G **39**
Bridgewater St. *Bolt* —5B **22**
Bridgewater St. *Farn* —5H **31**
Bridgewater St. *Hind* —2A **34**
Bridgewater St. *L Hul* —3F **39**
Bridgewater Wlk. Wor —4H **39**
  (off Victoria Sq.)
Bridson La. *Bolt* —1H **23**
Brief St. *Bolt* —2G **23**
Briercliffe Rd. *Bolt* —6A **22**
Brierfield Av. *Ath* —3C **36**
Brierholme Av. *Eger* —6C **2**
Brierley Rd. E. *Swint* —6G **41**
Brierley Rd. W. *Swint* —6G **41**
Briery Av. *Bolt* —3H **13**
Brigade St. *Bolt* —4A **22**
Briggs Fold Clo. *Eger* —5C **2**
Briggs Fold Rd. *Eger* —5C **2**
Brighton Av. *Bolt* —2G **21**
Bright St. *Eger* —5B **2**
Briksdal Way. *Los* —4C **20**
Brimfield Av. *Tyl* —6A **38**
Brindle St. *Hind* —6B **26**
Brindle St. *Tyl* —6G **37**
Brindley Clo. *Ath* —6A **36**
Brindley Clo. *Farn* —5F **31**
Brindley St. *Bolt* —5D **12**
Brindley St. *Hor* —1E **19**
Brindley St. *Pen* —5H **41**
Brindley St. *Wor* —5H **39**
Brink's Row. *Hor* —4F **9**
Brinksway. *Bolt* —4C **20**
Brinksworth Clo. *Bolt* —3C **24**
Brinsop Hall La. *W'houg* —6C **18**
Brinsop St. *Asp* —1B **26**
Bristle Hall Way. *W'houg* —3H **27**
Bristol Av. *Bolt* —2G **23**
Brittannia Way. *Bolt* —1E **23**
Broach St. *Bolt* —1C **30**
Broadford Rd. *Bolt* —6F **21**
Broadgate. *Bolt* —6F **21**
Broadgate Ho. *Bolt* —6F **21**
Broadgreen Gdns. *Farn* —3H **31**
Broadhead Rd. *Tur* —1A **4**
Broadheath Clo. *W'houg* —4A **28**
Broadhurst Av. *Clif* —4H **41**
Broadhurst St. *Bolt* —1B **30**
Broadhurst St. *Bolt* —1B **30**
Broadhurst St. *Rad* —6H **25**
Broad Meadow. *Brom X* —1F **13**
Broadoak Clo. *Adl* —1E **7**
Broadoak Rd. *Bolt* —3E **31**
Broad o' th' La. *Bolt* —5C **12**
Broadstone Rd. *Bolt* —4H **13**
Broad Wlk. *W'houg* —6G **27**
Broadway. *Ath* —2F **37**
Broadway. *Farn* —4E **31**
Broadway. *Hind* —2B **34**
Broadway. *Hor* —6F **9**
Broadway. *Wor* —6H **39**
Broadwood. *Los* —4C **20**
Brock Av. *Bolt* —4B **24**
Brockenhurst Dri. *Bolt* —6B **14**
Brodick Dri. *Bolt* —5B **24**
Bromley Cross Rd. *Brom X* —2F **13**
BROMLEY CROSS STATION. *BR*
  —2F **13**
Bromwich St. *Bolt* —5E **23**
Bronte Clo. *Bolt* —2B **22**
Brook Bank. *Bolt* —6G **13**
Brook Bottom Rd. *Rad* —5H **25**
Brook Clo. *IIth C* —1D **6**
Brookdale. *Ath* —1F **37**
Brookdale. *Hth C* —1E **7**
Brookdale Clo. *Bolt* —1D **22**
Brookdale Rd. *Hind* —2B **34**
Brookdean Clo. *Bolt* —6A **12**
Brookfield Av. *Bolt* —2E **25**
  (in two parts)
Brookfield Dri. *Swint* —6G **41**
Brookfield St. *Bolt* —4F **23**
Brookfold La. *Bolt* —5B **14**
Brook Gdns. *Bolt* —5A **14**
Brookhey Av. *Bolt* —2D **30**
Brookhouse Av. *Farn* —1G **39**
Brook Ho. Clo. *Bolt* —6A **14**
Brook Ho. Clo. *G'mnt* —1G **15**

Brookhurst La. *L Hul* —1C **38**
Brookland Av. *Farn* —6G **31**
Brookland Av. *Hind* —2A **34**
Brookland Gro. *Bolt* —1G **21**
Brooklands. *Hor* —6E **9**
Brooklands Av. *Ath* —3D **36**
Brooklands Rd. *Ram* —5H **5**
Brooklyn St. *Bolt* —2C **22**
Brook Meadow. *W'houg* —4A **28**
Brooks Av. *Rad* —5H **25**
Brookside Av. *Farn* —6G **31**
Brookside Clo. *Ath* —3E **37**
Brookside Clo. *Bolt* —4H **13**
Brookside Cres. *G'mnt* —6G **5**
Brookside Cres. *Wor* —4A **40**
Brookside Pl. *Hind* —1A **34**
Brookside Rd. *Bolt* —3H **23**
Brookside Rd. *Stand* —2A **16**
Brookside Wlk. *Rad* —4H **25**
Brook St. *Ath* —4B **36**
Brook St. *Farn* —4A **32**
Brook St. *Hth C* —1E **7**
Brook St. *Rad* —6C **32**
Brook St. *W'houg* —4H **27**
Brookthorpe Rd. *Bury* —6H **15**
Brookwater Clo. *Tot* —3H **15**
Brooky Moor. *Tur* —1A **4**
Broomfield Clo. *Ain* —3E **25**
Broomfield Rd. *Bolt* —1A **30**
Broomhey Av. *Wig* —6A **16**
Broom St. *Bolt* —4E **23**
Broom Way. *W'houg* —3A **28**
Brougham St. *Wor* —4G **39**
Brough Clo. *Hind* —4B **34**
Broughton Av. *L Hul* —2E **39**
Broughton St. *Bolt* —1B **22**
Browning Av. *Ath* —2D **36**
Browning Clo. *Bolt* —2B **22**
Browning Wlk. *Ath* —2D **36**
Brownlow Rd. *Hor* —5D **8**
Brownlow Way. *Bolt* —2C **22**
Browns Rd. *Brad F* —5D **24**
Brown St. *Bick* —6A **34**
Brown St. *Blac* —1H **17**
Brown St. *Bolt* —4D **22**
Brown St. *Rad* —5H **25**
Broxton Av. *Bolt* —2H **29**
Brunel St. *Bolt* —6B **12**
Brunel St. *Hor* —1E **19**
Brunswick Av. *Bolt* —1F **19**
Brunswick Ct. *Bolt* —3C **22**
Bryant's Acre. *Bolt* —4D **20**
Bryantsfield. *Bolt* —5C **20**
Bryngs Dri. *Bolt* —5B **14**
Brynhall Clo. *Rad* —6G **25**
Brynheys Clo. *L Hul* —2E **39**
Bryn Lea Ter. *Bolt* —5G **11**
Bryn Wlk. *Bolt* —3D **22**
Bryon Rd. *G'mnt* —5H **5**
Bryony Clo. *Wor* —3H **39**
Buchanan Dri. *Hind* —4D **34**
Buchanan St. *Pen* —6H **41**
Buckingham Av. *Hor* —1G **19**
Buckingham Pl. *Tyl* —5F **37**
Buckley La. *Farn* —1F **39**
Buckley Sq. *Farn* —1G **39**
Buckley St. *Rad* —2H **33**
Buckthorn Clo. *W'houg* —3H **27**
Buile Hill Av. *L Hul* —3F **39**
Buile Hill Gro. *L Hul* —2F **39**
Buller St. *Bolt* —3G **31**
Bullough St. *Ath* —4C **36**
  (in two parts)
Bullows Rd. *L Hul* —1D **38**
Bulrush Clo. *Wor* —2H **39**
Bulteel St. *Bolt* —3A **30**
Burford Dri. *Bolt* —6C **22**
Burford Dri. *Swint* —5G **41**
Burghley Clo. *Rad* —6D **24**
Burghley Dri. *Rad* —6D **24**
Burgundy Dri. *Tot* —2H **15**
Burke St. *Bolt* —1B **22**
Burlington St. *Hind* —2A **34**
Burnaby St. *Bolt* —6B **22**
Burnden Rd. *Bolt* —6F **23**
Burnham Av. *Bolt* —2G **21**
Burnham Wlk. *Farn* —4H **31**
Burnleigh Ct. *Bolt* —5F **29**
Burnmoor Rd. *Bolt* —3B **24**

A-Z Bolton 45

Burns Av.—Chestnut Clo.

Burns Av. *Ath* —2D **36**
Burns Av. *Swint* —6F **41**
Burnside Clo. *Rad* —4H **25**
Burnside Rd. *Bolt* —1H **21**
Burns Rd. *L Hul* —2F **39**
Burns St. *Bolt* —5D **22**
Burnt Edge La. *Hor* —3B **10**
Burton Av. *Tot* —5H **15**
Bury & Bolton Rd. *Rad* —4E **25**
Bury Ind. Est. *Bolt* —4B **24**
Bury New Rd. *Bolt* —4E **23**
Bury New Rd. *Brei* —4C **24**
Bury Old Rd. *Ain* —2C **24**
Bury Old Rd. *Bolt* —4E **23**
 (in two parts)
Bury Rd. *Bolt* —4F **23**
Bury Rd. *Tot* —3H **15**
Bury Rd. *Tur* —4B **4**
Bury St. *Ram* —4E **23**
Bushell St. *Bolt* —1H **29**
Bute St. *Bolt* —2H **21**
Buttercup Av. *Wor* —4D **38**
Buttercup Clo. *Ath* —2D **36**
Butterfield Rd. *Bolt* —5F **29**
Buttermere Clo. *L Lev* —1B **32**
Buttermere Rd. *Farn* —5C **30**
Buxton Clo. *Ath* —3E **37**
Byland Clo. *Bolt* —1C **22**
Byland Gdns. *Rad* —1G **33**
Byng St. *Farn* —5H **31**
Byng St. *W'houg* —6D **26**
Byng St. E. *Bolt* —5D **22**
Byrness Clo. *Ath* —3E **37**
Byron Av. *Rad* —1F **33**
Byron Av. *Swint* —6G **41**
Byron Gro. *Ath* —2D **36**
Byron Rd. *G'mnt* —5H **5**
Byron Wlk. *Farn* —6F **31**

Cable St. *Bolt* —3D **22**
Cadman Gro. *Hind* —3A **34**
Caernarvon Clo. *G'mnt* —6H **5**
Caernarvon Rd. *Hind* —4C **34**
Cairngorm Dri. *Bolt* —6E **21**
Caithness Dri. *Bolt* —5E **21**
Caldbeck Av. *Bolt* —2F **21**
Caldbeck Dri. *Farn* —6C **30**
Calder Av. *Hind* —4E **35**
Calder Dri. *Kear* —2D **40**
Calder Dri. *Swint* —6G **41**
Calder Dri. *Wor* —5E **39**
Calder Rd. *Bolt* —2C **30**
Calderwood Clo. *Tot* —3H **15**
Caldford Clo. *Asp* —5G **17**
Caldwell St. *W'houg* —2H **35**
Caleb Clo. *Tyl* —6F **37**
Caledonia St. *Bolt* —6A **22**
Caley St. *Bolt* —1F **21**
Calf Hey Clo. *Rad* —2F **33**
Callis Rd. *Bolt* —5A **22**
Calver Hey Clo. *W'houg* —3C **28**
Calverleigh Clo. *Bolt* —3G **29**
Calvert Rd. *Bolt* —2C **30**
Calvin St. *Bolt* —2D **22**
Cambourne Dri. *Bolt* —6G **21**
Cambourne Dri. *Hind* —5E **35**
Cambria Sq. Bolt —6A **22**
 (off Cambria St.)
Cambria St. *Bolt* —6A **22**
Cambridge Clo. *Farn* —4D **30**
Cambridge Dri. *L Lev* —1D **32**
Cambridge Rd. *Los* —3H **19**
Cambridge St. *Ath* —5C **36**
Camden Clo. *Ain* —2E **25**
Camellia Clo. *Bolt* —4H **21**
Cameron St. *Bolt* —4B **12**
Campbell Ct. *Farn* —3G **31**
Campbell Ho. *Farn* —4F **31**
Campbell Rd. *Bolt* —3G **29**
Campbell St. *Farn* —3F **31**
Campbell Wlk. *Farn* —3G **31**
Campbell Way. *Wor* —4G **39**
 (in two parts)
Camrose Gdns. *Bolt* —2C **22**
Cams Acre Clo. *Rad* —2G **33**
Cams La. *Rad* —3G **33**
Canada St. *Bolt* —1A **22**
Canada St. *Bolt* —6D **8**

Canal Row. *Wig* —3B **16**
Canal St. *Adl* —3E **7**
Candahar St. *Bolt* —2E **31**
Canmore Clo. *Bolt* —2G **29**
Canning Dri. *Bolt* —1C **22**
Canning St. *Bolt* —1C **22**
Cannon Gro. *Bolt* —5B **22**
Cannon St. *Ath* —4D **36**
Cannon St. *Bolt* —6B **22**
Cannon St. *Rad* —6H **25**
Cannon St. N. *Bolt* —5B **22**
Cann St. *Tot* —1F **15**
Canons Clo. *Bolt* —1H **21**
Canterbury Clo. *Ath* —3E **37**
Canterbury Gro. *Bolt* —2B **30**
Canute St. *Bolt* —2G **23**
Canute St. *Rad* —2G **33**
Capitol Clo. *Bolt* —6G **11**
Cappadocia Way. *W'houg* —1F **35**
Captain Fold Rd. *L Hul* —2C **38**
Captain Lees Gdns. *W'houg* —5A **28**
Captain Lees Rd. *W'houg* —4A **28**
Captain's Clough Rd. *Bolt* —1G **21**
Captain St. *Hor* —5D **8**
Car Bank Av. *Ath* —3D **36**
Car Bank Cres. *Ath* —3D **36**
Car Bank Sq. *Ath* —3D **36**
Car Bank St. *Ath* —3B **36**
 (in four parts)
Cardigan St. *Rad* —5H **25**
Cardwell Gdns. *Bolt* —1C **22**
Carisbrooke Dri. *Bolt* —6D **12**
Carleton Clo. *Wor* —6G **39**
Carlisle Clo. *L Lev* —3C **32**
Carlisle Pl. *Adl* —1E **7**
Carlisle St. *Brom X* —1E **13**
Carlisle St. *Hind* —1A **34**
Carlisle St. *Pen* —5H **41**
Carlisle Way. *Asp* —6H **17**
Carl St. *Bolt* —1B **22**
Carlton Av. *Bolt* —1G **29**
Carlton Clo. *Blac* —1H **17**
Carlton Clo. *Bolt* —6A **14**
Carlton Gdns. *Farn* —4H **31**
Carlton Gro. *Hind* —4B **34**
Carlton Gro. *Hor* —2F **19**
Carlton Pl. *Farn* —4A **32**
Carlton Rd. *Bolt* —3G **21**
Carlton Rd. *Wor* —6G **39**
Carlton St. *Bolt* —5D **22**
Carlton St. *Farn* —4H **31**
Carnation Rd. *Farn* —4E **31**
Carnforth Av. *Hind* —2C **34**
Carnforth Dri. *G'mnt* —5H **5**
Caroline St. *Bolt* —1B **30**
Carr Brook Dri. *Ath* —3E **37**
Carr Comn. Rd. *Hind* —4E **35**
Carrfield Av. *L Hul* —3C **38**
Carrfield Clo. *L Hul* —3C **38**
Carrfield Gro. *L Hul* —3C **38**
Carrie St. *Ram* —3H **21**
Carrington Dri. *Bolt* —6D **22**
Carrington Rd. *Adl* —2D **6**
Carron Gro. *Bolt* —4B **24**
Carr Rd. *Hor* —4D **8**
Carrslea Clo. *Rad* —6G **25**
Carr St. *Hind* —1A **34**
Carrwood Hey. *Ram* —3H **5**
Carslake Av. *Bolt* —3A **22**
Carswell Clo. *Tyl* —6A **38**
Carter St. *Bolt* —1E **31**
Carter St. *Kear* —6A **32**
Cartleach Gro. *Wor* —5E **39**
Cartleach La. *Wor* —5D **38**
Cartmel Clo. *Bolt* —3D **28**
Cartmel Cres. *Bolt* —1G **23**
Cartwright Gro. *Leigh* —6F **35**
Carwood Gro. *Hor* —2F **19**
Cashmore Dri. *Hind* —3A **34**
Castle Cres. *Hor* —4E **9**
Castle Croft. *Bolt* —6H **13**
Castlecroft Av. *Blac* —1H **17**
Castle Dri. *Adl* —3C **6**
Castleford Clo. *Bolt* —3B **22**
Castle Gro. *Ram* —5H **5**
Castle Hill Pk. *Hind* —6B **26**
Castle Hill Rd. *Hind* —1A **34**
Castle Hill St. *Bolt* —6F **13**
 (in two parts)

Castle Ho. La. *Adl* —3C **6**
Castle M. *Farn* —6H **31**
Castle Rise. *Hind* —2A **34**
 (in three parts)
Castle St. *Bolt* —4E **23**
Castle St. *Farn* —6H **31**
Castle St. *Hind* —1A **34**
Castle St. *Tyl* —6F **37**
Castleton Ct. Tyl —6F **37**
 (off Castle St.)
Castleton St. *Bolt* —1F **23**
Castle Way. *Hind* —2B **34**
Castlewood Sq. *Bolt* —2G **23**
Caterham Av. *Bolt* —3G **29**
Catherine St. *Bolt* —3H **29**
Catherine St. E. *Hor* —5D **8**
Catherine St. W. *Hor* —4D **8**
Cato St. *Ram* —3H **5**
Catterall Cres. *Bolt* —3H **13**
Catterick Dri. *L Lev* —2C **32**
Cavendish Gdns. *Bolt* —2A **30**
Cavenham Gro. *Bolt* —3A **22**
Cawdor Av. *Farn* —3F **31**
Cawdor Ct. *Farn* —3G **31**
Cawdor St. *Farn* —3G **31**
Cawdor St. *Hind* —2A **34**
Cawdor St. *Swint* —6F **41**
Cawdor St. *Wor* —5A **40**
Cawdor Wlk. *Farn* —3G **31**
Cawthorne Ct. *Wdly* —6F **41**
Cecilia Ct. N. *Bolt* —1E **31**
Cecilia Ct. S. *Bolt* —1E **31**
Cecilia St. *Bolt* —1E **31**
Cecil St. *Bolt* —4E **23**
Cecil St. *Wor* —4H **39**
Cedar Av. *Ath* —3B **36**
Cedar Av. *Hind* —4B **34**
Cedar Av. *Hor* —2G **19**
Cedar Av. *L Lev* —3D **32**
Cedar Dri. *Clif* —3F **41**
Cedar Gro. *Farn* —5F **31**
Cedar Gro. *W'houg* —6G **27**
Cedar Wood Ct. *Bolt* —4G **21**
Cellini Sq. *Bolt* —2B **22**
Cemetery Rd. *Bolt* —4F **23**
Cemetery Rd. *Farn* —4B **32**
Cemetery Rd. *Rad* —1H **33**
Cemetery Rd. N. *Swint* —5G **41**
Cemetery Rd. S. *Swint* —6G **41**
Cemetery St. *W'houg* —4G **27**
Cemetery View. *Adl* —3D **6**
Centaur Clo. *Pen* —5H **41**
Centenary Ct. *Bolt* —1D **30**
Central Av. *Ath* —3E **37**
Central Av. *Farn* —5E **31**
Central Av. *Wor* —2G **39**
Central Dri. *W'houg* —4G **27**
Central St. *Bolt* —4C **22**
Centre Gdns. *Bolt* —2B **22**
Centre Pk. Rd. *Bolt* —2B **22**
Century Lodge. *Farn* —5F **31**
Century Mill Ind. Est. *Farn* —5F **31**
Cestrian St. *Bolt* —2D **30**
Chadwick St. *Bolt* —5E **23**
Chadwick St. *Hind* —1A **34**
Chadwick St. *L Lev* —2D **32**
Chadwick St. *Swint* —6H **41**
Chale Grn. *Bolt* —6A **14**
Chalfont Dri. *Wor* —6A **40**
Chalfont St. *Bolt* —1D **22**
 (in two parts)
Challinor St. *Ram* —3H **21**
Chamberlain St. *Bolt* —5B **22**
Chancery La. *Bolt* —4C **22**
Chanters Av. *Ath* —5E **37**
Chanters Ind. Est. *Ath* —5F **37**
Chantry Brow. *Hor* —6G **7**
Chantry Clo. *W'houg* —2H **35**
Chapel All. Ram —4D **22**
 (off Deansgate)
Chapelfield Dri. *Wor* —4F **39**
Chapel Fields. *Tur* —3G **3**
Chapel Fields La. *Hind* —2A **34**
Chapelfield St. *Bolt* —6C **12**
Chapel Grange. *Tur* —3G **3**
Chapel Grn. Rd. *Hind* —1A **34**
Chapel Pl. *Bolt* —6G **23**
Chapelstead. *W'houg* —2H **35**
Chapel St. *Adl* —3D **6**

Chapel St. *Ath* —4D **36**
Chapel St. *Bick* —6A **34**
Chapel St. *Blac* —1H **17**
Chapel St. *Eger* —4B **2**
Chapel St. *Farn* —5A **32**
Chapel St. *Hind* —2A **34**
Chapel St. *Hor* —6E **9**
Chapel St. *L Lev* —2D **32**
Chapel St. *Pen* —6H **41**
Chapel St. *Rad* —5D **32**
Chapel St. *Tot* —2G **15**
Chapel St. *Tyl* —6G **37**
Chapeltown Rd. *Brom X* —2F **13**
Chapeltown Rd. *Rad* —5H **33**
Chapman St. *Bolt* —2H **21**
Chard St. *Rad* —2H **33**
Charles Ct. *Bolt* —3D **22**
Charles Holden St. *Bolt* —5B **22**
Charles Ho. *Ram* —3D **22**
Charles Rupert St. *Ram* —1D **22**
Charles St. *Bolt* —3D **22**
Charles St. *Eger* —4B **2**
Charles St. *Hind* —6A **26**
Charles St. *Kear* —6A **32**
Charles St. *Swint* —6F **41**
Charles St. *Tyl* —6F **37**
Charleston Ct. *Tyl* —6F **37**
Charlesworth Av. *Bolt* —2F **31**
Charlesworth Av. *Hind* —3B **34**
Charlock Av. *W'houg* —1G **35**
Charlotte St. *Bolt* —1C **22**
Charlotte St. *Tur* —3G **3**
Charlton Dri. *Wdly* —5F **41**
Charnock Dri. *Bolt* —2C **22**
Charnwood Clo. *Wor* —5G **39**
Chase, The. *Bolt* —4G **21**
Chassen Rd. *Bolt* —4H **21**
Chatburn Rd. *Bolt* —6F **11**
Chatham Gdns. *Bolt* —6B **22**
Chatham Pl. *Bolt* —6B **22**
Chatsworth Ct. *Hth C* —1D **6**
Chatsworth Gro. *L Lev* —1C **32**
Chatsworth Rd. *Rad* —6F **25**
Chatteris Clo. *Hind* —3A **34**
Chatton Clo. *Bury* —1H **25**
Chaucer Av. *Rad* —1G **33**
Chaucer Gro. *Ath* —2D **36**
Chaucer St. *Bolt* —1B **22**
Cheadle St. *Ram* —4C **22**
Chedworth Cres. *L Hul* —1E **39**
Chedworth Gro. Bolt —6C **22**
 (off Parrot St.)
Cheethams, The. *Blac* —4A **18**
Chelburn Clo. *Bick* —6A **34**
Chelford Av. *Bolt* —4C **12**
Chelford Dri. *Swint* —5G **41**
Chelmer Clo. *W'houg* —4H **27**
Chelsea Av. *Rad* —1F **33**
Chelsea Rd. *Bolt* —2B **30**
Chelwood Clo. *Bolt* —2B **12**
Chemist St. *Ram* —2D **22**
Cherington Dri. *Tyl* —6A **38**
Cheriton Dri. *Bolt* —5A **24**
Cheriton Gdns. *Hor* —3D **8**
Cherry Tree Av. *Farn* —5D **30**
Cherry Tree Gro. *Ath* —3C **36**
Cherry Tree Way. *Bolt* —5F **13**
Cherry Tree Way. *Hor* —2G **19**
Cherrywood Av. *Bolt* —6G **29**
Cherrywood Clo. *Wor* —6F **39**
Cherwell Clo. *Asp* —5G **17**
Cherwell Rd. *W'houg* —4H **27**
Chesham Av. *Bolt* —1C **22**
Chesham St. *Bolt* —3H **29**
Chessington Rise. *Clif* —4H **41**
Chester Av. *L Lev* —1D **32**
Chester Clo. *L Lev* —1D **32**
Chester Pl. *Adl* —1E **7**
Chester Rd. *Tyl* —6B **38**
Chester St. *Ath* —5E **37**
Chester St. *Hind* —5D **26**
Chester St. *Ram* —2D **22**
Chesterton Dri. *Bolt* —6E **21**
Chester Wlk. Bolt —1C **22**
 (off Boardman St.)
Chestnut Av. *Ath* —3C **36**
Chestnut Av. *Tot* —4H **15**
Chestnut Av. *Wor* —5H **39**
Chestnut Clo. *Bolt* —1H **29**

46 A-Z Bolton

Chestnut Dri.—Crescent, The

Chestnut Dri. *W'houg* —6H **27**
Chestnut Gro. *Hind* —3C **34**
Chestnut Gro. *Rad* —5H **33**
Chetwyn Av. *Brom X* —2E **13**
Chevington Gdns. *Bolt* —6C **12**
Cheviot Clo. *Bolt* —4B **12**
Cheviot Clo. *Hor* —4E **9**
Chew Moor La. *W'houg* —3A **28**
Chichester Av. *Ath* —5A **36**
Childwall Clo. *Bolt* —3C **30**
Chilgrove Av. *Blac* —2H **17**
Chilham Rd. *Wor* —5A **40**
Chilham St. *Hind* —2H **29**
Chiltern Av. *Ath* —2F **37**
Chiltern Clo. *Hor* —4E **9**
Chiltern Clo. *Wor* —6A **40**
Chiltern Dri. *Bolt* —4F **23**
China La. *Bolt* —3D **22**
Chip Hill Rd. *Bolt* —1F **29**
Chipping Rd. *Bolt* —1F **21**
Chiseldon Clo. Bolt —6C 22
 (off Bantry St.)
Chisholme Clo. *G'mnt* —5G **5**
Chisledon Clo. Bolt —6C 22
 (off Bantry St.)
Chiswick Dri. *Rad* —6D **24**
Chisworth St. *Bolt* —6F **13**
Chorley Clo. *Bury* —2H **25**
Chorley New Rd. *Hor & Bolt* —5C **8**
Chorley Old Rd. *Hor & Bolt* —5E **9**
Chorley Rd. *Blac* —3E **7**
Chorley Rd. *Hth C* —1E **6**
Chorley Rd. *Stand* —4A **16**
Chorley Rd. *Wdly* —6G **41**
Chorley Rd. *W'houg* —5C **18**
Chorley St. *Adl* —1F **7**
Chorley St. *Bolt* —3C **22**
Chowbent Clo. *Ath* —4E **37**
Christchurch Clo. *Bolt* —6B **14**
Christchurch La. *Bolt* —6B **14**
Chronnell Dri. *Bolt* —3A **24**
Chulsey Ga. La. *Los* —1A **28**
Chulsey St. *Bolt* —1H **29**
Church Av. *Bick* —6B **6**
Church Av. *Bolt* —1A **30**
Church Bank. *Bolt* —4E **23**
Church Clo. *Rad* —5C **32**
Churchfield Clo. *Rad* —4H **33**
Churchgate. *Bolt* —4D **22**
Churchill Av. *Ain* —2F **25**
Churchill Dri. *L Lev* —2E **33**
Churchill St. *Bolt* —4G **23**
Church La. *W'houg* —2G **27**
Church Meadows. *Bolt* —6B **14**
Church Rd. *Bolt* —1G **21**
Church Rd. *Farn* —5A **32**
Church Rd. *Rad* —5C **32**
Church Rd. *Wor* —4H **39**
Churchside. *Farn* —6F **31**
Church St. *Adl* —2E **7**
Church St. *Ain* —2E **25**
Church St. *Asp* —5F **17**
Church St. *Ath* —4D **36**
Church St. *Blac* —4D **7**
Church St. *Brad* —4H **13**
Church St. *Farn* —5A **32**
Church St. *Hor* —5E **9**
Church St. *Kear* —6A **32**
Church St. *L Lev* —2B **32**
Church St. *Wals* —5H **15**
Church St. *W'houg* —4G **27**
Churchtown Av. *Bolt* —4B **24**
Church Wlk. *Clif* —3H **41**
Church Wlk. *Farn* —5G **31**
Churchward Sq. *Hor* —1E **19**
Churnett Clo. *W'houg* —3H **27**
Cinnamon Av. *Hind* —3B **34**
Cinnamon Pl. *Ath* —5C **36**
Cirencester Clo. *L Hul* —1E **39**
City Rd. *Wor* —6E **39**
Clammerclough Rd. *Kear* —5B **32**
Clarebank. *Bolt* —4F **21**
Clare Ct. *Farn* —4D **30**
Claremont Av. *Hind* —2B **34**
Claremont Dri. *L Hul* —2F **39**
Claremont Ct. *Bolt* —3C **22**
Clarence St. *Ath* —5E **37**
Clarence St. *Bolt* —3D **22**
 (in two parts)

Clarence St. *Farn* —4A **32**
Clarendon Gro. *Bolt* —5F **23**
Clarendon Rd. *Bolt* —4G **23**
Clarendon St. *Bolt* —1C **30**
Clarke Cres. *L Hul* —1B **38**
Clarke St. *Bolt* —3A **22**
Clarke St. *Farn* —6A **32**
Claughton Av. *Bolt* —4B **24**
Claughton Av. *Wor* —6G **39**
Claughton Rd. *Wals* —4H **15**
Clavendon Rd. *Rad* —4G **25**
Clayback Dri. *Tot* —2F **15**
Claydon Dri. *Rad* —6D **24**
Claypool Rd. *Hor* —2G **19**
Clay St. *Brom X* —2E **13**
Clayton Av. *Bolt* —6G **23**
Clayton Clo. *Bury* —2H **25**
Clayton St. *Bolt* —6G **23**
Clegg's Bldgs. *Bolt* —4C **22**
Clegg's La. *L Hul* —3E **39**
Clegg St. *Ast* —6F **37**
Clegg St. *Bolt* —4G **23**
Clelland St. *Farn* —6A **32**
Clematis Wlk. *Wdly* —5G **41**
Clements Av. *Ath* —5A **36**
Cleveland Clo. *Clif* —5H **41**
Cleveland Gdns. *Bolt* —1H **29**
Cleveland St. *Bolt* —1H **29**
Cleveleys Av. *Bolt* —3G **23**
Clifford Rd. *Bolt* —3G **29**
Clifton Ct. *Clif* —3G **41**
Clifton Ct. *Farn* —3F **31**
Clifton Dri. *Blac* —6F **7**
Clifton Dri. *Swint* —6H **41**
Clifton Gro. *Wdly* —5E **41**
Clifton Ho. Rd. *Clif* —3G **41**
Clifton St. *Ast* —6C **38**
Clifton St. *Farn* —3F **31**
Clifton St. *Kear* —6B **32**
Clifton St. *Ram* —3C **22**
Clifton View. *Clif* —3G **41**
Clitheroe Dri. *Bury* —1H **25**
Clive Rd. *W'houg* —1G **35**
Clive St. *Bolt* —4D **22**
Clock Tower Clo. *Wor* —4D **38**
Cloister Av. *Leigh* —6F **35**
Cloisters, The. *W'houg* —2G **35**
Cloister St. *Bolt* —1A **22**
Close La. *Hind* —4B **34**
 (in two parts)
Close St. *Hind* —1B **34**
Close, The. *Ath* —2F **37**
Close, The. *Bolt* —6F **13**
Cloudstock Gro. *L Hul* —2C **38**
Clough Av. *W'houg* —5H **27**
Cloughbank. *Rad* —6E **33**
Clough Meadow. *Bolt* —5D **20**
Clough Meadow Rd. *Rad* —2G **33**
Clough St. *Kear* —6B **32**
Clough, The. *Bolt* —4E **21**
Cloverdale Sq. *Bolt* —2G **21**
Cloverfield Wlk. Wor —4H 39
 (off Bolton Rd.)
Clunton Av. *Bolt* —6H **21**
Clyde Rd. *Rad* —6H **25**
Clyde St. *Bolt* —1C **22**
Clyde Ter. *Rad* —6H **25**
Coach St. *Ath* —4D **36**
Coach St. *Bolt* —6E **23**
Coal Pit La. *Ath* —3B **36**
 (in two parts)
Coal Pit La. *Hind* —6D **34**
Coal Pit La. *Leigh* —6G **35**
Coal Pit Rd. *Ram* —2B **10**
Cobden Mill Ind. Est. *Farn* —4G **31**
Cobden St. *Bolt* —6B **12**
Cobden St. *Eger* —5B **2**
Cobden St. *Rad* —5H **25**
Cobden St. *Tyl* —6G **37**
Cobham Av. *Bolt* —2B **30**
Cochrane St. *Bolt* —5E **23**
Cocker St. *L Hul* —3E **39**
Cockey Moor Rd. *Bolt & Bury*
 —2F **25**
Codale Dri. *Bolt* —2B **24**
Code La. *W'houg* —1D **26**
Coe St. *Bolt* —6D **22**
Colchester Av. *Bolt* —3A **24**
Colchester Dri. *Farn* —4D **30**

Coleford Gro. *Bolt* —5C **22**
Colenso Ct. *Bolt* —4G **23**
Colenso Rd. *Bolt* —4H **23**
Coleridge Av. *Rad* —2G **33**
Coleridge Rd. *G'mnt* —5H **5**
Colesbourne Clo. *L Hul* —1E **39**
Colindale Clo. *Bolt* —6A **22**
Colinton Clo. *Bolt* —2B **22**
Collard St. *Ath* —3B **36**
College Clo. *Bolt* —5C **22**
College Way. *Bolt* —5B **22**
Colliers Row Rd. *Bolt* —4D **10**
Collier St. *Hind* —1A **34**
Colliery La. *Ath* —3A **36**
Collingwood Way. *W'houg* —4G **27**
Collins Av. *Farn* —5H **31**
Collins La. *W'houg* —1H **35**
Collins St. *Wals* —5H **15**
Collyhurst Av. *Wor* —5A **40**
Colmore Gro. *Bolt* —5F **13**
Colmore St. *Bolt* —6F **13**
Colshaw Clo. E. *Rad* —1H **33**
Colshaw St. S. *Rad* —1H **33**
Columbia Rd. *Bolt* —3A **22**
Colwith Av. *Bolt* —2A **24**
Colwyn Dri. *Hind* —5E **35**
Colwyn Gro. *Ath* —2C **36**
Colwyn Gro. *Bolt* —2B **22**
Common La. *Tyl* —6G **37**
Common St. *W'houg* —6D **26**
Common, The. *Adl* —5C **6**
Conisber Clo. *Eger* —6C **2**
Coniston Av. *Adl* —1F **7**
Coniston Av. *Ath* —2D **36**
Coniston Av. *Farn* —5C **30**
Coniston Av. *L Hul* —2E **39**
Coniston Clo. *L Lev* —1C **32**
Coniston Gro. *L Hul* —3E **39**
Coniston Rd. *Blac* —6H **7**
Coniston Rd. *Hind* —3A **34**
Coniston St. *Bolt* —6D **12**
Connaught Sq. *Bolt* —1F **23**
Connel Clo. *Bolt* —5B **24**
Conningsbury Clo. *Brom X* —1D **12**
Conrad St. *Ram* —3C **22**
Constable Clo. *Bolt* —2B **22**
Constable Dri. *W'houg* —4G **27**
Constance Rd. *Bolt* —1A **30**
Constellation Trad. Est. *Rad*
 —5H **25**
Conway Av. *Bolt* —2G **21**
Conway Cres. *G'mnt* —5H **5**
Conway Dri. *Asp* —6H **17**
Conway Rd. *Hind* —3B **34**
Conway St. *Farn* —6H **31**
Cooke St. *Farn* —6A **32**
Cooke St. *Hor* —5F **9**
Coomassie St. *Rad* —2H **33**
Co-operative St. *L Hul* —2C **38**
Co-operative St. *Rad* —1H **33**
Coopers Row. *Ram* —4H **22**
Cooper St. *Hor* —5D **8**
Cooper St. *Ram* —2D **22**
Coop St. *Bolt* —5C **12**
Cope Bank. *Bolt* —2A **22**
Cope Bank E. *Bolt* —2A **22**
Cope Bank W. *Bolt* —1H **21**
Copeland M. *Bolt* —4G **21**
Copesthorne Clo. *Asp* —5G **17**
Cope St. *Ram* —2A **22**
Coplow Dale. *Hind* —4A **34**
Copperas Clo. *Haig* —5E **17**
 (Haigh)
Copperas La. *Haig* —2F **17**
 (Little Scotland)
Copperfields. *Los* —1B **28**
Coppice, The. *Ath* —4H **13**
Coppice, The. *Ram* —1H **5**
Copplestone Ct. *Wor* —6E **41**
Coppull Hall La. *Cop* —1A **6**
Copse, The. *Tur* —5G **3**
Copthorne Dri. *Bolt* —5A **24**
Copthorne Wlk. *Tot* —4H **15**
Corbett Ct. *Hind* —2A **34**
Corfe Clo. *Asp* —6H **17**
Corhampton Cres. *Ath* —2E **37**
Corinth Wlk. *Bolt* —5H **39**
Cormorant Clo. *Wor* —4G **39**
Cornbrook Clo. *W'houg* —1F **35**

Corner Ga. *W'houg* —2G **35**
Corner La. *Leigh* —4F **35**
Cornwall Av. *Bolt* —5F **29**
Cornwall Av. *Tyl* —4G **37**
Cornwall Dri. *Hind* —1B **34**
Coronation Av. *Ath* —2C **36**
Coronation Rd. *Rad* —6G **25**
Coronation Sq. *L Lev* —2D **32**
Coronation St. *Pen* —6H **41**
Coronation St. Ram —5D 22
 (off Gt. Moor St.)
Coronation Wlk. *Rad* —6G **25**
Corporation St. *Bolt* —4D **22**
Corranstone. *Hor* —6D **8**
Corrie Cres. *Kear* —2F **41**
Corrie Dri. *Kear* —3F **41**
Corrie Rd. *Clif* —4H **41**
Corrie St. *L Hul* —3E **39**
Corring Way. *Bolt* —5F **13**
Corrin Rd. *Bolt* —6F **23**
Corsey Rd. *Hind* —3A **34**
Corson St. *Bolt* —3H **31**
 (in two parts)
Corston Gro. *Blac* —2H **17**
Cotefield Av. *Bolt* —2D **30**
Cotford Rd. *Ram* —4D **12**
Cotswold Dri. *Hor* —4E **9**
Cotton St. *Bolt* —1B **22**
Coucill Sq. *Farn* —5A **32**
Countess La. *Rad* —6F **25**
County Rd. *Wor* —3E **39**
Coupland Rd. *Hind* —3E **35**
Court St. *Bolt* —4E **23**
Courtyard Dri. *Wor* —4E **39**
Cousin Fields. *Brom X* —2G **13**
Coventry Rd. *Rad* —6H **25**
Coverdale Av. *Bolt* —3G **21**
Coverdale Rd. *W'houg* —5F **27**
Cowburn Rd. *Hind* —6B **26**
Cowdals Rd. *Los* —1B **28**
Cow La. *Bolt* —3H **29**
Cow Lees. *W'houg* —4A **28**
Cowley Rd. *Ram* —4D **12**
Cowper Av. *Ath* —2D **36**
Cox Grn. Clo. *Eger* —4B **2**
Cox Grn. Rd. *Eger* —3B **2**
Cox Way. *Ath* —4D **36**
Coxwold Gro. *Bolt* —2A **30**
Crab Tree La. *Ath* —4D **36**
Craighall Rd. *Bolt* —3C **12**
Cramond Clo. *Bolt* —2B **22**
Cramond Wlk. *Bolt* —2B **22**
Cranark Clo. *Bolt* —4G **21**
Cranborne Clo. *Los* —2H **19**
Cranbrook Clo. Bolt —2D 22
 (off Lindfield Dri.)
Cranby St. *Hind* —2A **34**
Crandon Ct. *Clif* —5H **41**
Crane St. *Bolt* —2H **29**
Cranfield Rd. *Hor* —4F **19**
Cranford St. *Bolt* —3A **30**
Cranham Clo. *L Hul* —1E **39**
Cranleigh Clo. *Blac* —2H **17**
Cranshaw St. *Ast* —6B **38**
Cranstal Dri. *Hind* —2C **34**
Crathie Ct. *Bolt* —2H **21**
Craven Ct. *Hor* —1F **19**
Craven Pl. *Bolt* —1E **21**
Craven St. E. *Hor* —1F **19**
Crawford Av. *Adl* —4C **6**
Crawford Av. *Asp* —6G **17**
Crawford Av. *Bolt* —5F **23**
Crawford Av. *Tyl* —5F **37**
Crawford Av. *Wor* —6B **40**
Crawford Clo. *Asp* —6G **17**
Crawford St. *Asp* —6G **17**
Crawford St. *Bolt* —5F **23**
Crawley Clo. *Tyl* —6A **38**
Crediton Dri. *Bolt* —4C **24**
Crescent Av. *Bolt* —3B **22**
Crescent Av. *Farn* —1G **39**
Crescent Av. *Over H* —5G **29**
Crescent Dri. *L Hul* —2F **39**
Crescent Rd. *Bolt* —1E **31**
Crescent Rd. *Kear* —1B **40**
Crescent Rd. *Los* —3G **19**
Crescent, The. *Bolt* —5B **14**
Crescent, The. *Brom X* —2E **13**

A-Z Bolton 47

Crescent, The—Droxford Gro.

Crescent, The. *Hor* —2G **19**
Crescent, The. *L Lev* —3D **32**
Crescent, The. *Rad* —6F **25**
Crescent, The. *W'houg* —6G **27**
Cressingham Rd. *Bolt* —1G **29**
Crestfield. *Wor* —3E **39**
Crestfold. *L Hul* —3E **39**
Criccieth Av. *Asp* —6H **17**
Cricketfield La. *Wor* —4G **39**
Cricket St. *Bolt* —6B **22**
Crinan Way. *Bolt* —5B **24**
Cringle Clo. *Bolt* —1E **29**
Crippen St. *Ath* —6A **36**
Croal St. *Ram* —5B **22**
Croasdale St. *Bolt* —2D **22**
  (in two parts)
Crocus St. *Bolt* —5D **12**
Croft Av. *Ath* —5D **36**
Croft Dri. *Tot* —3G **15**
Crofters Wlk. *Bolt* —3G **13**
Croft Ga. *Bolt* —5A **14**
Croft Gro. *L Hul* —2D **38**
Croftlands. *Ram* —4H **5**
Croft La. —6F **23**
Croft Side. *Bolt* —6A **24**
Croftside Clo. *Wor* —4A **40**
Croftside Gro. *Wor* —4A **40**
Croft St. *Bolt* —1F **31**
Croft St. *L Hul* —2D **38**
Croft St. *W'houg* —2H **27**
Crombouke Dri. *Leigh* —6G **35**
Cromdale Av. *Bolt* —3H **21**
Cromer Av. *Bolt* —2G **23**
Cromer Dri. *Ath* —5H **35**
Cromford Clo. *Bolt* —2C **22**
Cromford Gdns. *Bolt* —1D **22**
Crompton Av. *Bolt* —3A **24**
Crompton Clo. *Bolt* —5E **13**
Crompton Ho. *Swint* —6G **41**
Crompton Rd. *Los* —3H **19**
Crompton Rd. *Rad* —5C **32**
Crompton St. *Farn* —6A **32**
Crompton St. *L Hul* —2B **38**
Crompton St. *Ram* —3E **23**
Crompton St. *Wor* —5B **40**
Crompton Vale. *Bolt* —3H **23**
Crompton Way. *Bolt* —5D **12**
Cromwell Rd. *Swint* —6G **41**
Cromwell St. *Ram* —4C **22**
Crook St. *Adl* —2D **6**
Crook St. *Bolt* —5D **22**
Crook St. *Hind* —3A **34**
Cropton Way. *Hind* —4B **34**
Crosby Av. *Wor* —5B **40**
Crosby Gro. *Ath* —3E **37**
Crosby Ho. Ram —3D 22
  (off Haydock St.)
Crosby Rd. *Bolt* —3H **21**
Crosby Rd. *Rad* —4G **25**
Crosby St. *Ath* —3E **37**
Crossdale Rd. *Bolt* —3A **24**
Crossdale Rd. *Hind* —2B **34**
  (in two parts)
Crossen St. *Bolt* —6G **23**
Cross Field Dri. *Rad* —2G **33**
Crossford Dri. *Swint* —6G **41**
Crossfields. *Brom X* —1G **13**
Crossford Dri. *Bolt* —6E **21**
Cross Hill Wlk. *Bolt* —6E **21**
Cross La. *Holc* —2H **5**
Crossley St. *L Lev* —2C **32**
Crossmoor Dri. *Bolt* —3F **23**
Cross Ormrod St. *Bolt* —5B **22**
Cross St. *Asp* —5F **17**
Cross St. *Ath* —3B **36**
Cross St. *Bolt* —3D **22**
Cross St. *Brom X* —2D **12**
Cross St. *Farn* —4H **31**
Cross St. *Kear* —2D **40**
Cross St. *L Lev* —2D **32**
Cross St. *Tyl* —6F **37**
Croston St. *Adl* —1E **7**
Croston St. *Bolt* —1A **30**
Crowborough Clo. *Los* —2H **19**
Crowland Rd. *Bolt* —1G **23**
Crowndale. *Tur* —1H **3**
Crown Gdns. *Tur* —1H **3**
Crown La. *Hor* —1B **18**

Crown Point. *Tur* —1H **3**
Crown St. *Ath* —4C **36**
Crown St. *Bolt* —4D **22**
Crows Nest. *Bolt* —6B **24**
Croyde Clo. *Bolt* —6B **14**
Crummock Clo. *L Lev* —2B **32**
Crummock Gro. *Farn* —6C **30**
Crumpsall St. *Bolt* —1C **22**
Crundale Rd. *Bolt* —3E **13**
Culham Clo. *Bolt* —1B **22**
Culross Av. *Bolt* —5E **21**
Cumberland Av. *Clif* —5H **41**
Cumberland Av. *Tyl* —5F **37**
Cumberland Rd. *Ath* —3E **37**
Cumbermere La. *Tyl* —5H **37**
Cundey St. *Bolt* —2A **22**
Cunliffe Brow. *Bolt* —1H **21**
Cunliffe St. *Bolt* —5D **22**
Cunningham Rd. *W'houg* —6F **27**
Curteis St. *Hor* —5D **8**
Curtis St. *Bolt* —3A **30**
Curzon Rd. *Bolt* —4A **22**
Cuthbert St. *Bolt* —3H **29**
Cypress Gro. *Kear* —6B **32**
Cyril St. *Bolt* —6E **23**

Daffodil Rd. *Farn* —4E **31**
Daffodil St. *Ram* —4D **12**
Dagmar St. *Wor* —3G **39**
Daisy Av. *Farn* —4E **31**
Daisyfield Wlk. *Wor* —4H **39**
Daisy Hall Dri. *W'houg* —1G **35**
Daisyhill Ct. *W'houg* —2H **35**
Daisy Hill Dri. *Adl* —1E **7**
DAISY HILL STATION. *BR* —1H **35**
Daisy St. *Bolt* —1A **30**
Dalby Rd. *Hind* —2D **34**
Dalebank. *Ath* —2C **36**
Dale Bank M. *Clif* —2F **41**
Dalebrook Clo. *L Lev* —1C **32**
Dalegarth Av. *Bolt* —4C **20**
Dale Lee. *W'houg* —5A **28**
Dales Brow. *Bolt* —3D **12**
Dales Gro. *Wor* —6B **40**
Dale St. *Kear* —4A **32**
Dale St. *W'houg* —2H **35**
Dale St. E. *Hor* —1F **19**
Dale St. Ind. Est. *Rad* —3H **33**
Dale St. W. *Hor* —1F **19**
Dalkeith Gro. *Bolt* —6F **21**
Dalkeith Rd. *Hind* —2C **34**
Dalston Gdns. Bolt —1C 22
  (off Gladstone St.)
Dalton Clo. *Ram* —3H **5**
Dalton Fold. *W'houg* —5H **27**
Dalwood Clo. *Hind* —3B **34**
Dalymount Clo. *Bolt* —1F **23**
Dams Head Fold. *W'houg* —4H **27**
Danby Rd. *Bolt* —2C **30**
Danebridge Clo. *Farn* —5A **32**
Danes Av. *Hind* —1A **34**
Danes Brook Clo. *Hind* —1A **34**
Danesbury Rd. *Bolt* —5F **13**
Danes Grn. *Hind* —6A **26**
Danesway. *Hth C* —1D **6**
Darbishire St. *Bolt* —2E **23**
Darby La. *Hind* —1A **34**
Darbyshire Clo. *Bolt* —3A **22**
Dark La. *Blac* —5F **7**
Darley Av. *Farn* —4A **32**
Darley Ct. *Ram* —1A **22**
Darley Gro. *Farn* —4A **32**
Darley St. *Bolt* —2B **22**
Darley St. *Farn* —5A **32**
Darley St. *Hor* —4D **8**
Darley Ter. *Bolt* —2C **22**
Darlington St. *Tyl* —6G **37**
Darlington St. E. *Tyl* —6H **37**
Darnley Av. *Wor* —6G **39**
Darvel Clo. *Bolt* —5B **24**
Darwen Rd. *Eger* —6C **2**
Darwin St. *Bolt* —1B **22**
Davenport Av. *Rad* —5H **25**
Davenport Fold. *Bolt* —6C **14**
Davenport Fold Rd. *Bolt* —5C **14**
Davenport Gdns. *Bolt* —3C **22**
Davenport St. *Bolt* —3C **22**
David Brow. *Bolt* —3G **29**

Davies St. *Kear* —6C **32**
Dawes St. *Bolt* —5D **22**
Dawley Clo. *Bolt* —5A **22**
Dawson La. *Ram* —4C **22**
Dawson St. *Ath* —4C **36**
Deacon Av. *Swint* —6G **41**
Deakins Bus. Pk. *Eger* —6B **2**
Dealey Rd. *Bolt* —1G **29**
Deal St. *Bolt* —2D **30**
Dean Clo. *Farn* —5D **30**
Dean Ct. *Bolt* —3E **23**
Deane Av. *Bolt* —6H **21**
Deane Chu. Clough. *Bolt* —6G **21**
Deane Chu. La. *Bolt* —1H **29**
Deane Rd. *Bolt* —6A **22**
Deane Wlk. *Bolt* —5C **22**
  (in two parts)
Dean Ho. *Ram* —3D **22**
Deansgate. *Bolt* —4C **22**
Deansgate. *Hind* —1A **34**
Dean St. *Rad* —2H **33**
Dean St. *Ram* —3D **22**
Dearden Av. *L Hul* —2E **39**
Dearden St. *L Lev* —1C **32**
Dearncamme Clo. *Bolt* —4F **13**
Debenham Ct. *Farn* —6H **31**
Dee Dri. *Kear* —2D **40**
Deepdale Rd. *Bolt* —3A **24**
Defence St. *Bolt* —5B **22**
Defiance St. *Ath* —4C **36**
De Lacy Dri. *Bolt* —2F **23**
Delamere Gdns. *Bolt* —6B **12**
Dellside Gro. *Wor* —4A **40**
Dell St. *Bolt* —4G **13**
Dell, The. *Bolt* —4G **13**
Delph Av. *Eger* —4B **2**
Delph Brook Way. *Eger* —5B **2**
Delph Gro. *Leigh* —6F **35**
Delph Hill Clo. *Bolt* —1E **21**
Delphi Av. *Wor* —5H **39**
Delph La. *Bolt* —2E **25**
Delph St. *Bolt* —6B **22**
Denbigh Gro. *Bolt* —2C **36**
Denbigh Rd. *Bolt* —6F **23**
Dene Bank. *Bolt* —4G **13**
Dene St. *Bolt* —4G **13**
Denham Clo. *Bolt* —3E **13**
Denham St. *Rad* —5H **25**
Denstone Cres. *Bolt* —1A **24**
Dentdale Clo. *Bolt* —5D **20**
Denton Rd. *Bolt* —5D **24**
Derby Pl. *Adl* —1E **7**
Derby Rd. *Rad* —5C **32**
Derbyshire Rd. *Ram* —6C **12**
Derby St. *Ath* —3C **36**
Derby St. *Bolt* —1B **30**
Derby St. *Hor* —2F **19**
Derby St. *Tyl* —6G **37**
Derby St. *W'houg* —4H **27**
Derwent Clo. *L Lev* —2B **32**
Derwent Clo. *Wor* —5F **39**
Derwent Dri. *Kear* —2D **40**
Derwent Rd. *Farn* —5D **30**
Derwent Rd. *Hind* —2A **34**
Design St. *Bolt* —1H **29**
Desmond Rd. *Ath* —5A **36**
  (in two parts)
Destructor Rd. *Swint* —6G **41**
Devoke Av. *Wor* —5A **40**
Devoke Gro. *Farn* —5C **30**
Devon Clo. *Asp* —6H **17**
Devon Clo. *L Lev* —1D **32**
Devon Dri. *Bolt* —2E **25**
Devon Dri. *Stand* —2A **16**
Devon Rd. *Tyl* —5F **37**
Devonshire Pl. *Ath* —3D **36**
Devonshire Rd. *Ath* —2C **36**
Devonshire Rd. *Bolt* —2H **21**
Devonshire Rd. *Wor* —1G **39**
Devon St. *Bolt* —4E **23**
Devon St. *Farn* —3H **31**
Devon St. *Hind* —2A **34**
Devon St. *Pen* —5H **41**
Dewberry Clo. *Swint* —5G **41**
Dewhurst Clough Rd. *Eger* —5B **2**
Dewhurst Ct. *Eger* —5B **2**
Dewhurst Rd. *Bolt* —6A **14**
Dial Ct. *Farn* —4H **31**

Dicconson La. *Asp & W'houg* —1B **26**
Dickenson St. *Hind* —3A **34**
Dickinson Clo. *Bolt* —2C **22**
Dickinson Ct. *Hor* —5D **8**
Dickinson St. *Bolt* —2C **22**
Dickinson St. W. *Hor* —5C **8**
Dickinson Ter. Bolt —2C 22
  (off Dickinson St.)
Dijon St. *Bolt* —1A **30**
Dilham Ct. *Bolt* —3A **22**
Dimple Pk. *Eger* —4B **2**
Dimple Rd. *Eger* —3A **2**
Dingle Wlk. *Bolt* —3D **22**
Dinsdale Dri. *Bolt* —6B **22**
Division St. *Bolt* —1D **30**
Dixey St. *Hor* —6C **8**
Dixon Dri. *Clif* —3G **41**
Dixon St. *Hor* —6D **8**
Dixon St. *W'houg* —2G **27**
DOBB'S BROW STATION. *BR* —6F **27**
Dobhill St. *Farn* —5H **31**
Dobsen St. *Ram* —1B **22**
Dobson Rd. *Bolt* —4A **22**
Dodd La. *W'houg* —2C **26**
Dodhurst Rd. *Hind* —1B **34**
Doe Hey Gro. *Farn* —3F **31**
Doe Hey Rd. *Bolt* —3F **31**
Doffcocker Brow. *Ram* —2F **21**
Doffcocker La. *Bolt* —2F **21**
Doman St. *Bolt* —6D **22**
Doncaster Clo. *L Lev* —2B **32**
Donnington Gdns. *Wor* —4H **39**
Donnington Rd. *Rad* —6E **25**
Don St. *Bolt* —2B **30**
Doodson Sq. *Farn* —5H **31**
Dootson St. *Hind* —1C **34**
Dorchester Av. *Bolt* —2A **24**
Doris Av. *Bolt* —4H **23**
Dorket Gro. *W'houg* —1F **35**
Dormer St. *Bolt* —6D **12**
Dorning St. *Blac* —4B **18**
Dorning St. *Kear* —5B **32**
Dorning St. *Tyl* —6F **37**
Dorset Av. *Farn* —5G **31**
Dorset Av. *Tyl* —4F **37**
Dorset Clo. *Farn* —5G **31**
Dorset Rd. *Ath* —3C **36**
Dorset Rd. *Stand* —2A **16**
Dorset St. *Bolt* —4E **23**
Dorset St. *Hind* —1A **34**
Dorset St. *Pen* —5H **41**
Dorstone Clo. *Hind* —2D **34**
Dougill St. *Bolt* —2H **21**
Douglas Av. *Hor* —4E **9**
Douglas Clo. *Hor* —5E **9**
Douglas Pk. *Ath* —4E **37**
Douglas St. *Ath* —4E **37**
Douglas St. *Ath* —4E **37**
Douglas St. *Bolt* —4C **12**
Dove Bank Rd. *L Lev* —1B **32**
Dovecote Clo. *Brom X* —1F **13**
Dovecote La. *L Hul* —4C **38**
Dovedale Rd. *Bolt* —2B **24**
Dover Clo. *BL8* —6H **5**
Dover Gro. *Bolt* —5B **22**
Dove Rd. *Bolt* —1H **29**
Dover St. *Farn* —3G **31**
Dove St. *Ram* —5C **12**
Dove Wlk. *Farn* —5D **30**
Dow Fold. *Bury* —6H **15**
Dow La. *Bury* —6H **15**
Down Grn. Rd. *Bolt* —6A **14**
Downhall Grn. *Bolt* —3D **22**
Downham Rd. *Bolt* —3G **23**
Downton Av. *Hind* —3A **34**
Dowson St. *Bolt* —4E **23**
Doyle Rd. *Bolt* —2E **29**
Drake Av. *Farn* —6H **31**
Drake Hall. *W'houg* —2F **35**
Drake St. *Ath* —5C **36**
Draycott Clo. *Hind* —4B **34**
Draycott St. *Bolt* —1C **22**
Draycott St. E. *Bolt* —1D **22**
Drayton Clo. *Bolt* —1B **22**
Drinkwater La. *Hor* —6D **8**
Droxford Gro. *Ath* —2E **37**

48 A-Z Bolton

Druids Clo.—Fearnhead St.

Druids Clo. *Eger* —4B **2**
Drummond St. *Bolt* —5C **12**
Dryad Clo. *Pen* —5H **41**
Dryburgh Av. *Bolt* —5B **12**
Dryfield La. *Hor* —4C **8**
Duchess Wlk. *Bolt* —1H **29**
Duchy Av. *Bolt* —5G **29**
Duchy Av. *Hor* —4H **39**
Ducie Av. *Bolt* —4A **22**
Ducie St. *Rad* —6H **25**
Duckshaw La. *Farn* —5G **31**
Duckworth St. *Bolt* —1A **30**
Duddon Av. *Bolt* —2B **24**
Dudley Av. *Bolt* —2G **23**
Dudley Rd. *Pen* —6H **41**
Dudwell Clo. *Bolt* —2A **22**
Duerden St. *Bolt* —2B **40**
Dukes All. Ram —4D **22**
 (off Ridgeway Gdns.)
Duke's Av. *L Lev* —1C **32**
Duke's Row. *Asp* —6F **17**
Duke St. *Ain* —2E **25**
Duke St. *Bolt* —3C **22**
 (in two parts)
Duke St. *L Hul* —2E **39**
Duke St. *Wor* —5C **42**
Duke St. N. *Ram* —3C **22**
Dumbell St. *Pen* —5H **41**
Dunbar Dri. *Bolt* —4C **10**
Dunblane Av. *Bolt* —6E **21**
Duncan St. *Hor* —6E **9**
Duncan St. *Ram* —3D **22**
Dunchurch Clo. *Los* —5D **20**
Duncombe Rd. *Bolt* —2C **8**
Dunedin Rd. *G'mnt* —5H **5**
Dunham Clo. *W'houg* —2F **35**
Dunlin Clo. *Bolt* —6E **23**
Dunoon Dri. *Bolt* —4A **12**
Dunoon Rd. *Asp* —6H **17**
Dunscar Fold. *Eger* —1C **2**
Dunscar Ind. Est. *Eger* —2C **12**
Dunscar Sq. *Eger* —1C **12**
Dunsop St. *Bolt* —6F **11**
Dunstan St. *Bolt* —4G **23**
Durban Rd. *Ram* —4C **12**
Durban St. *Ath* —5A **36**
Durham Clo. *Clif* —5H **41**
Durham Clo. *L Lev* —1D **32**
Durham Clo. *Tyl* —4G **37**
Durham Rd. *Hind* —2A **34**
Durham St. *Bolt* —1D **22**
Duty St. *Ram* —6C **12**
Duxbury Av. *Bolt* —4A **14**
Duxbury Av. *L Lev* —6C **24**
Duxbury St. *Bolt* —1B **22**
Dymchurch Av. *Rad* —6E **33**
Dyson Clo. *Ram* —5H **31**
Dyson St. *Farn* —6H **31**

Eagle St. *Bolt* —4E **23**
Eagley Bank. *Bolt* —2D **12**
Eagley Brow. *Ram* —3D **12**
Eagley Ct. *Brom X* —2E **13**
Eagley Way. *Bolt* —2D **12**
Eames Av. *Rad* —5C **32**
Earlesden Cres. *L Hul* —1E **39**
Earl St. *Ath* —5B **36**
Earl St. *Bolt* —6E **23**
Earlswood Wlk. *Bolt* —1D **30**
Earnshaw St. *Farn* —2H **29**
Easedale Rd. *Bolt* —3G **21**
E. Bank Rd. *Ram* —4H **5**
 (in two parts)
Eastbank St. *Bolt* —1D **22**
Eastbourne Gro. *Bolt* —3G **21**
Eastchurch Clo. *Farn* —6H **31**
Eastcote Wlk. *Farn* —4A **32**
Eastfields. *Rad* —6H **25**
Eastgrove Av. *Bolt* —3C **12**
Eastham Way. *L Hul* —2F **39**
E. Lancashire Rd. *Wor* —6B **40**
Eastleigh Gro. *Bolt* —3C **22**
E. Lynn Dri. *Wor* —4C **40**
East Meade. *Bolt* —3C **30**
Eastmoor Gro. *Bolt* —3H **29**
East St. *Ath* —6F **37**
East St. *Hind* —4D **34**
East Wlk. *Eger* —5B **2**

East Way. *Bolt* —6F **13**
Eastwood Av. *Wor* —4E **39**
Eastwood Clo. *Bolt* —2G **29**
Eastwood Ter. *Bolt* —3F **21**
Eatock Way. *W'houg* —1F **35**
Eaton Clo. *Pen* —5H **41**
Eaton St. *Hind* —1A **34**
Ebury St. *Rad* —1H **33**
Eccleston Av. *Bolt* —2F **23**
Eccleston Clo. *Bury* —2H **25**
Eckersley Av. *Hind* —4A **34**
Eckersley Fold La. *Ath* —6B **36**
Eckersley Rd. *Bolt* —6C **12**
Eckersley St. *Bolt* —1A **30**
Edale Clo. *Ath* —4C **36**
Edale Rd. *Bolt* —1G **29**
Edale Rd. *Farn* —6G **31**
Edditch Gro. *Bolt* —4G **23**
Eden Av. *Bolt* —6C **12**
Eden Gro. *Bolt* —6B **12**
Edenhall Gro. *Hind* —4B **34**
Eden Lodge. *Bolt* —6C **12**
Eden St. *Bolt* —5C **12**
Edgar St. *Bolt* —5C **22**
Edge Fold Cres. *Wor* —6H **39**
Edge Fold Ind. Est. *W'houg* —4A **30**
Edge Fold Rd. *Wor* —6H **39**
Edge Hill Rd. *Bolt* —2H **29**
Edge La. *Bolt* —4C **10**
Edgemoor Clo. *Rad* —6G **23**
Edgeworth Av. *Bolt* —2F **25**
Edgeworth Rd. *Hind* —4C **34**
Edgmont Av. *Bolt* —1B **30**
Edinburgh Dri. *Hind* —4D **34**
Edinburgh Rd. *L Lev* —3C **32**
Edinburgh Wlk. *Asp* —6H **17**
Edith St. *Bolt* —5A **22**
Edith St. *Farn* —6H **31**
Edmund St. *Bolt* —3D **22**
Edward St. *Bolt* —6B **22**
Edward St. *Farn* —3F **31**
Edward St. *Hor* —6C **8**
Edward St. *Rad* —5D **32**
Edward St. *W'houg* —5G **27**
Egerton Barn Cottage. *Eger* —5C **2**
Egerton Ct. *Hind* —2A **34**
Egerton Gro. *Wor* —4H **39**
Egerton Rd. *Wor* —4H **39**
Egerton St. *Farn* —4G **31**
Egerton Vale. *Eger* —5B **2**
Egerton Wlk. *Wor* —4H **39**
Egham Ct. *Bolt* —2F **23**
Egham Ho. *Bolt* —3H **29**
Egyptian St. *Bolt* —2D **22**
Eldercot Gro. *Bolt* —1G **29**
Eldercot Rd. *Bolt* —1G **29**
Eldon St. *Bolt* —2F **23**
Eleanor St. *Bolt* —4E **13**
Elgin St. *Ath* —1A **22**
Elgol Dri. *Bolt* —5E **21**
Elham Clo. *Rad* —6E **33**
Elizabethan Ct. Tyl —6F **37**
 (off Market St.)
Elizabeth Av. *Bick* —6A **34**
Elizabeth St. *Ath* —4D **36**
 (in two parts)
Elizabeth St. *Pen* —6H **41**
Elkstone Av. *L Hul* —1E **39**
Ellen Gro. *Kear* —2E **41**
Ellen St. *Bolt* —6A **12**
 (in two parts)
Elleray Clo. *L Lev* —2E **33**
Ellerbeck Clo. *Wor* —4G **13**
Ellerbrook Clo. *Bolt* —4F **13**
Ellerbrook Clo. *Hth C* —1D **6**
Ellerby Av. *Clif* —4H **41**
Ellesmere Av. *Wor* —4G **39**
Ellesmere Clo. *L Hul* —4F **39**
Ellesmere Gdns. *Bolt* —2B **30**
Ellesmere Rd. *Bolt* —2A **30**
Ellesmere Shopping Cen. *Wor*
 —4H **39**
Ellesmere St. *Bolt* —5B **22**
Ellesmere St. *Farn* —5H **31**
Ellesmere St. *L Hul* —4F **39**
Ellesmere St. *Tyl* —6F **37**
 (in three parts)
Ellesmere Wlk. *Farn* —5H **31**
Elliot Dri. *Hind* —6A **26**

Elliot St. *Tyl* —6E **37**
 (in two parts)
Elliott St. *Bolt* —6A **12**
Elliott St. *Farn* —6G **31**
Ellis Cres. *Wor* —4F **39**
Ellis St. *Bolt* —6B **22**
Elm Av. *Rad* —5H **33**
Elmbridge Wlk. *Bolt* —6B **22**
Elmfield Av. *Ath* —3B **36**
Elmfield Rd. *Wig* —6A **16**
Elmfield St. *Bolt* —6D **12**
 (in three parts)
Elm Gro. *Brom X* —1E **13**
Elm Gro. *Farn* —5F **31**
Elm Gro. *Hor* —2E **9**
Elm Gro. *Wdly* —5D **40**
Elm Rd. *Kear* —2B **40**
Elm Rd. *L Lev* —3D **32**
Elm Rd. *W'houg* —6G **27**
Elmstone Gro. *Bolt* —2D **22**
Elm St. *Farn* —4H **31**
Elm St. *Swint* —6G **41**
Elm St. *Tyl* —6G **37**
Elmwood Clo. *Bolt* —1G **37**
Elmwood Gro. *Bolt* —3A **22**
Elmwood Gro. *Farn* —1G **39**
Elockton Ct. *Hor* —5D **8**
Elsdon Dri. *Ath* —3E **37**
Elsdon Gdns. *Bolt* —2F **23**
Elsfield Clo. *Bolt* —1B **22**
Elsham Dri. *Wor* —4F **39**
Elsie St. *Farn* —5G **31**
Elsinore St. *Bolt* —6F **13**
Elswick Av. *Bolt* —6H **21**
Elsworth Dri. *Bolt* —5D **12**
Elton Av. *Farn* —5D **30**
Elton St. *Bolt* —4E **23**
Ely Clo. *Wor* —6F **39**
Ely Gro. *Bolt* —2C **22**
Embankment Rd. *Tur* —2G **3**
Emblem St. *Bolt* —6B **22**
Emerald St. *Bolt* —6D **12**
Emlyn St. *Farn* —4G **31**
Emlyn St. *Wor* —4H **39**
Emmanuel Clo. Bolt —6B **22**
 (off Emmanuel Pl.)
Emmanuel Pl. *Bolt* —6B **22**
Emmerson St. *Pen* —6H **41**
Emmett St. *Hor* —6B **8**
Empire Rd. *Bolt* —3H **23**
Empress St. *Bolt* —2H **21**
Emsworth Clo. *Bolt* —2F **23**
Ena St. *Bolt* —2E **31**
Endon St. *Bolt* —2H **21**
Endsley Av. *Wor* —6G **39**
Enfield Clo. *Bolt* —2C **22**
Enfield St. *Wor* —2H **39**
Engine Fold Rd. *Wor* —4E **39**
Engine La. *Tyl* —3G **37**
Engledene. *Bolt* —3B **12**
Ennerdale Av. *Bolt* —2B **24**
Ennerdale Clo. *L Lev* —2B **32**
Ennerdale Gdns. *Bolt* —2A **24**
Ennerdale Gro. *Farn* —5C **30**
Ennerdale Rd. *Hind* —2A **34**
Enstone Way. *Tyl* —6A **38**
Entwisle Row. *Farn* —5H **31**
Entwisle St. *Farn* —4H **31**
Entwistle St. *Bolt* —3F **23**
Entwistle St. *Wdly* —6F **41**
Ephraim's Fold. *Asp* —5H **17**
Epsom Croft. *And* —2F **7**
Epworth Gro. *Bolt* —2A **30**
 (in two parts)
Era St. *Bolt* —4A **24**
Erman's Bldgs. *Swint* —5H **41**
Ernest St. *Bolt* —5B **22**
 (in two parts)
Ernlouen Av. *Bolt* —3G **21**
Errington Clo. *Bolt* —6F **21**
Erskine Clo. *Bolt* —6E **21**
Eskdale Av. *Blac* —4A **18**
Eskdale Av. *Bolt* —6C **22**
Eskdale Gro. *Farn* —5D **30**
Eskdale Rd. *Hind* —2A **34**
Eskrick St. *Bolt* —2B **22**
Essex Pl. *Clif* —5H **41**
Essex Pl. *Tyl* —4F **37**
Essex Rd. *Stand* —2A **16**

Essex St. *Hor* —2F **19**
Essingdon St. *Bolt* —1B **30**
 (in two parts)
Ethel St. *Bolt* —5B **22**
Europa Trad. Est. *Rad* —6D **32**
Europa Way. *Rad* —6C **32**
Eustace St. *Bolt* —2E **31**
Euxton Clo. *Bury* —2H **25**
Evans St. *Hor* —5E **9**
Evanstone Clo. *Hor* —6D **8**
Everard Clo. *Wor* —6G **39**
Everbrom Rd. *Bolt* —3G **29**
Everest Rd. *Ath* —1C **36**
Everitt St. *Bolt* —1C **22**
Everleigh Clo. *Bolt* —4A **14**
Evesham Clo. *Bolt* —5B **22**
Evesham Dri. *Farn* —3F **31**
Evesham Wlk. *Bolt* —6B **22**
Ewart St. *Bolt* —1C **22**
Exchange St. *Bolt* —4D **22**
Exeter Av. *Bolt* —1F **23**
Exeter Av. *Farn* —4D **30**
Exeter Av. *Rad* —6F **25**
Exeter Dri. *Asp* —6H **17**
Exeter Rd. *Hind* —2A **34**
Exford Dri. *Bolt* —5C **24**
Exhall Clo. *L Hul* —1E **39**
Express Trad. Est. *Farn* —1A **40**

Factory Brow. *Blac* —6H **7**
Factory Hill. *Hor* —5F **9**
Factory La. *Hth C* —1F **7**
Factory St. *Tyl* —6F **37**
Factory St. E. *Ath* —4C **36**
Factory St. W. *Ath* —4C **36**
Fairacres. *Bolt* —6A **14**
Fairbairn St. *Hor* —6D **8**
Fairclough St. *Bolt* —1D **30**
Fairfield Rd. *Farn* —6G **31**
Fairfields. *Eger* —1D **12**
Fairford Dri. *Bolt* —6C **22**
Fairhaven Av. *W'houg* —5B **28**
Fairhaven Rd. *Bolt* —6D **12**
Fairhurst Dri. *Wor* —5D **38**
Fairland Pl. *Bolt* —6F **21**
Fairlie Av. *Bolt* —6F **21**
Fairlyn Clo. *Bolt* —6G **29**
Fairlyn Dri. *Bolt* —6G **29**
Fairmount Av. *Bolt* —3A **24**
Fairoak Ct. *Bolt* —6B **22**
Fair St. *Bolt* —3A **30**
Fair St. *Pen* —6H **41**
Fairway Av. *Bolt* —5C **14**
Fairways. *Hor* —6E **9**
Fairways, The. *W'houg* —5G **27**
Faith St. *Bolt* —2G **21**
Falcon Dri. *L Hul* —2E **39**
Falcon St. *Bolt* —3D **22**
Falkirk Dri. *Bolt* —5B **24**
Falkland Rd. *Los* —3H **19**
Fall Birch Rd. *Los* —3H **19**
Fallons Rd. *Wor* —6E **41**
Fallow Clo. *W'houg* —3G **27**
Faraday Dri. *Bolt* —2C **22**
Faraday Ho. Bolt —2C **22**
 (off Faraday Dri.)
Far Hey Clo. *Rad* —2G **33**
Faringdon Wlk. *Bolt* —6C **22**
Farland Pl. *Bolt* —6F **21**
Farman St. *Bolt* —2B **30**
Farm Av. *Adl* —1E **7**
Farm Clo. *Tot* —3H **15**
Farnborough Rd. *Bolt* —3C **12**
Farndale Sq. *Wor* —4G **39**
Farnham Clo. *Bolt* —6C **22**
Farnworth & Kearsley By-Pass. *Farn*
 —3H **31**
FARNWORTH STATION. BR
 —4A **32**
Farnworth St. *Bolt* —1A **30**
Farringdon Dri. *Rad* —6G **25**
Faulkner St. *Bolt* —4C **22**
Fawcetts Fold. *W'houg* —1G **27**
Fawcett St. *Bolt* —4F **23**
Fearney Side. *L Lev* —2B **32**
Fearnhead Av. *Hor* —4D **8**
Fearnhead Clo. *Farn* —5H **31**
Fearnhead St. *Bolt* —1A **30**

A-Z Bolton 49

Fellbridge Clo.—Grantchester Pl.

Fellbridge Clo. *W'houg* —4A **28**
Fells Gro. *Wor* —6B **40**
Fellside. *Bolt* —6C **14**
Fellside Clo. *G'mnt* —6H **5**
Felsted. *Bolt* —3E **21**
Felton Wlk. *Bolt* —1C **22**
Fenners Clo. *Bolt* —2B **30**
Fenton Way. *Hind* —4B **34**
Fereday St. *Wor* —3H **39**
Fernbank. *Rad* —5H **33**
Fernbray Rd. *Hind* —2C **34**
Fern Clo. *Ath* —5D **36**
Fern Clough. *Bolt* —4F **21**
Ferndown Rd. *Bolt* —6A **14**
Fernhill Av. *Bolt* —1G **29**
Fernhills. *Eger* —5C **2**
Fernhurst Gro. *Bolt* —2C **22**
Fern Lea Ct. *L Hul* —3D **38**
Ferns Gro. *Bolt* —4H **21**
Fernside. *Rad* —6E **33**
Fernside Gro. *Wor* —3A **40**
Fernstead. *Bolt* —5A **22**
Fern St. *Bolt* —5A **22**
Fern St. *Farn* —4A **32**
Fieldbrook Wlk. *W'houg* —4A **28**
 (in two parts)
Fielders Way. *Clif* —3G **41**
Fieldhead Av. *Bury* —1H **25**
Fielding Pl. *Adl* —1F **7**
Fields, The. *Asp* —6G **17**
Field St. *Hind* —3A **34**
Fifth Av. *Bolt* —4H **21**
Fifth Av. *L Lev* —1B **32**
Fifth St. *Bolt* —5F **11**
Filton Av. *Bolt* —6B **22**
Finch Av. *Farn* —6D **30**
Finger Post. *L Lev* —1C **32**
Finlay St. *Farn* —5H **31**
Finney St. *Bolt* —1D **30**
Firethorn Clo. *W'houg* —3H **27**
Firfield Gro. *Wor* —4B **40**
Fir Rd. *Farn* —5F **31**
Firs Pk. Cres. *Asp* —4A **26**
Firs Rd. *Bolt* —1F **37**
First Av. *Ath* —3D **36**
First Av. *L Lev* —1C **32**
First Av. *Tot* —3H **15**
Fir St. *Bolt* —1D **22**
First St. *Bolt* —5F **11**
Fir Tree Way. *Hor* —2G **19**
Firwood Av. *Farn* —6G **31**
Firwood Fold. *Bolt* —6G **13**
Firwood Gro. *Bolt* —1F **23**
Firwood La. *Bolt* —6F **13**
Firwood Stables. *Bolt* —6G **13**
Fishbrook Ind. Est. *Kear* —6B **32**
Fitchfield Wlk. *Wor* —4H **39**
 (off Emlyn St.)
Fitton Cres. *Clif* —4H **41**
Fitton St. *Bolt* —1C **30**
Fitzhugh St. *Bolt* —4E **13**
Five Quarters. *Rad* —6G **25**
Flapper Fold La. *Ath* —3C **36**
Fleet Ho. *Bolt* —2C **22**
 (off Nottingham Dri.)
Fleet St. *Hor* —6F **9**
Fleetwood Rd. *Wor* —4E **39**
Fletcher Av. *Ath* —2D **36**
Fletcher Av. *Clif* —4H **41**
Fletcher St. *Ath* —4C **36**
Fletcher St. *Bolt* —6C **22**
Fletcher St. *Farn* —5H **31**
Fletcher St. *L Lev* —2D **32**
Flitcroft Ct. *Bolt* —1D **30**
Flora St. *Bolt* —1B **30**
Florence Av. *Bolt* —5D **12**
Florence St. *Bolt* —1B **30**
Fogg La. *Bolt* —1H **31**
Fold Rd. *Stone* —6E **33**
Folds Rd. *Bolt* —3E **23**
Folds, The. *Blac* —6G **7**
Fold St. *Farn* —5A **32**
Fold View. *Eger* —6C **2**
Foley St. *Hind* —2A **34**
Fontwell Rd. *L Lev* —1C **32**
Forbes Clo. *Hind* —6A **26**
Fordham Gro. *Ath* —3A **22**
Ford St. *Stone* —5C **32**
Forest Dri. *W'houg* —5A **28**

Forester Hill Av. *Bolt* —2D **30**
 (in two parts)
Forester Hill Clo. *Bolt* —2D **30**
Foresters Clo. *Bick* —6A **34**
Forest Rd. *Bolt* —6H **11**
Forest Way. *Brom X* —2G **13**
Forfar St. *Bolt* —4C **12**
Formby Av. *Ath* —3D **36**
Forth Pl. *Rad* —6H **25**
Forth Rd. *Rad* —6H **25**
Forton Av. *Bolt* —4A **24**
Fortune St. *Bolt* —6F **23**
Fossgill Av. *Bolt* —4G **13**
Foster La. *Bolt* —2B **24**
Foster St. *Rad* —2H **33**
Foster Ter. *Bolt* —2C **22**
 (off Barnwood Dri.)
Foundry St. *Bolt* —6D **22**
 (Bolton)
Foundry St. *Bolt* —2C **32**
 (Little Lever)
Fountain Pk. *W'houg* —2F **35**
Fountains Av. *Bolt* —2G **23**
Fourth Av. *Bolt* —4H **21**
Fourth Av. *L Lev* —1B **32**
Fourth St. *Bolt* —5F **11**
Fowler Ind. Pk. *Hor* —1E **19**
Foxdale Clo. *Tur* —1A **4**
Foxendale Wlk. *Bolt* —6D **22**
Foxholes Rd. *Hor* —5F **9**
Foxley Gro. *Bolt* —5B **22**
Foxley Ho. *W'houg* —6C **26**
Fox St. *Hor* —1E **19**
Frances Pl. *Ath* —6A **36**
Frances St. *Bolt* —1B **22**
France St. *Hind* —1A **34**
France St. *W'houg* —1G **35**
Francis Av. *Wor* —5B **40**
Francis St. *Ast* —6B **38**
Francis St. *Farn* —4G **31**
Francis St. *Hind* —2A **34**
Frankford Av. *Bolt* —1A **22**
Frankford Sq. *Bolt* —1A **22**
Frank St. *Bolt* —1B **22**
Fraser Ho. *Bolt* —2B **22**
 (off Kirk Hope Dri.)
Fraser St. *Pen* —6H **41**
Freckleton Dri. *Bury* —3H **25**
Frederick Ct. *Farn* —5A **32**
Frederick St. *Farn* —5H **31**
Freelands. *Tyl* —6A **38**
French Gro. *Bolt* —6H **23**
Frenchwood Ct. *Asp* —6G **17**
Freshfield Av. *Ath* —3C **36**
Freshfield Av. *Bolt* —3B **30**
Freshfield Gro. *Bolt* —3D **30**
Freshfield Rd. *Hind* —2B **34**
Freshfields. *Rad* —6F **25**
Fresia Av. *Wor* —4D **38**
Friars Clo. *Tyl* —6B **38**
Frinton Rd. *Bolt* —2F **30**
Frogley St. *Bolt* —6F **13**
Fryent Clo. *Blac* —1H **17**
Fulbrook Way. *Tyl* —6A **38**
Fulmar Clo. *W'houg* —1F **35**
Fulwood Clo. *Bury* —2H **25**
Furness Av. *Bolt* —1F **23**
Furness Cres. *Leigh* —6F **35**
Furness Rd. *Bolt* —4H **21**
Furness Sq. *Bolt* —1F **23**
Furze Av. *W'houg* —6H **27**
Fylde Av. *Bolt* —4A **24**
Fylde St. *Bolt* —3H **31**
Fylde St. E. *Bolt* —3H **31**

G

Gable St. *Bolt* —4H **13**
Gadbury Av. *Ath* —4B **36**
Gainford Wlk. *Bolt* —1C **30**
Gainsborough Av. *Bolt* —2A **30**
Galey St. *Bolt* —1F **21**
Galgate Clo. *Bury* —2H **25**
Galindo St. *Bolt* —5G **13**
Galloway Clo. *Bolt* —6E **21**
Galloway Dri. *Clif* —3H **41**
Garden City. *Ram* —5H **5**
Gardens, The. *Bolt* —3D **12**
Gardens, The. *Tur* —3H **3**
Garden St. *Kear* —5A **32**

Garden St. *Tot* —2H **15**
Garfield Gro. *Bolt* —6B **22**
Gargrave Av. *Bolt* —1F **21**
Garnett St. *Bolt* —6C **12**
Garsdale La. *Bolt* —4D **20**
Garside Gro. *Bolt* —1A **22**
Garside St. *Bolt* —4C **22**
Garstang Av. *Bolt* —5A **24**
Garstang Dri. *Bury* —2H **25**
Garston Av. *Ath* —2B **36**
Garston Clo. *Leigh* —6G **35**
Garswood Rd. *Bolt* —3C **30**
Garthmere Rd. *Ath* —2F **37**
Garwick Rd: *Bolt* —6H **11**
Gaskell St. *Bolt* —3B **22**
Gaskell St. *Bolt* —4A **22**
Gaskell St. *Pen* —5H **41**
Gas St. *Bolt* —4C **22**
Gas St. *Farn* —4H **31**
Gate Field Clo. *Rad* —2G **33**
Gatehouse Rd. *Wor* —3E **39**
Gateways, The. *Pen* —6H **41**
Gaythorne St. *Bolt* —6D **12**
Gazebo Clo. *Wor* —4D **38**
Gellert Pl. *W'houg* —1G **35**
Gellert Rd. *W'houg* —1G **35**
Gendre St. *Eger* —1C **12**
Geoffrey St. *Bolt* —6F **29**
George Av. *Tyl* —6F **37**
George Barton St. *Bolt* —2F **23**
Georges La. *Hor* —2F **9**
George St. *Ath* —4D **36**
George St. *Farn* —6F **31**
George St. *Hind* —2A **34**
George St. *Hor* —6E **9**
George St. *Rad* —2H **33**
George St. *W'houg* —5H **27**
Georgiana St. *Farn* —3F **31**
Georgian Ct. Tyl —6F **37**
 (off Market St.)
Georgina Ct. *Bolt* —2H **29**
Georgina St. *Bolt* —3H **29**
Gerrard Clo. *Ince* —3A **26**
Gerrard St. *Kear* —5A **32**
Gerrard St. *W'houg* —4G **27**
Ghyll Gro. *Wor* —5A **40**
Gibb Fold. *Ath* —3D **36**
Gibbon St. *Bolt* —6B **22**
Gibraltar St. *Bolt* —5B **22**
Gibson Gro. *Wor* —4E **39**
Gibson La. *Wor* —4E **39**
Gibson St. *Bick* —6A **34**
Gibson St. *Bolt* —2G **23**
Gidlow Av. *Adl* —2E **7**
Gidlow St. *Hind* —1A **34**
Gifford Pl. *Hind* —4B **34**
Gilderdale St. *Bolt* —1E **31**
Gillers Grn. *Wor* —4G **39**
Gilliburns Wlk. *W'houg* —2H **35**
Gilnow Gdns. *Bolt* —5B **22**
Gilnow Gro. *Bolt* —5B **22**
Gilnow La. *Bolt* —5A **22**
Gilnow Rd. *Bolt* —5A **22**
Gingham Brow. *Hor* —5F **9**
Gingham Pk. *Rad* —6G **25**
Girton St. *Bolt* —4H **23**
Girvan Clo. *Bolt* —2A **30**
Gisburn Av. *Bolt* —1E **21**
Gisburn Dri. *Bury* —6G **15**
Glabyn Av. *Los* —3H **19**
Glade St. *Bolt* —4A **22**
Glade, The. *Bolt* —4A **22**
Gladstone Clo. *Bolt* —1C **22**
Gladstone Ct. *Farn* —4G **31**
Gladstone Rd. *Farn* —4G **31**
Gladstone St. *Bolt* —1C **22**
Gladstone St. *W'houg* —4G **27**
Gladys St. *Bolt* —3H **31**
Glaisdale Clo. *Bolt* —1F **23**
Glaisdale St. *Bolt* —1F **23**
Glaister La. *Bolt* —2H **23**
Glass St. *Farn* —6G **31**
Glastonbury Gdns. *Rad* —6G **25**
Gleaves Av. *Bolt* —5C **14**
Gleave St. Bolt —3D **22**
 (off Bark St.)
Glebeland Rd. *Bolt* —6H **21**
Glebe St. *Bolt* —5E **23**

Glebe St. *W'houg* —4G **27**
Gledhill Way. *Brom X* —6E **3**
Glen Av. *Bolt* —6H **21**
Glen Av. *Kear* —1D **40**
Glen Av. *Swint* —6F **41**
Glen Bott St. *Bolt* —1B **22**
Glenbrook Gdns. *Farn* —3H **31**
Glenburn St. *Bolt* —2B **30**
Glencar. *W'houg* —6F **27**
Glencoe. *Bolt* —4F **23**
Glencoe Dri. *Bolt* —5B **24**
Glen Cotts. *Bolt* —6E **11**
Glencoyne Dri. *Bolt* —3B **12**
Glendale Dri. *Bolt* —5F **21**
Glendevon Clo. *Bolt* —6F **21**
Gleneagles. *Bolt* —2F **29**
Glenfield Sq. *Farn* —3F **31**
Glengarth Gro. *Los & Bolt* —5C **20**
Glenluce Wlk. *Bolt* —6E **21**
Glenmaye Gro. *Hind* —2C **34**
Glenmore Av. *Farn* —3E **31**
Glenmore Clo. *Bolt* —6E **21**
Glenmore Rd. *Ram* —5H **5**
Glenridge Clo. *Bolt* —1D **22**
Glenshee Dri. *Bolt* —6F **21**
Glenside Dri. *Bolt* —3D **30**
Glenside Gro. *Wor* —3A **40**
Glen, The. *Bolt* —4E **21**
Glenthorne St. *Bolt* —2C **22**
Glentress M. *Bolt* —3G **21**
Glentrool M. *Bolt* —4G **21**
Globe La. *Eger* —4B **2**
Glossop Way. *Hind* —4B **34**
Gloster St. *Bolt* —4E **23**
Gloucester Av. *Bolt* —1F **19**
Gloucester Ct. *Hor* —1F **19**
Gloucester Cres. *Hind* —1A **34**
Gloucester Pl. *Ath* —3D **36**
Gloucester St. *Ath* —4B **36**
Glover St. *Hor* —5D **8**
Glover St. *Leigh* —6E **35**
Glynne St. *Farn* —5G **31**
Glynrene Dri. *Wdly* —6E **41**
Glynwood Pk. *Farn* —4G **31**
Golborne Ho. *Bolt* —3D **22**
Goldrill Av. *Bolt* —3B **24**
Goldrill Gdns. *Bolt* —3B **24**
Goldsmith St. *Bolt* —1B **30**
Goldstien Rd. *Los* —1B **28**
Gooch St. *Hor* —1E **19**
Gooden Pl. *Farn* —3G **31**
Goodfellow Pl. *L Hul* —1E **39**
Goodwin St. *Bolt* —3E **23**
Goodwood Clo. *L Lev* —2B **32**
Goosecote Hill. *Eger* —5C **2**
Gordon Av. *Bolt* —6A **22**
Gorse Dri. *L Hul* —1D **38**
Gorse Rd. *Wor* —5A **40**
Gorses Dri. *Asp* —5G **17**
Gorses Mt. *Bolt* —6G **23**
Gorsey Clough Dri. *Tot* —4H **15**
Gorsey Clough Wlk. *Tot* —4H **15**
Gorsey Hey. *W'houg* —6G **27**
Gorton Fold. *Hor* —6E **9**
Gorton Gro. *Wor* —2G **39**
Gorton St. *Bolt* —5E **23**
Gorton St. *Farn* —6F **31**
Gowanlock's St. *Bolt* —1C **22**
Gower St. *Bolt* —3B **22**
Gower St. *Farn* —4G **31**
Goy Ct. *Nwtwn* —5H **41**
Grab Brow. *Ath* —4B **36**
Grace St. *Hor* —5D **8**
Grafton St. *Adl* —3D **6**
Grafton St. *Ath* —6A **36**
Grafton St. *Bolt* —3B **22**
Graham St. *Bolt* —3D **22**
Granby St. *Tot* —5H **15**
Grange Av. *L Lev* —2E **33**
Grange Av. *Swint* —5F **41**
Grange Pk. Rd. *Brom X* —3G **13**
Grange Rd. *Bick* —6A **34**
Grange Rd. *Bolt* —6H **21**
Grange Rd. *Brom X* —2G **13**
Grange Rd. *Farn* —4E **31**
Grange St. *Hind* —3A **34**
Grange Way. *Hind* —2C **34**
Grangewood. *Brom X* —2G **13**
Grantchester Pl. *Farn* —4D **30**

50 A-Z Bolton

Grantchester Way—Hawthorne Av.

Grantchester Way. *Bolt* —2A **24**
Grantham Clo. *Bolt* —2C **22**
Grant St. *Farn* —3F **31**
Granville Rd. *Bolt* —2A **30**
Granville St. *Adl* —2E **7**
Granville St. *Farn* —3H **31**
Granville St. *Hind* —2A **34**
Granville St. *Wdly* —5E **41**
Grasmere Av. *Farn* —6D **30**
Grasmere Av. *L Lev* —4G **27**
Grasmere Av. *Wdly* —5E **41**
Grasmere St. *Bolt* —1D **22**
Grasscroft Rd. *Hind* —3C **34**
Grassington Ct. *Wals* —5H **15**
Grassington Pl. *Bolt* —2E **23**
Grathome Wlk. *Bolt* —1C **30**
Gratten Ct. *Wor* —3G **39**
Graves St. *Rad* —5H **25**
Gray Ho. Bolt —3C 22
(off Gray St.)
Graymar Rd. *L Hul* —3E **39**
Grayson Rd. *L Hul* —3F **39**
Gray St. *Bolt* —3C **22**
Gray St. N. *Bolt* —3D **22**
Graythwaite Rd. *Bolt* —1F **21**
Gt. Bank Rd. *Wing I* —2F **27**
Gt. Holme. *Bolt* —1D **30**
Gt. Marld Clo. *Bolt* —1F **21**
Gt. Moor St. *Bolt* —5D **22**
Gt. Stone Clo. *Eger* —5C **2**
Greatstone Clo. *Rad* —2F **33**
Greaves Av. *Bolt* —1D **30**
Grecian Cres. *Bolt* —1D **30**
Green Acre. *W'houg* —6H **27**
Greenacres. *Tur* —1A **4**
Green Av. *Bolt* —2F **31**
Green Av. *L Hul* —2C **38**
Green Bank. *Bolt* —6A **14**
Green Bank. *Farn* —4G **31**
Greenbank. *Hind* —4C **34**
Greenbank. *Hor* —2F **19**
Greenbank Ct. Tyl —6G 37
(off Green St.)
Greenbank Rd. *Bolt* —6H **21**
(in two parts)
Green Bank Rd. *Rad* —6H **25**
Green Barn. *Blac* —2A **18**
Greenbarn Way. *Blac* —1H **17**
Greenburn Dri. *Farn* —1A **24**
Green Clo. *Ath* —6E **37**
Green Comn. La. *W'houg* —1B **36**
Greencourt Dri. *L Hul* —7D **38**
Greendale. *Ath* —3E **37**
Green Dri. *Los* —4C **20**
Greenfield Clo. *W'houg* —4A **28**
Greenfield Rd. *Adl* —1E **7**
Greenfield Rd. *Ath* —2E **37**
Greenfield Rd. *L Hul* —3F **39**
Greenfields Clo. *Hind* —1B **34**
Greenfold Av. *Farn* —6F **31**
Green Fold La. *W'houg* —6G **27**
Greengate La. *Bolt* —3B **24**
Greenhalgh La. *And* —1F **7**
Green Hall Clo. *Ath* —2F **37**
Greenhead Wlk. *Bolt* —1C **30**
Greenheys. *Adl* —2E **7**
Greenheys Cres. *G'mnt* —6H **5**
Greenheys Rd. *L Hul* —1C **38**
Greenhill Av. *Bolt* —6H **21**
Greenhill Av. *Farn* —6G **31**
Greenhill La. *Bolt* —1F **29**
Greenhill Rd. *Bury* —2H **25**
Greenland La. *Grim V & Hor* —4H **7**
Greenland Rd. *Bolt & Farn* —2D **30**
Green La. *Bolt* —2D **30**
Green La. *Hor* —4D **8**
Green La. *Kear* —6C **32**
Greenleas. *Los* —5C **20**
Green Meadows. *W'houg* —5F **27**
Greenmount Clo. *G'mnt* —5H **5**
Greenmount Ct. *Bolt* —3G **21**
Green Mt. Dri. *G'mnt* —5H **5**
Greenmount Ho. *Bolt* —4G **21**
Greenmount La. *Bolt* —2F **21**
Greenmount Pk. *Kear* —6C **32**
Greenoak. *Rad* —6E **33**
Greenoak Dri. *Wor* —2G **39**
Greenock Clo. *Bolt* —6E **21**

Greenough St. *Ath* —6A **36**
Green Pk. Clo. *G'mnt* —6H **5**
Greenpine Ind. Pk. *Hor* —4F **19**
Green Pine Rd. *Hor* —4F **19**
Greenroyd Av. *Bolt* —1A **24**
Greens Arms Rd. *Tur* —1C **2**
Greenside. *Bolt* —2E **25**
Greenside. *Farn* —4G **31**
Greenside Av. *Kear* —1B **40**
Greenside Clo. *Hawk* —4D **4**
Greenside Dri. *G'mnt* —6H **5**
Greensmith Way. *W'houg* —3G **27**
Greenstone Av. *Hor* —6C **8**
Green St. *And* —1F **7**
Green St. *Ath* —5E **37**
(Atherton)
Green St. *Ath* —6G **37**
(Tyldesley)
Green St. *Bolt* —4D **22**
Green St. *Farn* —4G **31**
Green St. *Rad* —2H **33**
(in two parts)
Green St. *Tot* —5H **15**
Green St. *Tyl* —6G **37**
Green, The. *G'mnt* —6H **5**
Greenthorne Clo. *Tur* —1A **4**
Green Wlk. *Blac* —2H **17**
Green Way. *Bolt* —6E **13**
Greenway. *Hor* —6H **9**
Greenway Clo. *Bolt* —5E **13**
Greenwood Av. *Hor* —2F **19**
Greenwood Av. *Wor* —3G **39**
Greenwood La. *Hor* —2G **19**
Greenwoods La. *Bolt* —5B **14**
Greenwood St. *Farn* —5H **31**
Greenwood Vale. *Bolt* —6C **12**
Gregory Av. *Ath* —2C **36**
Gregory Av. *Bolt* —3A **24**
Gregory St. *W'houg* —6G **26**
Gregson Field. *Bolt* —1C **30**
(in two parts)
Grenaby Av. *Wig* —2C **34**
Grendon St. *Bolt* —2A **30**
Gresham St. *Bolt* —6D **12**
Gresley Av. *Hor* —6E **9**
Gretna Rd. *Ath* —6A **36**
Greystede Dri. *Bolt* —3B **12**
Greystone Av. *Asp* —6G **17**
Grierson St. *Bolt* —6C **12**
Grimeford La. *Blac & And* —5F **7**
Grindrod St. *Rad* —1H **33**
(in two parts)
Grindsbrook Rd. *Rad* —4H **25**
Grizedale Clo. *Bolt* —1F **21**
Grosvenor Clo. *Wor* —2G **39**
Grosvenor Dri. *Wor* —2G **39**
Grosvenor Rd. *Wor* —2G **39**
Grosvenor St. *Bolt* —5E **23**
Grosvenor St. *Hind* —2A **34**
Grosvenor St. *Kear* —5A **32**
Grosvenor St. *L Lev* —1C **32**
Grosvenor St. *Pen* —5H **41**
Grosvenor St. *Rad* —1H **33**
Grosvenor Way. *Hor* —6E **9**
Grove Cres. *Adl* —2E **7**
Grove Mt. *Wor* —4H **39**
Grove St. *Bolt* —1B **22**
Grove St. *Kear* —5A **32**
Grove, The. *Bolt* —6F **23**
Grove, The. *L Lev* —2D **32**
Grove, The. *W'houg* —5G **27**
Grundy Rd. *Kear* —6A **32**
Grundy St. *W'houg* —4G **27**
Grundy St. *Wor* —4B **40**
Guido St. *Bolt* —1B **22**
Guild Av. *Wor* —5H **39**
Guildford St. *Bolt* —1H **21**
Guild St. *Brom X* —2E **13**
Gunters Av. *W'houg* —1H **35**

Hacken Bri. Rd. *Bolt* —1G **31**
Hacken La. *Bolt* —1G **31**
Hackford Clo. *Bolt* —3A **22**
Hackney Clo. *Rad* —6H **25**
Hadleigh Clo. *Bolt* —3E **13**
Hadwin St. *Bolt* —2D **22**

Hag End Brow. *Bolt* —6G **23**
HAG FOLD STATION. *BR* —2C **36**
Haigh Rd. *Haig* —4F **17**
Haigh St. *Bolt* —3D **22**
Halbury Wlk. Bolt —1D 22
(off Ulleswater St.)
Halesfield. *Hind* —5D **34**
Half Acre. *Rad* —5G **25**
Half Acre La. *Blac* —1G **17**
(in two parts)
Haliwell St. *Bolt* —1B **22**
Hall Coppice, The. *Eger* —6B **2**
Hall Ga. *W'houg* —2G **35**
Hallington Clo. *Bolt* —1C **30**
Hall i' th' Wood. *Bolt* —5E **13**
Hall i' th' Wood La. *Bolt* —6F **13**
HALL I' TH' WOOD STATION. *BR*
—6F **13**
Halliwell Ind. Est. Bolt —6B 12
(off Rossini St.)
Halliwell Rd. *Bolt* —6A **12**
Hall La. *Farn* —3H **31**
(in two parts)
Hall La. *Hind* —3A **26**
Hall La. *Hor* —4G **19**
Hall La. Gro. *Hind* —5A **26**
Hall Lee Dri. *W'houg* —4A **28**
Hallstead Av. *L Hul* —3C **38**
Hallstead Gro. *L Hul* —3C **38**
Hall St. *Bolt* —3H **31**
(in two parts)
Hall St. *Pen* —5H **41**
Hall St. *Rad* —5H **25**
Hall St. *Wals* —5H **15**
Halsall Dri. *Bolt* —3C **30**
Halshaw La. *Kear* —6B **32**
Halstead St. *Bolt* —4E **23**
Halton St. *Bolt* —4F **23**
Hambledon Clo. *Ath* —2E **37**
Hambledon Clo. *Bolt* —6F **21**
Hambleton Clo. *Bury* —2H **25**
Hamel St. *Bolt* —2B **30**
Hamilton Ct. *L Lev* —2D **32**
Hamilton Rd. *Hind* —3B **34**
Hamilton St. *Ath* —5B **36**
Hamilton St. *Bolt* —4C **12**
Hamilton St. *Swint* —6F **41**
Hamlet, The. *Los* —3B **20**
Hamnet Clo. *Bolt* —4E **13**
Hampson Fold. *Rad* —1H **33**
Hampson St. *Ath* —4C **36**
Hampson St. *Hor* —5D **8**
Hampson St. *Pen* —6H **41**
Hampton Rd. *Bolt* —2E **31**
Hanborough Ct. *Tyl* —6E **37**
Handel St. *Bolt* —6B **12**
Hanover Ct. Bolt —6H 21
(off Greenbank Rd.)
Hanover Ho. *Bolt* —2H **29**
Hanover St. *Bolt* —4C **22**
Hanson St. *Adl* —3D **6**
Harbern Dri. *Leigh* —5F **35**
Harborne Wlk. *G'mnt* —6H **5**
Harbour La. *Tur* —2H **3**
Harbour M. Ct. *Brom X* —1F **13**
Harbourne Av. *Wor* —2H **39**
Harcourt Ind. Cen. *Wor* —2H **39**
Harcourt M. *Hor* —5D **8**
Harcourt St. *Farn* —3H **31**
Harcourt St. *Wor* —2H **39**
Harcourt St. S. *Wor* —2H **39**
Hardcastle St. *Bolt* —1D **22**
Harden Dri. *Bolt* —1H **23**
Hardie Av. *Farn* —6F **31**
Harding St. *Adl* —2F **7**
Hardman Clo. *Rad* —5H **25**
Hardmans. *Brom X* —2D **12**
Hardman's. *Brom X* —1H **12**
Hardman St. *Farn* —4H **32**
(in two parts)
Hardman St. *Rad* —5H **25**
Hardwick Clo. *Rad* —6D **24**
Hardy Clo. *W'houg* —2H **27**
Hardy Mill Rd. *Bolt* —5B **14**
Harebell Av. *Wor* —4D **38**
Harewood Way. *Clif* —5H **41**
Hargreaves Ho. *Bolt* —5C **22**
Hargreaves St. *Bolt* —1C **22**
Harlea Av. *Hind* —4C **34**

Harlech Av. *Hind* —3C **34**
Harlesden Cres. *Bolt* —6A **22**
Harley Av. *Ain* —2F **25**
Harley Av. *Harw* —6A **14**
Haroldene St. *Bolt* —1F **23**
Harold St. *Asp* —6H **17**
Harold St. *Bolt* —1B **22**
Harper Fold Rd. *Rad* —2F **33**
Harper Grn. Rd. *Farn* —3F **31**
Harper's La. *Bolt* —1H **21**
Harper St. *Farn* —3F **31**
Harpford Clo. *Bolt* —6C **24**
Harpford Dri. *Bolt* —6C **24**
Harriet St. *Bolt* —3H **29**
Harriet St. *Wor* —4H **39**
Harrison Cres. *Blac* —6F **7**
Harrison Rd. *Adl* —3D **6**
Harrison St. *Hind* —4D **34**
Harrison St. *Hor* —5D **8**
Harrison St. *L Hul* —3E **39**
Harris St. *Bolt* —5C **22**
Harrogate Sq. *Bury* —2H **25**
Harrop St. *Bolt* —1G **29**
Harrop St. *Wor* —4F **39**
Harrowby Ct. *Farn* —5F **31**
Harrowby Fold. *Farn* —5G **31**
Harrowby La. *Farn* —5G **31**
Harrowby Rd. *Bolt* —1F **21**
(Doffcocker)
Harrowby Rd. *Bolt* —2G **29**
(Fernhill Gate)
Harrowby St. *Farn* —5F **31**
Harrow Rd. *Bolt* —3H **21**
Hartfield Wlk. *Bolt* —3G **23**
Hartington Rd. *Bolt* —4A **22**
Hartland Ct. Bolt —6C 12
(off Blackburn Rd.)
Hartley St. *Hor* —1D **18**
Hart St. *Tyl* —6A **38**
Hart St. *W'houg* —6D **26**
Hartwell Clo. *Bolt* —6G **13**
Harvey St. *Bolt* —3H **23**
Harwood Cres. *Tot* —2G **15**
Harwood Dri. *Bury* —2H **25**
Harwood Gro. *Bolt* —2F **23**
Harwood Meadow. *Bolt* —6B **14**
Harwood Rd. *Tot* —5E **15**
Harwood St. *Bolt* —3D **22**
Harwood Vale. *Bolt* —6A **14**
Harwood Vale Ct. *Bolt* —6A **14**
Harwood Wlk. *Tot* —2G **15**
Haseley Clo. *Rad* —6D **24**
Hasguard Clo. *Bolt* —3F **21**
Haskoll St. *Hor* —2F **19**
Haslam Ct. *Bolt* —6H **21**
Haslam Hey Clo. *Bury* —1G **25**
Haslam St. *Bolt* —6B **22**
Hastings Rd. *Bolt* —3H **21**
Hatfield Rd. *Bolt* —2A **22**
Hatford Clo. *Tyl* —2A **38**
Hathaway Dri. *Bolt* —4E **13**
Hatherleigh Wlk. *Bolt* —5B **24**
Hatton Av. *Ath* —2D **36**
Hatton Gro. *Bolt* —4E **13**
Hatton St. *Adl* —3E **7**
Haven Clo. *Rad* —6F **25**
Haven, The. *L Lev* —2C **32**
Havercroft Pk. *Bolt* —3D **20**
Haverhill Gro. *Bolt* —1F **23**
Havisham Clo. *Los* —1B **28**
Hawarden St. *Bolt* —4C **12**
Hawes Av. *Farn* —5C **30**
Hawker Av. *Bolt* —2B **30**
Hawkeshcath Clo. *Eger* 6D **2**
Hawkshaw La. *Hawk* —4D **4**
Hawkshaw St. *Hor* —6D **8**
Hawkshead Dri. *Bolt* —2G **29**
Hawksley St. *Hor* —1F **19**
Hawkstone Clo. *Bolt* —6A **14**
Haworth St. *Tur* —2H **3**
Haworth St. *Wals* —5G **15**
Hawthorn Av. *Hind* —4C **34**
Hawthorn Av. *Stand* —5A **16**
Hawthorn Av. *Wor* —6A **40**
Hawthorn Bank. *Bolt* —5A **14**
Hawthorn Clo. *Tyl* —6B **38**
Hawthorn Cres. *Tot* —2H **15**
Hawthorne Av. *Farn* —5F **31**
Hawthorne Av. —2G **19**

A-Z Bolton 51

Hawthorne Rd.—Horwich Bus. Pk.

Hawthorne Rd. *Bolt* —6H **21**
Hawthorne St. *Bolt* —6H **21**
Hawthorn Rd. *Kear* —2D **40**
Hawthorn Rd. *W'houg* —6H **27**
Hawthorns, The. *Ath* —4D **36**
  (off Water St.)
Haydn St. *Bolt* —1B **22**
Haydock La. *Brom X* —6E **3**
  (in two parts)
Haydock St. *Bolt* —3D **22**
Hayfield Clo. *G'mnt* —6H **5**
Haymill Av. *L Hul* —1E **39**
Haynes St. *Bolt* —2H **29**
Haysbrook Av. *Wor* —3D **38**
Hayward Av. *L Hul* —2E **33**
Hazel Av. *L Hul* —2C **38**
Hazel Av. *Rad* —5C **32**
Hazel Av. *Tot* —4H **15**
Hazel Av. *W'houg* —6H **27**
Hazeldene. *W'houg* —2F **35**
Hazel Gro. *Farn* —5F **31**
Hazel Gro. *Bolt* —5H **33**
Hazelhurst Clo. *Bolt* —1C **22**
Hazelmere. *Kear* —6C **32**
Hazelmere Gdns. *Hind* —3A **34**
Hazel Mt. *Eger* —5C **2**
Hazel Rd. *Ath* —3C **36**
Hazelwood Av. *Bolt* —6A **14**
Hazelwood Rd. *Bolt* —1H **21**
Headingley Way. *Bolt* —2B **30**
Heaplands. *G'mnt* —6H **5**
Heap St. *Bolt* —6C **22**
Heapy Clo. *Bury* —2H **25**
Heath Clo. *Bolt* —3H **29**
Heath Cotts. *Bolt* —3B **12**
Heather Bank. *Tot* —2G **15**
Heather Clo. *Hor* —5D **8**
Heatherfield. *Bolt* —4B **12**
Heatherfield. *Tur* —1A **4**
Heathfield. *Hth C* —1D **6**
Heathfield. *Farn* —4A **32**
Heathfield. *Harw* —5B **14**
Heathfield Dri. *Bolt* —3H **29**
Heathfield Dri. *Tyl* —6B **38**
Heath Gdns. *Hind* —4E **35**
Heathlea. *Hind* —5E **35**
Heathside Gro. *Wor* —4A **40**
Heaton Av. *Bolt* —2F **21**
Heaton Av. *Brad* —4A **14**
Heaton Av. *Farn* —5G **31**
Heaton Av. *L Lev* —1C **32**
Heaton Ct. *Bolt* —4F **21**
Heaton Ct. Gdns. *Bolt* —4E **21**
Heaton Grange Dri. *Bolt* —4G **21**
Heaton Rd. *Brad F* —6D **24**
Heaton Rd. *Los* —6C **20**
Heatons Gro. *W'houg* —3A **28**
Heaton St. *Asp* —6H **17**
Heaviley Gro. *Hor* —4C **8**
Hebble Clo. *Bolt* —4F **13**
Hebden Ct. *Bolt* —3C **22**
Hedley St. *Bolt* —1A **22**
Heights, The. *Hor* —2F **19**
Helen St. *Farn* —5H **31**
Helias Clo. *Wor* —4D **38**
Helmsdale. *Wor* —5B **38**
Helmsdale Av. *Bolt* —5F **21**
Helmsdale Clo. *Ram* —3H **5**
Helmshore Rd. *Holc* —1H **5**
Helsby Gdns. *Bolt* —5D **12**
Hemley Clo. *W'houg* —1G **35**
Hemsby Clo. *Bolt* —1G **29**
Hemsworth Rd. *Bolt* —3B **22**
Henderson Av. *Pen* —6H **41**
Hengist St. *Bolt* —4G **23**
Henley Gro. *Bolt* —2B **30**
Henley St. *Asp* —5F **17**
Hennicker St. *Wor* —6H **39**
Henniker Rd. *Bolt* —3G **29**
Hennon St. *Bolt* —2B **22**
Henrietta St. *Bolt* —1H **29**
Henry Herman St. *Bolt* —2G **29**
  (in two parts)
Henry Lee St. *Bolt* —2A **30**
Henry St. *Bolt* —5E **23**
Henry St. *Tyl* —6G **37**
Henshaw Wlk. *Bolt* —1C **22**
  (off Madeley Gdns.)
Herbert St. *Hor* —5C **8**

Herbert St. *L Lev* —2D **32**
Herbert St. *Rad* —6H **25**
Herbert St. *W'houg* —3G **27**
Hereford Cres. *L Lev* —1C **32**
Hereford Rd. *Bolt* —3H **21**
Hereford Rd. *Hind* —1B **34**
Hereford St. *Bolt* —1D **22**
Heron Av. *Farn* —5D **30**
Heron St. *Pen* —6H **41**
Heron's Way. *Bolt* —6E **23**
Hertford Dri. *Tyl* —4G **37**
Hesketh Av. *Bolt* —4D **12**
Hesketh St. *Ath* —3D **36**
Hesketh Wlk. *Farn* —5H **31**
Heswall Dri. *Wals* —4G **15**
Hewlett St. *Bolt* —4E **23**
Hewlett St. *W'houg* —6D **26**
Hexham Av. *Bolt* —2F **21**
Hexham Clo. *Ath* —3E **37**
Hey Head Cotts. *Bolt* —4D **14**
Heys Av. *Wdly* —5E **41**
Heys Clo. N. *Wdly* —5E **41**
Heywood Gdns. *Bolt* —1C **30**
Heywood Ho. *Ath* —4C **36**
Heywood Pk. View. *Bolt* —1C **30**
Heywood's Hollow. *Bolt* —6D **12**
Heywood St. *Bolt* —3D **22**
Heywood St. *L Lev* —2D **32**
Hibbert St. *Bolt* —1D **22**
Hibernia St. *Bolt* —6A **22**
High Av. *Bolt* —3A **22**
High Bank. *Ath* —1G **37**
High Bank. *Brom X* —2D **12**
High Bank La. *Los* —4B **20**
High Bank St. *Bolt* —4G **23**
High Beeches. *Brad F* —6D **24**
Highbridge Clo. *Bolt* —5C **24**
Highbrook Gro. *Bolt* —2D **22**
Highbury Clo. *W'houg* —1F **35**
Higher Ainsworth Rd. *Rad* —4G **25**
Higher Barn. *Hor* —6H **9**
Higher Bri. St. *Bolt* —2D **22**
Higher Darcy St. *Bolt* —6G **23**
Higher Dean St. *Rad* —2G **33**
Higher Drake Meadow. *W'houg*
  —2G **35**
Higher Dunscar. *Eger* —6C **2**
Higher Mkt. St. *Farn* —5A **32**
  (in two parts)
Higher Pit La. *Rad* —3G **25**
Higher Ridings. *Brom X* —1D **12**
  (in two parts)
Higher Shady La. *Brom X* —2F **13**
Higher Southfield. *W'houg* —6G **27**
Higher Swan La. *Bolt* —1B **30**
Highfield Av. *Ath* —2E **37**
Highfield Av. *Bolt* —6C **14**
Highfield Clo. *Adl* —2E **7**
Highfield Dri. *Farn* —5E **31**
Highfield Gro. *Asp* —6G **17**
Highfield Ho. *Farn* —5D **30**
Highfield Rd. *Adl* —1E **7**
Highfield Rd. *Blac* —2A **18**
Highfield Rd. *Bolt* —1H **21**
Highfield Rd. *Farn* —5C **30**
Highfield Rd. *Hind* —6A **26**
Highfield Rd. *L Hul* —2D **38**
Highfield Rd. Ind. Est. *L Hul*
  —1D **38**
Highfield Rd. N. *Adl* —1E **7**
Highfield St. *Kear* —1C **40**
Highgate. *Bolt* —3C **28**
Highgate Dri. *L Hul* —2C **38**
Highgate La. *L Hul* —2C **38**
Highgrove Clo. *Bolt* —5D **12**
Highgrove, The. *Bolt* —2D **20**
High Houses. *Bolt* —3B **12**
Highland Rd. *Brom X* —1F **13**
Highland Rd. *Hor* —2G **19**
High Meadow. *Brom X* —1F **13**
Highmeadow. *Rad* —4H **33**
High Mt. *Bolt* —6A **14**
High Rid La. *Los* —3A **20**
High Stile St. *Kear* —6A **32**
High St. Bury, *Bury* —6H **15**
High St. Atherton, *Ath* —4D **36**
High St. Bolton, *Bolt* —1B **30**
High St. Horwich, *Hor* —5D **8**
High St. Little Lever, *L Lev* —2D **32**

High St. Turton, *Tur*   3G **3**
High St. Tyldesley, *Tyl* —6F **37**
High St. Worsley, *Wor* —4G **39**
High View St. *Bolt* —1A **30**
  (Daubhill)
Highview St. *Bolt* —3C **12**
  (Sharples)
Highwood Clo. *Bolt* —2B **24**
Highworth Clo. *Bolt* —6C **22**
Higson St. *Bolt* —4E **23**
Hilary Av. *Ath* —2C **36**
Hilary Gro. *Farn* —6G **31**
Hilda Av. *Tot* —3H **15**
Hilden St. *Bolt* —5E **23**
Hillbank Clo. *Bolt* —6A **12**
Hill Cot Rd. *Bolt* —4D **12**
Hill Crest. *Ath* —2F **37**
Hillcrest Rd. *Ast* —6B **38**
Hillfield Dri. *Bolt* —2F **23**
Hillfield Wlk. *Bolt* —2F **23**
Hill La. *Blac* —6F **7**
Hillock Pl. Ath —5D 36
  (off Wardour St.)
Hill Rise. *Ram* —3H **5**
Hillsdale Gro. *Bolt* —6A **14**
Hill Side. *Bolt* —4F **21**
Hillside Av. *Ath* —3E **37**
Hillside Av. *Blac* —2A **18**
Hillside Av. *Brom X* —6F **3**
Hillside Av. *Farn* —6F **31**
Hillside Av. *Hor* —5E **9**
Hillside Av. *Wor* —3G **39**
Hillside Clo. *Bolt* —3D **28**
Hillside Clo. *Brad* —4A **14**
Hillside Ct. *Bolt* —4F **21**
Hillside Cres. *Hor* —5E **9**
Hillside St. *Bolt* —6B **22**
Hillstone Clo. *G'mnt* —5H **5**
Hill St. *Hind* —1A **34**
Hill St. *Rad* —1H **33**
Hill St. *Tot* —5H **15**
Hill Top. *Ath* —2F **37**
Hill Top. *Bolt* —6B **12**
Hilltop. *L Lev* —1C **32**
Hilltop Dri. *Tot* —3G **15**
Hill Top Fold. *Hind* —1A **34**
Hill Top Rd. *Wor* —3H **39**
Hillview Ct. *Bolt* —5C **12**
Hillview Rd. *Bolt* —5C **12**
Hilly Croft. *Brom X* —1D **12**
Hilmarton Clo. *Brad* —4A **14**
Hilton Av. *Hor* —6C **8**
Hilton Bank. *Wor* —4F **39**
Hilton Gro. *Wor* —4F **39**
Hilton La. *Wor* —4F **39**
Hilton Pl. *Asp* —5G **17**
Hilton St. *Bolt* —4G **23**
Hilton St. *L Hul* —3E **39**
Hinchcombe Clo. *L Hul* —1E **39**
Hindles Clo. *Ath* —5A **36**
Hindle St. *Rad* —2H **33**
Hindley Grn. Ind. Est. *Hind* —3E **35**
Hindley Mill La. *Hind* —6A **26**
Hindley Rd. *W'houg* —2E **35**
HINDLEY STATION. *BR* —6A **26**
Hindley St. *Farn* —5G **31**
Hindsford Clo. *Ath* —6F **37**
Hind St. *Bolt* —4G **23**
Hinkler Av. *Bolt* —2C **30**
Hirst Av. *Wor* —2G **39**
Hoade St. *Hind* —6A **26**
Hobart St. *Bolt* —1B **22**
Hodge Rd. *Wor* —5H **39**
Hodson Rd. *Swint* —5G **41**
Holbeach Clo. *Hind* —3A **34**
Holborn Av. *Rad* —1F **33**
Holbrook Av. *L Hul* —1E **39**
Holcombe Clo. *Kear* —1C **40**
Holcombe Ct. *Ram* —5H **5**
Holcombe Cres. *Kear* —1C **40**
Holcombe Lee. *Ram* —4H **5**
Holcombe Old Rd. *Holc* —2H **5**
Holcombe Precinct. *Ram* —4H **5**
Holcombe Rd. *L Lev* —2B **32**
Holcombe Rd. *Tot* —1G **15**
Holcombe Village. Bury —1H 5
  (off Moor Rd.)
Holden Av. *Bolt* —3C **12**
Holden Lea. *W'houg* —2G **27**

Holden St. *Adl* —2D **6**
Holder Av. *L Lev* —6D **24**
Holding St. *Hind* —1A **34**
Holhouse La. *G'mnt* —5H **5**
Holland St. *Ath* —5D **36**
Holland St. *Bolt* —5D **12**
Hollies, The. *Ath* —4D **36**
Hollies, The. *Bolt* —3B **24**
Hollin Acre. *W'houg* —6H **27**
Hollin Hey Rd. *Bolt* —6E **11**
Hollinhurst Dri. *Los* —4C **20**
Hollins. *Farn* —5B **30**
Hollins Rd. *Hind* —1C **34**
Hollins St. *Bolt* —5F **23**
Hollinswood Rd. *Bolt* —5F **23**
Holloway Dri. *Wor* —6E **41**
Hollowell La. *Hor* —2F **19**
Hollow Meadows. *Rad* —1E **41**
Holly Av. *Wor* —5A **40**
Holly Bank Ind. *Los* —3B **20**
Holly Bank Ind. Est. *Rad* —2H **33**
Holly Bank St. *Rad* —2H **33**
Hollycroft Av. *Bolt* —6A **24**
Hollydene. *Asp* —6F **17**
Holly Dene Clo. *Los* —4B **20**
Holly Dene Rd. *Los* —4C **20**
Holly Gro. *Bolt* —2A **22**
Holly Gro. *Farn* —5E **31**
Holly Mill Cres. *Bolt* —5D **12**
Holly Mt. La. *G'mnt* —6F **5**
Holly Rd. *Asp* —6F **17**
Holly St. *Bolt* —5D **12**
Holly St. *Tot* —3H **15**
Hollywood Rd. *Bolt* —1H **21**
Holmbrook. *Tyl* —6A **38**
Holmes Cotts. *Bolt* —6A **12**
Holmes St. *Bolt* —1E **31**
Holmeswood Rd. *Bolt* —3B **30**
Holmfield Grn. *Bolt* —2F **29**
Holthouse Rd. *Tur* —4G **15**
Holt St. *Bolt* —6B **22**
Holt St. *Swint* —5H **41**
Holt St. *Tyl* —6G **37**
Holy Harbour St. *Bolt* —1A **22**
Holyhurst Wlk. *Bolt* —1C **22**
Holyoake Rd. *Wor* —5H **39**
Homer St. *Rad* —2G **33**
Hondwith Clo. *Bolt* —4G **13**
Honeybourne Clo. *Tyl* —6A **38**
Honeywood Clo. *Ram* —4H **5**
Honiton Clo. *Leigh* —5F **35**
Honiton Dri. *Bolt* —5C **24**
Honiton Gro. *Rad* —6F **25**
Hood Clo. *Tyl* —6B **38**
Hooten St. *Bolt* —2A **30**
Hope Av. *Brad* —5F **13**
Hope Av. *L Hul* —3G **39**
Hopefield St. *Bolt* —1B **30**
Hope Fold Av. *Ath* —5B **36**
Hopefield Dri. *Wor* —5A **40**
Hope Hey La. *L Hul* —2D **38**
Hope St. *Adl* —1F **7**
Hope St. *Asp* —2B **26**
Hope St. *Blac* —3A **18**
Hope St. *Bolt* —4A **14**
Hope St. *Farn* —5A **32**
Hope St. *Hind* —1B **34**
Hope St. *Hor* —5D **8**
Hope St. *L Hul* —3E **39**
Hope St. N. *Hor* —4D **8**
Hopwood Av. *Hor* —5E **9**
Horace St. *Bolt* —1B **22**
Horeb St. *Bolt* —6D **22**
Hornby Dri. *Bolt* —3D **28**
Hornsea Clo. *Bury* —1H **25**
Horridge Fold. *Eger* —4C **2**
Horridge Fold Av. *Bolt* —3F **29**
Horrobin La. *And & Hor* —1G **7**
Horrobin La. *Tur* —5G **3**
Horrocks Fold Av. *Bolt* —3B **12**
Horrocks Rd. *Tur* —1H **3**
Horrocks St. *Ath* —6E **37**
Horrocks St. *Bolt* —6G **21**
Horrocks St. *Tyl* —6F **37**
Horsa St. *Bolt* —2F **23**
Horseshoe La. *Brom X* —1E **13**
Horsfield St. *Bolt* —1G **29**
Horton Av. *Bolt* —3C **12**
Horwich Bus. Pk. *Hor* —1D **18**

52 A–Z Bolton

Hoskers Nook—Laburnum St.

Hoskers Nook. *W'houg* —6F **27**
Hoskers, The. *W'houg* —1F **35**
Hospital Rd. *Brom X* —1D **12**
Hotel St. *Bolt* —4D **22**
Hough Fold Way. *Bolt* —4H **13**
Hough La. *Brom X* —2D **12**
Hough La. *Tyl* —6A **38**
Hough St. *Bolt* —6G **21**
Hough St. *Tyl* —6B **38**
Houghton St. *Bolt* —6C **22**
Houldsworth St. *Rad* —6H **25**
Hounslow Ho. *Bolt* —2C **22**
Hove Clo. *G'mnt* —6G **5**
Hove St. *Bolt* —6A **22**
Howard Av. *Bolt* —1G **29**
Howard Av. *Kear* —6B **32**
Howard St. *Bolt* —2D **22**
Howarth St. *W'houg* —5H **27**
Howclough Clo. *Wor* —5B **40**
Howclough Dri. *Wor* —5B **40**
Howcroft Clo. *Bolt* —3C **22**
Howcroft St. *Bolt* —1B **30**
Howe Bri. Clo. *Ath* —6A **36**
Howell Croft N. *Bolt* —4D **22**
Howell Croft S. *Bolt* —4D **22**
Howell's Yd. *Bolt* —4D **22**
Howsin Av. *Bolt* —5F **13**
Hoyle St. *Bolt* —5C **12**
Hudson Rd. *Bolt* —2H **29**
Hughendon Ct. *Tot* —2H **15**
Hughes Av. *Wor* —5C **8**
Hughes St. *Bolt* —1A **22**
 (in two parts)
Hugh Lupus St. *Bolt* —4E **13**
Hugh St. *Bolt* —1A **30**
Hugo St. *Farn* —3F **31**
Hulme Rd. *Bolt* —3A **14**
Hulme Rd. *Rad* —6E **33**
Hulme St. *Bolt* —3D **22**
Hulton Av. *Wor* —4E **39**
Hulton Clo. *Bolt* —1G **29**
Hulton District Cen. *Wor* —3E **39**
Hulton Dri. *Bolt* —2G **29**
Hulton La. *Bolt* —3G **29**
Hulton La. Est. *Bolt* —2G **29**
Hunger Hill Av. *Bolt* —3E **29**
Hunters Grn. *Ram* —4H **5**
Hunt Fold Dri. *G'mnt* —5H **5**
Hunt Hill Rd. *G'mnt* —5H **5**
Huntingdon Wlk. *Bolt* —1C **22**
Huntroyde Av. *Bolt* —2G **23**
Hunt's Bank. *W'houg* —1H **35**
Hunt St. *Ath* —4D **36**
Hurlston Rd. *Bolt* —3B **30**
Hurst Clo. *Bolt* —6F **29**
Hurst Grn. Clo. *Bury* —3H **25**
Hurst St. *Bolt* —2A **30**
Hurst St. *Farn* —4G **31**
Hurst St. *Wor* —1G **39**
Huxley St. *Bolt* —1A **22**
Huyton Rd. *Adl* —3E **7**
Huyton Ter. *Adl* —2F **7**
Hyde Dri. *Wor* —5G **39**
Hyde Gro. *Wor* —5G **39**
Hyde Rd. *Wor* —5G **39**
Hyde St. *Bolt* —2A **30**
Hypatia St. *Bolt* —3F **23**
Hythe St. *Bolt* —1G **29**

Ice Ho. Clo. *Wor* —4D **38**
Idiona St. *Bolt* —6B **12**
Ilkeston Dri. *Asp* —2B **26**
Ilkley Clo. *Bolt* —4C **12**
Ina Av. *Bolt* —2F **21**
Independant St. *Bolt* —3E **23**
Independent St. *L Lev* —2C **32**
Industrial Est., The. *Bolt* —1B **22**
Industrial St. *W'houg* —6H **27**
Infirmary St. *Bolt* —4D **22**
Ingledene Gro. *Bolt* —1G **21**
Ingleton Clo. *Bolt* —5H **13**
Institute St. *Bolt* —4D **22**
Invar Rd. *Swint* —6F **41**
Inverbeg Dri. *Bolt* —4C **24**
Inverlael Av. *Bolt* —3H **21**
Inverness Clo. *Asp* —6H **17**
Iona Pl. *Bolt* —1G **23**
Iris Av. *Farn* —4E **31**

Iris Av. *Kear* —2B **40**
Irlam St. *Bolt* —6C **12**
Irma St. *Bolt* —6D **12**
Iron St. *Hor* —1E **19**
Irving St. *Bolt* —1C **22**
Irwell Av. *L Hul* —3F **39**
Irwell St. *Stone* —5C **32**
Isaac St. *Bolt* —3A **22**
Isabel Wlk. *Bolt* —6B **22**
Ivanhoe Ct. *Bolt* —3G **31**
Ivanhoe St. *Bolt* —3G **31**
Ivy Bank Clo. *Bolt* —4C **12**
Ivy Bank Rd. *Bolt* —4C **12**
Ivy Gro. *Farn* —5F **31**
Ivy Gro. *Kear* —6B **32**
Ivy Gro. *L Hul* —3D **38**
Ivy Rd. *Bolt* —2A **22**
Ivy Rd. *W'houg* —6H **27**
Ivy St. *Bolt* —1A **30**
Ivy St. *Ram* —4H **5**

Jackdaw Rd. *G'mnt* —5H **5**
Jack's La. *W'houg* —6C **26**
Jackson St. *Bolt* —6B **22**
Jackson St. *Farn* —5H **31**
Jackson St. *Kear* —6B **32**
Jackson St. *Wor* —3G **39**
Jack St. *Bolt* —2G **23**
Jacob St. *Hind* —1A **34**
James St. *Ath* —6F **37**
James St. *Eger* —4B **2**
James St. *Hor* —6B **8**
James St. *Kear* —5B **32**
James St. *L Lev* —2D **32**
James St. *Tyl* —6E **37**
James St. *W'houg* —3G **27**
Jauncey St. *Bolt* —6A **22**
Jedburgh Av. *Bolt* —3H **21**
Jenkinson St. *Hind* —1A **34**
Jenny Beck Gro. *Bolt* —1C **30**
Jesmond Rd. *Bolt* —5H **11**
Jessie St. *Bolt* —6A **22**
Jethro St. *Bolt* —3G **23**
Jethro St. *Brad* —5G **13**
John Brown St. *Bolt* —3C **22**
John Cross St. *Bolt* —1C **30**
Johnson Av. *Bick* —6A **34**
Johnson Fold Av. *Bolt* —1E **21**
Johnson St. *Ath* —6A **36**
Johnson St. *Bolt* —5D **22**
Johnson St. *Tyl* —6G **37**
John St. *Brom X* —2E **13**
John St. *Farn* —5A **32**
John St. *Hind* —4D **34**
John St. *L Lev* —2D **32**
John St. *Tyl* —6G **37**
John St. *Wor* —3H **39**
Jolly Brows. *Bolt* —6H **13**
Jolly Tar La. *Cop* —2A **6**
Jones St. *Hor* —5D **8**
Jonquil Dri. *Wor* —5D **38**
Joseph St. *Farn* —4H **31**
Jubilee Cotts. *Wor* —4G **39**
Jubilee Ho. *Bolt* —5C **22**
Jubilee Houses. *Tyl* —6E **37**
Jubilee St. *Bolt* —2A **30**
Julia M. *Hor* —5D **8**
Julia St. *Hor* —5D **8**
Junction Rd. *Bolt* —6F **21**
Junction Rd. W. *Los* —6C **20**
Juniper Dri. *Hind* —4C **34**
Jutland Gro. *W'houg* —4G **27**

Kayfields. *Bolt* —5A **14**
Kay St. *Ath* —5D **36**
Kay St. *Bolt* —2D **22**
Kay St. *L Lev* —2C **32**
Kay St. *Tur* —3G **3**
Keane Clo. *Tyl* —6F **37**
Kearsley Dri. *Bolt* —2F **31**
Kearsley Hall Rd. *Rad* —6E **33**
Kearsley Mt. *Kear* —1D **40**
Kearsley Rd. *Rad* —5E **33**
KEARSLEY STATION. *BR* —6C **32**
Kearsley Vale. *Rad* —5D **32**
Keats Clo. *Ath* —2D **36**
Keats Cres. *Rad* —1G **33**

Keats Rd. *G'mnt* —5H **5**
Keats Wlk. *Bolt* —1C **22**
Keighley Clo. *Bury* —1H **25**
Keighley St. *Bolt* —1A **22**
Keilder M. *Bolt* —4G **21**
Kellet's Row. *Wor* —2G **39**
Kellett St. *Bolt* —3D **12**
Kelsall St. *Bolt* —4G **23**
Kemble Clo. *Hor* —4D **8**
Kempston Gdns. *Bolt* —1C **22**
Kempton Av. *L Lev* —3C **32**
Kendal Gro. *Wor* —5B **40**
Kendal Rd. *Bolt* —3A **22**
Kendal Rd. *Hind* —2A **34**
Kendal Rd. *Ram* —5H **5**
Kendal Rd. W. *Ram* —5H **5**
Kendrew Rd. *Bolt* —1G **29**
Kenilworth Clo. *Rad* —6H **25**
Kenilworth Dri. *Hind* —3B **34**
Kenilworth Sq. *Bolt* —2H **21**
Kenmay Av. *Bolt* —5F **21**
Kennedy Dri. *L Lev* —2E **33**
Kennedy St. *Bolt* —4G **23**
Kennet Clo. *W'houg* —4G **27**
Kennington Fold. *Bolt* —2B **30**
Kensington Av. *Rad* —1F **33**
Kensington Clo. *G'mnt* —6H **5**
Kensington Dri. *Hor* —6E **9**
Kensington Pl. Bolt —4C **22**
 (off Kensington St.)
Kensington St. *Bolt* —4C **22**
Kensworth Clo. *Bolt* —2B **22**
Kensworth Dri. *Bolt* —2B **22**
Kent Clo. *Wor* —5F **39**
Kent Ct. *Bolt* —3C **22**
Kent Dri. *Kear* —1D **40**
Kentford Cres. *Farn* —5G **31**
Kentford Rd. *Bolt* —2C **22**
Kentmere Gro. *Farn* —6D **30**
Kentmere Rd. *Bolt* —2B **24**
Kenton Clo. *Bolt* —2B **22**
Kent Rd. *Ath* —3C **36**
Kent Rd. *Tyl* —5F **37**
Kentsford Dri. *Rad* —6D **24**
Kent St. *Bolt* —3C **22**
Kent St. *Pen* —5H **41**
Kenwood Rd. *Bolt* —6H **11**
Kenyon Av. *Bolt* —3C **22**
Kenyon Av. Gro. *L Hul* —3C **38**
Kenyon Rd. *Brad F* —6D **24**
Kenyon St. *Leigh* —6F **35**
Kenyon Ter. *L Hul* —4C **38**
Kenyon Way. *L Hul* —3G **38**
Kenyon Way. *Tot* —4H **15**
Kerans Dri. *W'houg* —4G **27**
Kermoor Av. *Bolt* —3C **12**
Kerry Gro. *Bolt* —3F **23**
Kersal Av. *L Hul* —3F **39**
Kershaw Av. *L Lev* —1C **32**
Kershaw St. *Bolt* —6B **22**
 (Bolton)
Kershaw St. *Bolt* —4G **13**
 (Bradshaw Chapel)
Kershaw St. *Tyl* —6G **37**
Kestor St. *Bolt* —3E **23**
 (in two parts)
Kestrel Av. *Farn* —6D **30**
Kestrel Av. *L Hul* —2E **39**
Kestrel St. *Bolt* —3E **23**
Keswick Rd. *Wor* —5G **39**
Keswick St. *Bolt* —1D **22**
Kibbles Brow. *Brom X* —1F **13**
Kilbride St. *Bolt* —5B **24**
Kilburn Clo. *Leigh* —6F **35**
Kilburn Rd. *Rad* —1F **33**
Kildale Clo. *Bolt* —1E **29**
Kildare St. *Farn* —6G **31**
Kildonan Dri. *Bolt* —5F **21**
Killingworth M. Hor —2F **19**
 (off New Rd.)
Kilmaine Dri. *Bolt* —6E **21**
Kilmory Dri. *Bolt* —5B **24**
Kiln Brow. *Brom X* —1G **13**
Kilnfield. *Brom X* —1D **12**
Kilnhurst Wlk. *Bolt* —3B **22**
Kiln St. *L Lev* —2C **32**
Kilphin, The. *Los* —6B **20**
Kilsby Clo. *Farn* —3F **31**
Kilsby Clo. *Los* —5D **20**
Kilworth Dri. *Los* —6D **20**

Kimberley Rd. *Bolt* —4C **12**
Kimble Clo. *G'mnt* —5H **5**
Kincraig Clo. *Bolt* —1E **29**
Kingfisher Dri. *Farn* —6D **30**
Kingholm Gdns. *Bolt* —2B **22**
Kingsbridge Av. *Bolt* —2F **25**
Kingsbury Av. *Bolt* —2G **21**
Kingsbury Ct. *Bolt* —2G **21**
Kingsbury Ct. Lodge. *Bolt* —2G **21**
Kings Ct. Tyl —6F **37**
 (off Market St.)
Kingscourt Av. *Bolt* —1A **22**
Kingsdown Rd. *Bolt* —2D **22**
Kingsfold Clo. *Bolt* —5A **24**
King's Ga. *Bolt* —4C **22**
Kingsland Rd. *Farn* —4E **31**
Kings Lea. *Adl* —1D **6**
Kingsley Rd. *Hind* —2B **34**
Kingsley Rd. *Swint* —6F **41**
Kingsley Rd. *Wor* —3G **39**
Kingsley St. *Bolt* —1B **22**
Kingsnorth Clo. *Bolt* —2D **22**
Kings Rd. *Rad* —4H **25**
Kingston Av. *Bolt* —2G **23**
King St. *Bolt* —4C **22**
King St. *Brad* —4H **13**
King St. *Brom X* —1D **12**
King St. *Farn* —5H **31**
King St. *Hind* —1A **34**
King St. *Hor* —5C **8**
King St. *W'houg* —4H **27**
Kingsway. *Kear* —1B **40**
Kingswear Dri. *Bolt* —2A **22**
Kingthorpe Gdns. *Bolt* —1D **30**
Kingwood Av. *Bolt* —3F **21**
Kinloch Dri. *Bolt* —4H **21**
Kinnerley Gro. *Wor* —6E **39**
Kinross Dri. *Bolt* —6F **21**
Kinsley Dri. *Wor* —5G **39**
Kintyre Dri. *Bolt* —6E **21**
Kinver Clo. *Bolt* —2A **30**
Kirby Av. *Ath* —2C **36**
Kirkby Rd. *Bolt* —3H **21**
Kirkebrok Rd. *Bolt* —1G **29**
Kirkhall La. *Bolt* —3A **22**
Kirkhall Workshops, The. *Bolt*
 —3A **22**
Kirkham St. *Bolt* —2F **23**
Kirkham St. *L Hul* —2E **39**
Kirk Hope Dri. *Bolt* —2B **22**
Kirk Hope Wlk. *Bolt* —2B **22**
Kirklands. *Bolt* —1H **23**
Kirklees Clo. *Tot* —2H **15**
Kirklees St. *Tot* —2H **15**
Kirkpatrick St. *Hind* —4D **34**
Kirkstall Gdns. *Rad* —6G **25**
Kirkstile Pl. *Clif* —3G **41**
Kirkstone Av. *Wor* —6B **40**
Kirkwall Dri. *Bolt* —6F **23**
Kitchener St. *Bolt* —2F **31**
Kiveton Clo. *Wor* —5G **39**
Knaresborough Rd. *Hind* —3A **34**
Knight St. *Bolt* —3D **22**
Knightswood. *Bolt* —2F **29**
Knott La. *Bolt* —1F **21**
Knowles Edge St. *Bolt* —1A **22**
Knowles St. *Rad* —1H **33**
Knowl View. *Tot* —3H **15**
Knowsley Av. *Ath* —3C **36**
Knowsley Grange. *Bolt* —4D **20**
Knowsley Gro. *Hor* —2F **19**
Knowsley Rd. *Ain* —2E **25**
Knowsley Rd. *Bolt* —1H **21**
Knowsley St. *Bull* —3D **22**
Knutshaw Cres. *Bolt* —3D **28**
Kylemore Av. *Bolt* —6H **21**

Laburnum Av. *Ath* —4E **37**
Laburnum Av. *Tot* —2H **15**
Laburnum Ct. *Tot* —2H **15**
Laburnum Gro. *Hor* —2G **19**
Laburnum Gro. *Tyl* —6B **38**
Laburnum Lodge. *Bolt* —3B **24**
Laburnum Pk. *Bolt* —4F **13**
Laburnum Rd. *Farn* —5F **31**
Laburnum Rd. *Wor* —5A **40**
Laburnum St. *Ath* —4E **37**
Laburnum St. *Bolt* —3B **22**

A-Z Bolton 53

Ladies La.—Lower St.

Ladies La. *Hind* —1A **34**
Ladies' Wlk. *Ath* —5C **36**
Lady Bri. Brow. *Bolt* —4F **21**
Lady Bri. La. *Bolt* —4F **21**
Ladybridge Rd. *Wor* —6G **39**
Lady Harriet Wlk. *Wor* —4G **39**
Ladyshore Rd. *L Lev* —3E **33**
Ladywell Av. *L Hul* —3E **39**
Ladywell Gro. *L Hul* —2E **39**
Lakelands Dri. *Bolt* —6F **21**
Lakelands, The. *Blac* —2A **18**
Lakenheath Dri. *Bolt* —3D **12**
Lakeside Av. *Bolt* —3E **31**
Lakeside Av. *Wor* —2H **39**
Lake St. *Bolt* —6D **22**
Lambeth Clo. *Hor* —6F **9**
Lambeth St. *Ath* —4B **36**
Lambourn Clo. *Bolt* —6C **22**
Lambton St. *Bolt* —3A **30**
Lamphey Clo. *Bolt* —3D **20**
Lancaster Av. *Ath* —5E **37**
Lancaster Av. *Farn* —4D **30**
Lancaster Av. *Hor* —1F **19**
Lancaster Av. *Tyl* —4G **37**
Lancaster Clo. *Adl* —2F **7**
Lancaster Clo. *Bolt* —4E **23**
Lancaster Dri. *L Lev* —1D **32**
Lancaster Pl. *Adl* —1E **7**
Lancaster Rd. *Hind* —1A **34**
Lancaster St. *Rad* —2G **33**
Lancaster Ter. Bolt —1C **22**
 (off Boardman St.)
Lancaster Wlk. *Bolt* —1C **22**
Lancaster Way. *Wing I* —2F **27**
Lanchester Dri. *Bolt* —6B **22**
Landedmans. *W'houg* —6H **27**
Landmark Ct. Bolt —2G **21**
 (off Bk. Markland Hill La. E.)
Landsdowne Dri. *Wor* —6G **39**
Lane, The. *Bolt* —4D **20**
Langdale Dri. *Wor* —6B **40**
Langdale Rd. *Hind* —2A **34**
Langdale St. *Bolt* —2C **30**
Langdale St. *Farn* —6G **31**
Langdon Clo. *Bolt* —2B **22**
Langford Gdns. *Bolt* —1C **30**
Langham Clo. *Bolt* —3E **13**
Langholm Dri. *Bolt* —5B **24**
Langley Dri. *Bolt* —6A **22**
Langset Av. *Hind* —1A **34**
Langshaw Rd. *Bolt* —6A **22**
Langshaw Wlk. *Bolt* —6A **22**
Langside Dri. *Bolt* —1E **29**
Langstone Clo. *Hor* —6D **8**
Langthorne Wlk. *Bolt* —5B **22**
Langworthy Av. *L Hul* —2F **39**
Lansdale St. *Farn* —5A **32**
Lansdale St. *Wor* —2H **39**
Lansdowne Clo. *Bolt* —2F **23**
Lansdowne Rd. *Ath* —2F **37**
Lansdowne Rd. *Bolt* —1F **23**
Larch Gro. *Ath* —3C **36**
Larch Gro. *Wdly* —5D **40**
Larchwood St. *Bolt* —1D **22**
Larkfield Av. *L Hul* —2D **38**
Larkfield Av. *Wig* —6A **6**
Larkfield Clo. *G'mnt* —5H **5**
Larkfield Gro. *Bolt* —2D **38**
Larkfield Gro. *L Hul* —2D **38**
Larkfield M. *L Hul* —2D **38**
Lark Hill. *Farn* —6H **31**
Larkside Av. *Wor* —4A **40**
Lark St. *Bolt* —3D **22**
Lark St. *Farn* —6H **31**
Lark St. *Rad* —2F **33**
Latham Clo. *Blac* —6G **7**
Latham Row. *Hor* —6H **9**
Latham St. *Bolt* —1D **22**
Launceston Rd. *Hind* —4E **35**
Launceston Rd. *Rad* —6E **25**
Laurel Cres. *Hind* —4C **34**
Laurel Dri. *L Hul* —3E **39**
Laurel St. *Bolt* —4A **22**
Laurel St. *Tot* —3H **15**
Laurence Lowry Ct. *Pen* —6H **41**
Lauria Ter. *Ain* —2F **25**
Lavender Rd. *Farn* —4E **31**
Lavender St. *Rad* —2F **33**
Lawefield Cres. *Clif* —2F **41**

Lawn St. *Bolt* —2A **22**
Lawnswood Dri. *Tyl* —6B **38**
Lawson Av. *Hor* —4E **9**
Lawson Av. *Leigh* —6G **35**
Lawson Rd. *Bolt* —1A **22**
Lawson St. *Bolt* —5C **12**
Laxey Av. *Ath* —5E **37**
Laxford Gro. *Bolt* —5E **21**
Laycock Av. *Bolt* —6F **13**
Layfield Clo. *Tot* —1F **15**
Layton Dri. *Kear* —1B **40**
Lazonby Av. *Asp* —2B **26**
Leach St. *Bolt* —6C **22**
Leach St. *Farn* —4A **32**
Leacroft Av. *Bolt* —6H **23**
Leafield. *Tyl* —6A **38**
Lea Field Clo. *Rad* —2G **33**
Leaf St. *Bolt* —6G **23**
Lea Ga. Clo. *Bolt* —4H **13**
Leaside Gro. *Wor* —4A **40**
Lecturers Clo. *Bolt* —6D **22**
Lee Av. *Bolt* —2B **30**
Lee Bank. *W'houg* —5A **28**
Lee Ga. *Bolt* —4H **13**
Lee Gro. *Farn* —5D **30**
Leek St. *Rad* —2G **33**
Lee La. *Hor* —5C **8**
Lees Dri. *W'houg* —4A **28**
Lees Rd. *And* —1F **7**
Lees St. *Pen* —6H **41**
Lee St. *Ath* —5D **36**
Leewood. *Clif* —3F **41**
Le Gendre St. *Bolt* —2F **23**
 (in two parts)
Leicester Av. *Hind* —1B **34**
Leicester Av. *Hor* —6C **8**
Leicester Rd. *Tyl* —5G **37**
Leigh Clo. *Tot* —2G **15**
Leigh La. *Bury* —6H **15**
Leigh Rd. *Ast* —6A **36**
Leigh Rd. *Hind* —6D **34**
Leigh Rd. *Leigh & Ath* —6A **36**
Leigh Rd. *W'houg* —5H **27**
 (in two parts)
Leigh St. *Farn* —5H **31**
Leigh St. *Ince* —2B **26**
 (Aspull)
Leigh St. *Ince* —6D **34**
 (Hindley)
Leigh St. *Wals* —5H **15**
Leigh St. *W'houg* —4G **27**
Leighton Av. *Ath* —4B **36**
Leighton Av. *Bolt* —3H **21**
Leighton St. *Ath* —4B **36**
Leinster St. *Farn* —5G **31**
Le Mans Cres. *Bolt* —4D **22**
Lemon St. *Tyl* —6F **37**
Lena St. *Bolt* —1D **22**
Lenham Gdns. *Bolt* —5A **24**
Lennox Gdns. *Bolt* —6F **21**
Lenora St. *Bolt* —1H **29**
Leonard St. *Bolt* —2C **30**
Leslie St. *Bolt* —2F **23**
Lester Rd. *L Hul* —3B **38**
Letitia St. *Hor* —6C **8**
Leven Clo. *Kear* —2D **40**
Levens Dri. *Bolt* —2A **24**
Lever Bri. Pl. *Bolt* —6G **23**
Lever Chambers. *Bolt* —5D **22**
Lever Dri. *Bolt* —6C **22**
Lever Edge Rd. *Bolt* —3A **30**
Lever Gdns. *L Lev* —1C **32**
Lever Gro. *Bolt* —6E **23**
Lever Hall Rd. *Bolt* —4H **23**
Leverhulme Av. *Bolt* —2E **31**
Lever Pk. Av. *Hor* —4C **8**
Lever St. *Bolt* —1C **30**
 (in two parts)
Lever St. *L Lev* —1C **32**
Lever St. *Rad* —6H **25**
Lever St. *Tyl* —6F **37**
Lever St. *W'houg* —2G **27**
Levi St. *Bolt* —2F **21**
Lewis Clo. *Adl* —3C **6**
Leybourne St. *Bolt* —1C **22**
Leyburn Gro. *Farn* —4H **31**
Leyland Av. *Hind* —4A **34**
Leyton Clo. *Farn* —4E **31**
Library St. *W'houg* —5H **27**

Libra St. *Bolt* —1B **22**
Lichfield Av. *Bolt* —1F **23**
Lichfield Clo. *Farn* —4E **31**
Lichfield Clo. *Rad* —6F **25**
Lichfield Rd. *Rad* —6F **25**
Lidgate Gro. *Farn* —5G **31**
Lidgett Gro. *L Hul* —2G **39**
Lightbounds Rd. *Bolt* —6F **11**
Lightburne Av. *Bolt* —4H **21**
Lightwood Clo. *Farn* —4A **32**
Lilford St. *Ath* —5B **36**
Lilly St. *Bolt* —3B **22**
Lily Av. *Farn* —4F **31**
Limefield Av. *Farn* —4H **31**
Limefield Clo. *Bolt* —5H **11**
Limefield Rd. *Bolt* —5H **11**
Limefield Rd. *Rad* —2F **33**
Lime Gro. *Hind* —4B **34**
Lime Gro. *Wor* —6H **39**
Limesdale Clo. *Brad F* —6D **24**
Lime Tree Clo. *Farn* —5A **32**
Lime St. *Tyl* —6F **37**
Linacre St. *Bolt* —3C **30**
Lincoln Av. *L Lev* —3C **32**
Lincoln Clo. *Tyl* —5G **37**
Lincoln Dri. *Asp* —6G **17**
Lincoln Gro. *Ath* —4B **36**
Lincoln Gro. *Bolt* —5B **14**
Lincoln Mill Enterprise Cen. *Bolt*
 —5A **22**
Lincoln Rd. *Bolt* —3H **21**
Lincoln Rd. *Hind* —2A **34**
Lincoln St. *Bolt* —2D **22**
Lincroft Rd. *Hind* —4C **34**
Lindale Av. *Bolt* —3F **21**
Linden Av. *Ath* —5B **36**
Linden Av. *L Lev* —6C **32**
Linden Rd. *Hind* —6A **26**
Linden Wlk. *Bolt* —4F **13**
Lindfield Dri. *Bolt* —2C **22**
Lindisfarne Pl. *Bolt* —1G **23**
Lindley St. *Kear* —1D **40**
Lindley St. *L Lev* —2D **32**
Lindrick Ter. *Bolt* —6B **22**
Lindsay Dri. *Hor* —2F **19**
Lindsay Ter. *Asp* —6F **17**
Lindy Av. *Clif* —4H **41**
Linfield Clo. *Bolt* —5H **13**
Ling Dri. *Ath* —5D **36**
Lingfield Clo. *Farn* —6G **31**
Lingmell Clo. *Bolt* —3F **21**
Lingmoor Rd. *Bolt* —2F **21**
Links Dri. *Los* —4B **20**
Links Rd. *Bolt* —2F **29**
Links Rd. *Harw* —5C **14**
Links Rd. *Los* —4B **20**
Linnets Wood M. *Wor* —4A **40**
Linnyshaw Ind. Est. *Wor* —4B **40**
Linnyshaw La. *Wor* —3A **40**
Linslade Gdns. *Bolt* —6C **22**
Linstock Way. *Ath* —1B **36**
Linthorpe Wlk. *Bolt* —1H **29**
Lion La. *Blac* —1G **17**
Liscard St. *Ath* —4B **36**
Lismore Av. *Bolt* —6F **21**
Lister St. *Bolt* —2H **29**
Litherland Rd. *Bolt* —3C **30**
Littlebourne Wlk. *Bolt* —3E **13**
Lit. Brow. *Brom X* —2E **13**
Lit. Factory St. *Tyl* —6F **37**
Little Ga. *W'houg* —2G **35**
Lit. Harwood Lee. *Bolt* —6H **13**
Lit. Holme Wlk. *Bolt* —1D **30**
Lit. Meadow. *Eger* —2D **12**
Lit. Moor Clough. *Eger* —5C **2**
Lit. Moss La. *Swint* —5H **41**
Lit. Scotland. *Blac* —1F **17**
Lit. Stones Rd. *Eger* —5C **2**
Livsey Ct. *Bolt* —2D **22**
Lobelia Av. *Farn* —4E **31**
Lock La. *Los & Bolt* —1C **28**
Lodge Gro. *Ath* —6E **37**
Lodge La. *Ath* —6D **36**
Lodge Rd. *Ath* —6E **37**
Lodge View Cvn. Site. *Bolt* —3E **23**
Loen Cres. *Bolt* —6A **12**
Logan St. *Bolt* —4C **20**
Lomax St. *Bolt* —1C **22**
Lomax St. *Farn* —3G **31**

Lomax St. *G'mnt* —6H **5**
Lombard St. *Ath* —4B **36**
Lomond Pl. *Bolt* —5E **21**
London St. *Bolt* —1C **30**
Long Causeway. *Farn* —6H **31**
Longcliffe Wlk. *Bolt* —1D **22**
Longden St. *Bolt* —3A **22**
Longfellow Av. *Bolt* —2H **29**
Longfield Rd. *Bolt* —3G **29**
Longford Av. *Bolt* —1A **22**
Longhirst Clo. *Bolt* —6H **11**
Longhurst Rd. *Hind* —3B **34**
Long La. *Bolt* —6H **23**
Long La. *Hind* —3C **34**
Long La. *W'houg* —3E **27**
Longley Rd. *Wor* —5H **39**
Long Meadow. *Brom X* —2G **13**
Longridge. *Brom X* —1G **13**
Longridge Cres. *Bolt* —1F **21**
Longridge Dri. *Bury* —3H **25**
Longshaw Av. *Pen* —6H **41**
Longshaw Dri. *Wor* —3E **39**
Longshaw Ford Rd. *Bolt* —4E **11**
Longsight. *Bolt* —4A **14**
Longsight La. *Harw* —6H **13**
Longsight Rd. *Ram* —4H **5**
Longson St. *Bolt* —2E **23**
Longtown Gdns. Bolt —1C **22**
 (off Gladstone St.)
Longview Dri. *Wdly* —6E **41**
Longworth Av. *Blac* —6G **7**
Longworth Clough. *Eger* —5B **2**
Longworth La. *Eger* —6B **2**
Longworth Rd. *Eger* —4A **2**
Longworth Rd. *Hor* —6E **9**
Longworth St. *Bolt* —4G **23**
Lonsdale Gro. *Farn* —5G **31**
Lonsdale Rd. *Bolt* —3H **21**
Lord Av. *Ath* —6F **37**
Lord Gro. *Ath* —6F **37**
Lord's Stile La. *Brom X* —2F **13**
Lord St. *Ath* —6E **37**
Lord St. *Hind* —3A **34**
Lord St. *Hor* —5D **8**
Lord St. *Kear* —5A **32**
Lord St. *L Lev* —2D **32**
Lord St. *Rad* —2H **33**
Lord St. *W'houg* —4G **27**
Lorne St. *Bolt* —4D **22**
Lorne St. *Farn* —3G **31**
Lorton Gro. *Bolt* —3B **24**
Lostock Dene. *Los* —3B **20**
Lostock Ind. Est. *Los* —4F **19**
Lostock Junct. La. *Los* —5C **20**
Lostock La. *W'houg & Los* —6F **19**
Lostock Pk. Dri. *Los* —4A **20**
Lostock Rd. *W'houg* —1E **27**
LOSTOCK STATION. *BR* —5C **20**
Louisa St. *Bolt* —1C **22**
Louisa St. *Wor* —3H **39**
Louise Gdns. *W'houg* —1H **35**
Louvaine Av. *Bolt* —5F **11**
Lovalle St. *Bolt* —2A **22**
Lovat Rd. *Bolt* —4C **24**
Loveless Ho. *Ath* —3D **36**
 (off Brooklands Av.)
Lovers Av. *Ath* —5H **35**
Lowe Av. *Ath* —2H **35**
Lowe Mill La. *Hind* —2A **34**
Lowercroft Rd. *Bury* —1G **25**
Lwr. Bridgeman St. *Bolt* —5E **23**
Lwr. Darcy St. *Bolt* —6G **23**
Lwr. Drake Field. *W'houg* —2G **35**
Lwr. Fold. *Bolt* —5B **14**
Lwr. Goodwin Clo. *Bolt* —6A **14**
Lwr. House Dri. *Los* —4C **20**
Lwr. House Wlk. *Brom X* —1E **13**
Lwr. Knotts. *Bolt* —3B **14**
Lwr. Landedmans. *W'houg*
 —6H **27**
Lwr. Leigh Rd. *W'houg* —6G **27**
Lwr. Makinson Fold. *Hor* —1F **19**
Lwr. Marlands. *Brom X* —1D **12**
Lwr. Mead. *Eger* —6D **2**
Lwr. Meadow. *Tur* —1H **3**
Lwr. New Rd. *Wor* —6E **39**
Lwr. Rawson St. *Farn* —4A **32**
Lwr. Southfield. *W'houg* —6G **27**
Lower St. *Farn* —6G **31**

54 A-Z Bolton

Lwr. Sutherland St.—Meriden Gro.

Lwr. Sutherland St. *Swint* —6G **41**
Lwr. Tong. *Brom X* —2D **12**
Lwr. Wood La. *Bolt* —2F **23**
Lowe St. *Rad* —1H **33**
Low Grn. *Ath* —2F **37**
Lowick Av. *Bolt* —2E **31**
Lowndes St. *Bolt* —3H **21**
Lowry Dri. *Pen* —6H **41**
Lowry Wlk. *Bolt* —2B **22**
Lowside Av. *Bolt* —5C **20**
Lowstern Clo. *Eger* —6C **2**
Lowther St. *Ath* —3E **31**
 (in two parts)
Lowton Ho. Bolt —3D **22**
 (off Gray St.)
Lowton St. *Rad* —1H **33**
Loxham St. *Bolt* —3H **31**
Lucas Rd. *Farn & Wor* —5E **31**
Luciol Clo. *Tyl* —6A **38**
Lucy St. *Bolt* —2G **21**
Lucy St. *Farn* —5H **31**
Ludlow Av. *Hind* —3C **34**
Ludovic Ter. *Wig* —6A **16**
Luke Kirby Ct. *Pen* —6H **41**
Luke St. *Bolt* —6C **22**
Lulworth Dri. *Hind* —3C **34**
Lulworth Rd. *Bolt* —2G **29**
Lumb Carr Av. *Ram* —3H **5**
Lumb Carr Rd. *Holc* —4H **5**
Lumsden St. *Bolt* —6C **22**
Lum St. *Bolt* —3E **23**
Lumwood. *Bolt* —6H **11**
Lune St. *Tyl* —6F **37**
Lupin Av. *Farn* —4E **31**
Lurdin La. *Stand* —4A **16**
Luton Gro. *Ath* —4B **36**
Luton St. *Bolt* —1E **31**
Lydbrook Clo. *Bolt* —5C **22**
Lydford Gdns. *Bolt* —6B **24**
Lydgate Av. *Bolt* —3A **24**
Lydiate Clo. *Bolt* —2D **30**
Lymbridge Dri. *Blac* —1H **17**
Lymm Clo. *Wor* —4E **39**
Lyndene Av. *Wor* —6C **40**
Lyndon Clo. *Tot* —3H **15**
Lynsted Av. *Bolt* —2E **31**
Lynstock Way. *Los* —5G **19**
Lynton Av. *Pen* —6H **41**
Lynton Cres. *Wor* —6H **39**
Lynton Rd. *Bolt* —3A **30**
Lynton Rd. *Hind* —1B **34**
Lynton Rd. *Pen* —6H **41**
Lynton Rd. *Tyl* —6B **38**
Lynwood Av. *Bolt* —3F **31**
Lynwood Gro. *Ath* —4B **36**
Lynwood Gro. *Bolt* —5H **13**
Lyon Rd. *Kear* —2A **40**
Lyon Rd. Ind. Est. *Kear* —2A **40**
Lytton St. *Bolt* —1B **22**

Mabel Av. *Bolt* —2E **31**
Mabel's Brow. *Kear* —6A **32**
 (in two parts)
Mabel St. *Bolt* —3A **22**
Mabel St. *W'houg* —6E **9**
Macdonald Av. *Farn* —6E **31**
McDonna St. *Bolt* —6A **12**
McKean St. *Bolt* —1E **31**
Mackenzie Gro. *Bolt* —5B **12**
Mackenzie St. *Bolt* —4B **12**
Madams Wood Rd. *Wor* —4D **38**
Madeley Gdns. *Bolt* —1C **22**
Madeline St. *Bolt* —3H **31**
Maesbrook Dri. *Tyl* —6G **37**
Mafeking Rd. *Bolt* —4A **24**
Maidstone Clo. *Leigh* —5E **35**
Makants Clo. *Ath* —1F **37**
Makant St. *Bolt* —6A **12**
Makinson Av. *Hind* —6A **26**
Makinson Av. —1G **19**
Makinson La. *Hor* —5H **9**
Malcolm Av. *Clif* —4H **41**
Malcolm Dri. *Clif* —5H **41**
Maldwyn Av. *Bolt* —3H **29**
Malham Gdns. *Ram* —2A **30**
Mallard Dri. *Hor* —6C **8**
Mallet Cres. *Bolt* —1F **21**
Mallison St. *Bolt* —6D **12**

Mallowdale Clo. *Bolt* —4D **20**
Maltby Dri. *Bolt* —2A **30**
Malton Av. *Bolt* —1G **29**
Malvern Av. *Ath* —2F **37**
Malvern Av. *Bolt* —2G **21**
Malvern Av. *Hind* —3C **34**
Malvern Clo. *Farn* —5D **30**
Malvern Clo. *Hor* —4E **9**
Malvern Gro. *Wor* —4H **39**
Manchester Rd. *Blac* —1H **17**
Manchester Rd. *Bolt* —5E **23**
Manchester Rd. *Cheq & Over H*
 —4C **28**
Manchester Rd. *Farn* —5A **32**
Manchester Rd. *Kear & Clif*
 —1C **40**
Manchester Rd. *Tyl* —6G **37**
Manchester Rd. *W'houg* —4B **18**
 (Hilton House)
Manchester Rd. *W'houg* —2G **27**
 (Westhoughton)
Manchester Rd. *Wor & Wdly*
 —5H **39**
Manchester Rd. E. *L Hul* —3E **39**
Manchester Rd. W. *L Hul* —1B **38**
Mancroft Av. *Bolt* —1B **30**
Mandley Clo. *L Lev* —6C **24**
Mandon Clo. *Rad* —6G **25**
Manley Av. *Clif* —3G **41**
Manley Cres. *W'houg* —4B **28**
Manley Row. *W'houg* —4B **28**
Manley Ter. *Bolt* —5C **12**
Manningham Rd. *Bolt* —6H **21**
Manor Av. *L Lev* —2E **33**
Manor Ct. *Bolt* —5H **13**
Manorfield Clo. *Bolt* —2G **21**
Manor Fold. *Ath* —4C **36**
Manor Ga. Rd. *Bolt* —3B **24**
Manor Gro. *Asp* —6F **17**
Manorial Dri. *L Hul* —1C **38**
Manor Rd. *Hind* —2B **34**
Manor Rd. *Hor* —5F **9**
Manor Rd. *Bolt* —4D **22**
Manor St. *Farn* —6G **31**
Manor St. *Kear* —2D **40**
Mansell Way. *Hor* —3G **19**
Mansfield Gro. *Bolt* —2H **21**
Maple Av. *Ath* —3B **36**
Maple Av. *Bolt* —2H **21**
Maple Av. *Hind* —4B **34**
Maple Av. *Hor* —2G **19**
Maple Clo. *Kear* —2B **40**
Maple Gro. *Tot* —4H **15**
Maple Rd. *Farn* —5E **31**
Maple St. *Bolt* —4G **13**
Maplewood Gdns. *Bolt* —2C **22**
Maplewood Ho. *Bolt* —1C **22**
Marcus St. *Bolt* —2H **21**
Mardale Av. *Wdly* —5E **41**
Mardale Clo. *Ath* —2C **36**
Mardale Clo. *Bolt* —2B **24**
Mardale Dri. *Bolt* —2B **24**
Margaret St. *Hind* —1A **34**
Maria St. *Bolt* —1C **22**
Marion St. *Bolt* —3G **31**
Market Hall. *Bolt* —4D **22**
Market Pl. *Adl* —2E **7**
Market Pl. *Bolt* —4D **36**
Market Pl. *Bolt* —3D **22**
Market Pl. *Farn* —5H **31**
Market Pl. *Pen* —6H **41**
Market St. *Adl* —3E **7**
Market St. *Ath* —4C **36**
Market St. *Bolt* —4D **22**
Market St. *Farn* —4H **31**
Market St. *Hind* —2A **34**
Market St. *L Lev* —2C **32**
Market St. *Pen* —6H **41**
Market St. *Rad* —5D **32**
Market St. *Tot* —2H **15**
Market St. *Tyl* —6F **37**
Market St. *W'houg* —5G **27**
Markland Hill. *Bolt* —3E **21**
Markland Hill Clo. *Bolt* —2F **21**
Markland Hill La. *Bolt* —2F **21**
Markland St. Bolt —5D **22**
 (off Soho St.)
Markland St. *Bolt* —6E **23**
 (off Thynne St.)

Markland Tops. *Bolt* —2F **21**
Marlands Sq. Tyl —6F **37**
 (off Lime St.)
Marlborough Gdns. *Farn* —5E **31**
Marlborough Rd. *Ath* —3E **37**
Marlborough St. *Bolt* —3A **22**
Marlbrook Dri. *W'houg* —2G **35**
Marlbrook Wlk. *Bolt* —1D **30**
Marld Cres. *Bolt* —1F **21**
Marley Hey. *Tur* —2H **3**
Marlow Clo. *Bolt* —2B **24**
Marlwood Rd. *Bolt* —1F **21**
Marnland Gro. *Bolt* —1E **29**
Marple Av. *Bolt* —5E **13**
Mars Av. *Bolt* —2A **30**
Marsden Rd. *Bolt* —4C **22**
Marsden St. *W'houg* —5G **27**
Marsden St. *Wor* —5D **40**
Marsden Wlk. *Rad* —1H **33**
Marshbank. *W'houg* —4G **27**
Marshbrook Clo. *Hind* —2C **34**
Marsh Brook Fold. *W'houg*
 —6C **26**
Marshdale Rd. *Bolt* —3F **21**
Marsh Fold La. *Bolt* —3A **22**
Marsh La. *Farn* —5E **31**
Marsh La. *L Lev* —1D **32**
Marsh Rd. *L Hul* —3F **39**
Marsh Rd. *L Lev* —1C **32**
Marsh Row. *Hind* —3C **34**
Marsh St. *Bolt* —1C **22**
Marsh St. *Hor* —5C **8**
Marsh St. *W'houg* —4G **27**
Marsh St. *Wor* —5B **40**
Mars St. *Tur* —1A **4**
Marston Clo. *Los* —3H **19**
Martha St. *Bolt* —1B **30**
Martin Av. *Farn* —6D **30**
Martin Av. *L Lev* —2E **33**
Martindale Gdns. *Bolt* —1C **22**
Martingale Clo. *Rad* —6H **25**
Martin Gro. *Kear* —6B **32**
Martinsclough. *Los* —5C **20**
Martins Ct. *Hind* —1C **34**
Martin St. *Ath* —4D **36**
Martin St. *Tur* —3H **3**
Martlew Dri. *Ath* —3F **37**
Marton Av. *Bolt* —3G **23**
Marton Dri. *Ath* —3E **37**
Marwood Clo. *Rad* —5C **32**
Mary Hulton Ct. *W'houg* —5A **28**
Maryland Av. *Bolt* —4H **23**
Mary St. *Farn* —6H **31**
Mary St. *Tyl* —6G **37**
Mary St. E. *Hor* —5D **8**
Mary St. W. *Hor* —4C **8**
Masbury Clo. *Bolt* —2C **12**
Masefield Av. *Rad* —1G **33**
Masefield Dri. *Farn* —6F **31**
 (in two parts)
Masefield Rd. *L Lev* —1D **32**
Masmyth St. *Hor* —6E **9**
Mason Gdns. *Bolt* —5C **22**
Mason La. *Ath* —5E **37**
Mason Row. *Eger* —5B **2**
Mason St. *Hor* —5D **9**
Matchmoor La. *Hor* —5H **9**
Mather Fold Rd. *Wor* —6F **39**
Mather St. *Ath* —4D **36**
Mather St. *Bolt* —5C **22**
Mather St. *Kear* —5A **32**
Matlock Clo. *Ath* —5D **36**
Matlock Clo. *Farn* —4A **32**
Matthews Av. *Kear* —6B **32**
Maud St. *Bolt* —4G **13**
Maunby Gdns. *L Hul* —4G **39**
Mawdsley St. *Bolt* —4D **22**
Maxton Ho. *Farn* —3A **32**
Maxwell St. *Bolt* —5C **12**
Maybank St. *Bolt* —6B **22**
Maybreck Clo. *Bolt* —6A **22**
Mayfair. *Hor* —6F **9**
Mayfair Av. *Rad* —1F **33**
Mayfair Dri. *Asp* —3A **26**
Mayfair Dri. *Ath* —3F **37**
Mayfield. *Bolt* —4H **13**
Mayfield. *Rad* —3G **33**
Mayfield Av. *Adl* —2E **7**
Mayfield Av. *Bolt* —2F **31**

Mayfield Av. *Farn* —6G **31**
Mayfield Av. *Wor* —4H **39**
Mayfield Rd. *Ram* —5H **5**
Mayfield St. *Ath* —4C **36**
Mayflower Cotts. *Stand* —3A **16**
Mayor St. *Bolt* —5B **22**
May St. *Bolt* —4E **23**
May St. *Tur* —1A **4**
Maze St. *Bolt* —6G **23**
Meade, The. *Bolt* —3C **30**
Meadland Gro. *Bolt* —5D **12**
Meadowbank Av. *Ath* —3E **37**
Meadowbank Rd. *Bolt* —3H **29**
Meadowbrook Clo. *Los* —2B **28**
Meadow Clo. *L Lev* —3D **32**
Meadowcroft. *Rad* —6H **25**
Meadowcroft. *W'houg* —6H **27**
Meadowfield. *Los* —4B **20**
Meadow La. *Bolt* —4C **24**
Meadow Pit La. *Haig* —3C **16**
Meadowside Av. *Bolt* —3G **23**
 (in two parts)
Meadowside Av. *Wor* —3A **40**
Meadowside Clo. *Rad* —6H **25**
Meadowside Gro. *Wor* —4A **40**
Meadows La. *Bolt* —6B **14**
Meadows, The. *Bury* —6G **25**
Meadow St. *Adl* —3E **7**
Meadow, The. *Bolt* —4C **20**
Meadow Wlk. *Farn* —5E **31**
Meadow Way. *Blac* —2A **18**
Meadow Way. *Tot* —3G **15**
Meadow Way. *Tur* —1H **3**
Meads Gro. *Farn* —5C **30**
Meadway. *Farn* —4B **32**
Meadway. *Tyl* —6B **38**
Mealhouse Ct. *Ath* —4C **36**
Mealhouse La. *Ath* —4C **36**
Mealhouse La. *Bolt* —4D **22**
Meanley St. *Tyl* —6G **37**
Medlock Clo. *Farn* —5F **31**
Medway Clo. *Hor* —6F **9**
Medway Dri. *Hor* —6F **9**
Medway Dri. *Kear* —2D **40**
Medway Rd. *Wor* —6F **39**
Megfield. *W'houg* —1G **35**
Melbourne Clo. *Hor* —6E **9**
Melbourne Gro. *Hor* —6E **9**
Melbourne Rd. *Bolt* —6H **21**
Melbury Dri. *Los* —3H **19**
Melford Ho. Bolt —2C **22**
 (off Nottingham Dri.)
Meliden Cres. *Bolt* —2H **21**
Mellor Dri. *Wor* —6G **39**
Mellor Gro. *Bolt* —2H **21**
 (in two parts)
Melrose Av. *Bolt* —2G **21**
Melrose Av. *Leigh* —6F **35**
Melrose Gdns. *Rad* —6G **25**
Melrose Rd. *L Lev* —2B **32**
Melrose Rd. *Rad* —6G **25**
Meltham Pl. *Bolt* —1A **30**
Melton Clo. *Wor* —5G **39**
Melton Row. *Rad* —1H **33**
Melton St. *Rad* —1H **33**
Melton Wlk. *Rad* —1H **33**
Melton Way. *Rad* —1H **33**
Melville Rd. *Kear* —1B **40**
Melville St. *Bolt* —1E **31**
Memorial Rd. *Wor* —5H **39**
Menai St. *Bolt* —1H **29**
Mendip Clo. *Bolt* —4C **24**
Mendip Clo. *Hor* —4E **9**
Mendip Dri. *Bolt* —5C **24**
Mercia St. *Bolt* —6A **22**
Mere Bank Clo. *Wor* —4G **39**
Mereclough Av. *Wor* —6B **40**
Meredith St. *Bolt* —2D **30**
Mere Dri. *Clif* —5H **41**
Merefold. *Hor* —6B **8**
Mere Fold. *Wor* —4F **39**
Mere Gdns. *Bolt* —3C **22**
Merehall Clo. *Bolt* —2C **22**
Merehall Dri. *Bolt* —2C **22**
Merehall St. *Bolt* —2B **22**
Mereside Gro. *Wor* —4A **40**
Mere Wlk. *Bolt* —3C **22**
Meriden Clo. *Rad* —5H **25**
Meriden Gro. *Los* —5D **20**

Merlin Gro.—Normanby Rd.

Merlin Gro. *Bolt* —2H **21**
(in two parts)
Merrion St. *Farn* —3G **31**
Mersey Clo. *Hind* —4E **35**
Merton Clo. *Bolt* —6A **22**
Mesne Lea Rd. *Wor* —6A **40**
Metal Box Way. *W'houg* —3H **27**
Metcalfe Ter. *Ain* —2F **6**
Metfield Pl. *Bolt* —3A **22**
Methwold St. *Bolt* —1A **30**
Mews, The. *Ath* —3H **21**
Mickleton. *Ath* —3E **37**
Middlebrook Dri. *Los* —5C **20**
Middlefell St. *Farn* —3H **31**
Middle Fold. *Tur* —1H **3**
Middleton Clo. *Rad* —4H **25**
Midford Rd. *Bolt* —2C **12**
Midhurst Clo. *Bolt* —2C **22**
Milburn Dri. *Bolt* —3B **24**
Mile La. *Bury* —4H **25**
Miles St. *Farn* —5G **31**
Milford Rd. *Bolt* —2C **30**
Milford Rd. *Harw* —5B **14**
Milk St. *Tyl* —6G **37**
Millbeck Gro. *Bolt* —1C **30**
Millbrook Av. *Ath* —2E **37**
Millbrook Ho. *Farn* —5A **32**
Mill Croft. *Bolt* —3B **22**
Milldale Clo. *Ath* —4C **36**
Miller's La. *Ath* —5D **36**
Miller St. *Blac* —4A **18**
Miller St. *Rad* —5H **25**
Millfield Rd. *Bolt* —4C **24**
Millgate. *Eger* —5B **2**
Mill Hill. *L Hul* —1C **38**
Mill Hill Cvn. Pk. Bolt —3E **23**
(off Mill Hill St.)
Mill Hill St. *Bolt* —3E **23**
Mill La. *Asp* —2B **26**
Mill La. *Bolt* —3E **23**
Mill La. *Hor* —5F **9**
Mill La. *Los* —4H **19**
(in two parts)
Mill La. *W'houg* —2G **35**
Millstone Rd. *Bolt* —2F **21**
Mill St. *Adl* —1E **7**
Mill St. *Bolt* —4E **23**
Mill St. *Brom X* —1D **12**
Mill St. *Farn* —2C **31**
Mill St. *Tot* —2H **15**
Mill St. *Tyl* —6E **37**
Mill St. *W'houg* —5H **27**
Milner St. *Rad* —2G **33**
Milnholme. *Bolt* —6H **11**
Milnthorpe Rd. *Bolt* —3A **24**
Milsom Av. *Bolt* —2A **30**
Milton Av. *Bolt* —2H **29**
Milton Av. *L Lev* —1D **32**
Milton Clo. *Ath* —2D **36**
Milton Cres. *Farn* —1F **39**
Milton Rd. *Rad* —1F **33**
Milton Rd. *Swint* —6F **41**
Milverton Clo. *Los* —6D **20**
Mimosa Dri. *Pen* —5H **41**
Minehead Av. *Leigh* —5F **35**
Minerva Rd. *Farn* —4D **30**
Minerva St. *Bolt* —4F **23**
Minnie St. *Bolt* —2A **30**
Minorca St. *Bolt* —1C **30**
Minster Clo. *Bolt* —1G **23**
Minster Rd. *Bolt* —1G **23**
Miriam St. *Bolt* —1H **29**
Miry La. *W'houg* —2F **35**
(in two parts)
Mitre St. *Bolt* —5C **12**
Mitton Clo. *Bury* —1G **25**
Mobberley Rd. *Bolt* —3H **23**
Modbury Clo. *Rad* —6D **32**
Moffat Clo. *Bolt* —5B **24**
Moisant St. *Bolt* —2B **30**
Mold St. *Bolt* —6C **12**
Molyneux Rd. *W'houg* —4A **28**
Mona St. *Bolt* —1C **22**
Moncrieffe St. *Bolt* —6E **23**
Monks La. *Ath* —1H **23**
Montague St. *Bolt* —2H **29**
Montford Clo. *W'houg* —1F **25**
Montgomery Way. *Rad* —6E **25**
Monton St. *Bolt* —2C **30**

Monton St. *Rad* —2H **33**
Montrose Av. *Bolt* —2G **23**
Montrose Av. *Ram* —5H **5**
Montrose Dri. *Brom X* —2F **13**
Montserrat Brow. *Bolt* —1D **20**
Montserrat Rd. *Bolt* —1E **21**
Monyash View. *Hind* —4B **34**
Moorbottom Rd. *Holc* —1G **5**
Moorby Wlk. *Bolt* —6D **22**
Moor Clo. *Rad* —6G **25**
Moorfield. *Tur* —1H **3**
Moorfield Chase. *Farn* —6H **31**
Moorfield Gro. *Bolt* —2F **23**
Moorgate. *Bolt* —4H **13**
Moorgate St. *Bolt* —2F **23**
Moorgate Rd. *Rad* —3G **25**
Moorhey Rd. *L Hul* —1D **38**
Moorland Dri. *Hor* —6H **9**
Moorland Dri. *L Hul* —1D **38**
Moorland Gro. *Bolt* —1G **21**
Moorlands View. *Bolt* —3G **29**
Moor La. *Bolt* —5C **22**
Moor La. *Leigh* —6G **35**
Moor Platt Clo. *Hor* —6H **9**
Moor Rd. *Hor* —1H **5**
Moorside Av. *Ain* —2F **25**
Moorside Av. *Bolt* —1G **21**
(in two parts)
Moorside Av. *Farn* —6F **31**
Moorside Av. *Hor* —5E **9**
Moorside Rd. *Swint* —6F **41**
Moorside Rd. *Tot* —3G **15**
MOORSIDE STATION. *BR* —6F **41**
Moor St. *Asp* —6H **17**
Moor Way. *Hawk* —4D **4**
Morar Dri. *Bolt* —4C **24**
Morley Rd. *Rad* —1F **33**
Morley St. *Ath* —4C **36**
Morley St. *Bolt* —5B **22**
Mornington Rd. *And* —1F **7**
Mornington Rd. *Ath* —1F **37**
Mornington Rd. *Bolt* —3H **21**
Mornington Rd. *Hind* —2B **34**
Morris Fold Dri. *Los* —5B **20**
Morris Grn. *Bolt* —3A **30**
Morris Grn. Bus. Pk. *Bolt* —1A **30**
Morris Grn. La. *Bolt* —2E **31**
Morris Grn. St. *Bolt* —3A **30**
Morrison St. *Bolt* —2C **30**
Morris St. *Bolt* —4E **23**
Morris St. *Tyl* —6E **37**
Mort Ct. *Bolt* —6A **12**
Mortfield Gdns. *Bolt* —3B **22**
Mortfield La. *Bolt* —3B **22**
(in two parts)
Mort Fold. *L Hul* —2E **39**
Mortlake Clo. *Wor* —4D **38**
Mort La. *Tyl* —6C **38**
Mortons, The. *W'houg* —3G **27**
Morton St. *Bolt* —4E **23**
Mort St. *Farn* —5F **31**
Mort St. *Hind* —2C **34**
Mort St. *Hor* —5D **8**
Mort St. *Tyl* —6F **37**
Morven Gro. *Bolt* —4B **24**
MOSES GATE STATION. *BR*
—3G **31**
Mosley St. *Rad* —6H **25**
Moss Bank Clo. *Bolt* —5B **12**
Moss Bank Gro. *Wdly* —5F **41**
Moss Bank Rd. *Wdly* —5F **41**
Moss Bank Trad. Est. *Wor* —3A **40**
Moss Bank Way. *Bolt* —2E **21**
Mossbrook Dri. *L Hul* —1C **38**
Moss Clo. *Rad* —6F **25**
Moss Colliery Rd. *Clif* —4G **41**
Mossdale Av. *Bolt* —4D **20**
Moss Dri. *Hor* —6F **9**
Mossfield Ct. *Bolt* —3C **22**
Mossfield Rd. *Farn* —5F **31**
Mossfield Rd. *Kear* —2B **32**
Mossfield Rd. *Swint* —5G **41**
Mossland Rd. *Bolt* —3D **28**
Moss La. *Bolt* —6G **11**
Moss La. *Hor* —1B **18**
Moss La. *Kear* —2D **40**
Moss La. *Wdly* —5F **41**
Moss La. *Wor* —3A **40**
(in two parts)

Moss Lea. *Bolt* —5B **12**
Moss Meadow. *W'houg* —3G **27**
Moss Rd. *Kear* —6A **32**
(in two parts)
Moss Shaw Way. *Rad* —6F **25**
Moss St. *Farn* —4A **32**
Moss View Rd. *Bolt* —3A **24**
Mottershead Av. *L Lev* —1C **32**
Mottram M. *Hor* —5D **8**
Mottram St. *Hor* —5D **8**
Mountain Gro. *Wor* —3G **39**
Mountain St. *Wor* —3G **39**
Mountfield Wlk. *Bolt* —2C **22**
(in two parts)
Mountmorres Clo. *Bolt* —6F **29**
Mt. Pleasant. *Adl* —1E **7**
Mt. Pleasant. *Bolt* —6G **23**
Mt. Pleasant. *Rad* —1H **33**
Mt. Pleasant. *Tur* —2H **3**
Mt. Pleasant Rd. *Farn* —5D **30**
Mt. Pleasant St. *Hor* —2F **19**
Mt. Pleasant Wlk. *Rad* —1H **33**
(in two parts)
Mt. St Joseph's Rd. *Bolt* —6H **21**
Mt. Sion Rd. *Rad* —3F **33**
Mt. Skip La. *L Hul* —3E **39**
Mount St. *Bolt* —2C **22**
Mount St. *Hor* —1F **19**
Mowbray St. *Bolt* —2H **21**
Moyse Av. *Wals* —4H **15**
Muirfield Clo. *Bolt* —2F **29**
Mule St. *Bolt* —3E **23**
Mulgrave St. *Bolt* —3A **30**
Mulgrave St. *Swint* —6F **41**
Mulliner St. *Bolt* —2D **22**
Mullineux St. *Wor* —5H **39**
Murray St. *Ath* —5B **36**
Murton Ter. Bolt —5D **12**
(off Holly St.)
Musgrave Gdns. *L Lev* —3D **32**
Musgrave Rd. *Bolt* —3H **21**
Mycroft Clo. *Leigh* —6G **35**
Myrrh St. *Bolt* —6C **22**
Myrrh Wlk. Bolt —6C **12**
(off Myrrh St.)
Myrtle St. *Bolt* —3B **22**
Mytham Gdns. *L Lev* —3D **32**
Mytham Rd. *L Lev* —2D **32**
Mytton Rd. *Bolt* —5H **11**

Nabbs Fold. *G'mnt* —4H **5**
Nabbs Way. *G'mnt* —6H **5**
Nandywell. *L Lev* —2D **32**
Nantes Ct. *Bolt* —1B **22**
Nantwich Wlk. *Bolt* —1C **30**
Narcissus Wlk. *Wor* —4D **38**
Nasmyth St. *Hor* —6E **9**
Naylor St. *Ath* —5C **36**
Near Hey Clo. *Rad* —2G **33**
Neasden Gro. *Bolt* —6A **22**
Neath Fold. *Bolt* —2B **30**
Nebo St. *Bolt* —1B **30**
Nebraska St. *Bolt* —2C **22**
Nell St. *Bolt* —5C **12**
Nelson Fold. *Pen* —6H **41**
Nelson Sq. *Bolt* —4D **22**
Nelson St. *Ath* —3B **36**
(in two parts)
Nelson St. *Bolt* —6E **23**
(Bolton)
Nelson St. *Bolt* —2D **32**
(Little Lever)
Nelson St. *Farn* —5A **32**
Nelson St. *Hind* —1A **34**
Nelson St. *Hor* —6F **9**
Nelson St. *Tyl* —6H **37**
Nesbit St. *Bolt* —6F **13**
Neston Av. *Bolt* —4D **12**
Neston Rd. *Wals* —5H **15**
Nethercott St. *Tyl* —6E **37**
Netherfield Rd. *Bolt* —3B **30**
Netherton Gro. *Farn* —3F **31**
Netley Gdns. *Rad* —1G **33**
Nevada St. *Bolt* —2C **22**
Neville Clo. *Bolt* —3C **22**
Nevis Gro. *Bolt* —4B **12**
Nevy Fold Av. *Hor* —6H **9**
Newark Av. *Rad* —6E **25**

New Barn St. *Bolt* —2H **21**
Newbridge Gdns. *Bolt* —5A **14**
New Briggs Fold. *Eger* —5C **2**
Newbrook Rd. *Ath & Bolt* —2F **37**
New Brunswick St. *Hor* —6D **8**
Newbury Rd. *L Lev* —2B **32**
Newbury Wlk. *Bolt* —2C **22**
Newby Rd. *Bolt* —2A **24**
New Chapel La. *Hor* —1G **19**
New Church Rd. *Bolt* —1F **21**
Newcombe Dri. *L Hul* —1D **38**
New Ct. Dri. *Eger* —4B **2**
New Drake Grn. *W'houg* —2G **35**
Newearth Rd. *Wor* —6F **39**
New Ellesmere App. *Wor* —3H **39**
Newenden Rd. *Wig* —6A **16**
Newfield Clo. *Rad* —2G **33**
Newgate Dri. *L Hul* —1D **38**
New Grn. *Bolt* —3A **14**
Newhall Av. *Brad F* —5D **24**
New Hall La. *Bolt* —2G **21**
Newhall Pl. *Bolt* —3G **21**
Newhaven Wlk. *Bolt* —2F **23**
New Heys Way. *Bolt* —3H **13**
New Holder St. *Bolt* —4C **22**
Newholme Gdns. *Wor* —4G **39**
Newington Dri. *Bolt* —2D **22**
Newington Wlk. *Bolt* —2D **22**
(in two parts)
Newland Dri. *Bolt* —6F **29**
Newlands Av. *Bolt* —2B **24**
Newlands Dri. *Blac* —4A **18**
New La. *Bolt* —2H **23**
New Lodge, The. *Ath* —4C **36**
Newmarket Rd. *L Lev* —3C **32**
New Meadow. *Los* —4C **20**
Newnham St. *Bolt* —5C **12**
Newport M. *Farn* —6H **31**
Newport Rd. *Bolt* —2E **31**
Newport St. *Bolt* —4D **22**
(in two parts)
Newport St. *Farn* —6H **31**
Newport St. *Tot* —4H **15**
Newquay Av. *Bolt* —2F **25**
New Riven Ct. *L Lev* —2C **32**
New Rd. *And* —1H **7**
New Rd. *Haig* —5E **17**
New Rock. *W'houg* —2H **35**
Newry St. *Bolt* —6B **12**
Newsham Clo. *Bolt* —6B **22**
New Springs. *Bolt* —5H **11**
Newstead Dri. *Bolt* —3G **29**
New St. *Blac* —1H **17**
New St. *Bolt* —5C **22**
New St. *Tot* —3H **15**
New Tempest Rd. *Los* —1C **28**
Newton Dri. *G'mnt* —6H **5**
New Tong Field. *Brom X* —2D **12**
Newton St. *Bolt* —1C **22**
Newton Ter. *Bolt* —1C **22**
Newton Wlk. *Bolt* —1C **22**
Newtown Clo. *Pen* —5H **41**
Neyland Clo. *Bolt* —4F **21**
Nicholas St. *Bolt* —3E **23**
Nicola St. *Eger* —1C **12**
Nightingale Rd. *Blac* —6G **7**
Nightingale St. *Adl* —1E **7**
Nightingale Wlk. *Bolt* —2D **30**
Nile St. *Bolt* —6D **22**
Ninehouse La. *Bolt* —1D **30**
Ninian Gdns. *Wor* —4H **39**
Nixon Rd. *Bolt* —2A **30**
Nixon Rd. S. *Bolt* —2A **30**
Noble St. *Bolt* —6C **22**
Nole St. *Bolt* —4C **22**
Nook Fields. *Bolt* —6A **14**
Norbreck Gdns. *Bolt* —3G **23**
Norbreck Pl. *Bolt* —3G **23**
Norbreck St. *Bolt* —3G **23**
Norbury Gro. *Bolt* —5E **13**
Norbury Gro. *Pen* —6H **41**
Norden Ct. *Bolt* —1C **30**
Norfolk Clo. *L Lev* —1D **32**
Norfolk Dri. *Farn* —4H **31**
Norfolk Rd. *Ath* —2B **36**
Norfolk St. *Wor* —1H **39**
Normanby Gro. *Swint* —6G **41**
Normanby Rd. *Wor* —6G **39**

56 A-Z Bolton

Normanby St.—Penrose St.

Normanby St. *Bolt* —3H **29**
Normanby St. *Swint* —6G **41**
Normandale Av. *Bolt* —2G **21**
Normandy Cres. *Rad* —2H **33**
Norman St. *Bolt* —2D **30**
Norris Rd. *W'houg* —4C **28**
Norris St. *Bolt* —6C **22**
Norris St. *Farn* —6G **31**
Norris St. *L Lev* —2C **32**
Norris St. *Tyl* —6G **37**
North Av. *Farn* —5E **31**
North Av. *G'mnt* —6H **5**
Northcote St. *Rad* —3H **33**
N. Dean St. *Pen* —6H **41**
Northern Gro. *Bolt* —2A **22**
Northfield St. *Bolt* —6A **22**
North Gro. *Wor* —4G **39**
Northland Rd. *Bolt* —3D **12**
Northlands. *Rad* —6G **25**
Northolt Dri. *Bolt* —1D **30**
North Rd. *Ath* —3B **36**
North St. *Ath* —4E **37**
Northumbria St. *Bolt* —6A **22**
North Way. *Bolt* —5F **13**
Northwold Dri. *Bolt* —3E **21**
Northwood. *Bolt* —5H **13**
Northwood Cres. *Bolt* —6A **22**
Norton St. *Bolt* —6D **12**
Norway St. *Bolt* —1B **22**
Norwick Clo. *Bolt* —1E **29**
Norwood Clo. *Adl* —1E **7**
Norwood Clo. *Wor* —6A **40**
Norwood Gro. *Bolt* —3A **22**
Nottingham Dri. *Bolt* —2C **22**
Nuffield Ho. *Bolt* —2H **21**
Nugent Rd. *Bolt* —2C **30**
Nunnery Rd. *Bolt* —1H **29**
Nut St. *Bolt* —1B **22**
Nuttall Av. *Hor* —6C **8**
Nuttall Av. *L Lev* —2E **33**
Nuttall St. *Ath* —4E **37**

Oak Av. *Hind* —4C **34**
Oak Av. *Hor* —3G **19**
Oak Av. *L Lev* —2D **32**
Oakbank Dri. *Bolt* —3B **12**
Oak Barton. *Los* —1C **28**
Oak Coppice. *Bolt* —4G **21**
Oakdale. *Bolt* —5H **13**
Oakenbottom Rd. *Bolt* —4H **23**
Oakenclough Dri. *Bolt* —1F **21**
Oakes St. *Kear* —6B **32**
Oakfield Av. *Ath* —3C **36**
Oakfield Clo. *Hor* —1H **19**
Oakfield Cres. *Asp* —6G **17**
Oakfield Dri. *L Hul* —2C **38**
Oakfield Gro. *Farn* —1G **39**
Oakford Wlk. *Bolt* —1A **30**
Oak Gates. *Eger* —6C **2**
Oakhampton Clo. *Rad* —6E **25**
Oakhill Clo. *Bolt* —4C **24**
Oakhill Trad. Est. *Wor* —2G **39**
Oakhurst Gro. *W'houg* —6F **27**
Oakland Clo. *Hind* —4B **34**
Oakland Gro. *Bolt* —1G **21**
Oaklands. *Bolt* —4F **21**
Oaklands. *Los* —3B **20**
Oakleigh Av. *Bolt* —3E **31**
Oakley Clo. *Rad* —5H **33**
Oakley Pk. *Bolt* —4F **21**
Oaklings, The. *Hind* —4C **34**
Oaks Av. *Bolt* —5G **13**
Oaks La. *Bolt* —4F **13**
Oak St. *Ath* —6A **36**
Oak St. *Tyl* —6G **37**
Oak Tree Clo. *Ath* —6A **36**
Oakwood Av. *Clif* —3G **41**
Oakwood Av. *Wor* —5B **40**
Oakwood Dri. *Bolt* —3F **21**
Oakwood Dri. *Wor* —5B **40**
Oban Gro. *Bolt* —4C **12**
Oban St. *Bolt* —1G **21**
Oban Way. *Asp* —6H **17**
Octagon Ct. *Bolt* —5D **22**
Offerton St. *Hor* —6C **8**
Olaf St. *Bolt* —2F **23**
Old Barn Pl. *Brom X* —1E **13**
Oldbridge Dri. *Hind* —1A **34**

Old Clough La. *Wor* —6B **40**
 (in two parts)
Old Doctors St. *Tot* —2H **15**
Old Eagley M. *Bolt* —3D **12**
Oldfield Clo. *W'houg* —5H **27**
Old Fold Rd. *Asp* —6H **17**
 (in two parts)
Old Fold Rd. *W'houg* —6D **26**
Old Green. *G'mnt* —6H **5**
Old Greenwood La. *Hor* —2F **19**
Old Hall Clough. *Los* —4C **20**
Old Hall La. *Los* —2C **20**
Old Hall La. *W'houg* —1G **35**
Old Hall St. *Kear* —6A **32**
Old Hall St. N. *Bolt* —4D **22**
Oldhams Ter. *Bolt* —4B **12**
 (in three parts)
Oldham St. *Bolt* —5B **22**
Old Kiln La. *Bolt* —1C **20**
Old La. *Hor* —1H **19**
 (in three parts)
Old La. *L Hul* —1D **38**
Old La. *W'houg* —6F **27**
Old La. *Wig* —6A **16**
Old Links Clo. *Bolt* —1E **21**
Old Lord's Cres. *Hor* —4D **8**
Old Manor Pk. *Ath* —5A **36**
Old Nans La. *Bolt* —1B **24**
Old Nursery Fold. *Bolt* —5A **14**
Old Oak Clo. *Bolt* —6D **24**
Old Oake Clo. *Wor* —5A **40**
Old Quarry La. *Eger* —6D **2**
Old Rake. *Hor* —4F **9**
Old Rd. *Bolt* —5C **12**
Old School La. *Adl* —4C **6**
Oldstead Gro. *Bolt* —1F **29**
Old Swan Clo. *Eger* —5C **2**
Old Swan Cotts. *Eger* —5C **2**
Old Vicarage. *W'houg* —2G **35**
Old Vicarage Gdns. *Wor* —4H **39**
Old Vicarage M. *W'houg* —2G **35**
Old Vicarage Rd. *Hor* —6H **9**
Old Wells Clo. *L Hul* —1E **39**
Old Will's La. *Hor* —3D **8**
Old Wood La. *Bolt* —3C **24**
Olga St. *Bolt* —1B **22**
Oliver St. *Ath* —4D **36**
Olive St. *Bolt* —1B **30**
Ollerbrook Ct. *Bolt* —1D **22**
Ollerton St. *Adl* —1E **7**
Ollerton St. *Bolt* —3D **12**
Ollerton Ter. *Bolt* —3D **12**
 (off Ollerton St.)
Openshaw Pl. *Farn* —5F **31**
Oracle Ct. *Wor* —5G **39**
Orchard Av. *Bolt* —6D **12**
Orchard Gdns. *Bolt* —6B **14**
Orchard St. *Kear* —6A **32**
Orchard, The. *W'houg* —4G **27**
 (off Gerrard St.)
Orchid Av. *Farn* —4F **31**
Ordsall Av. *L Hul* —3F **39**
Organ St. *Hind* —4D **34**
Oriel St. *Bolt* —6A **22**
Orlando St. *Bolt* —6D **22**
 (in two parts)
Ormond St. *Bolt* —6H **23**
Ormrod St. *Bolt* —5C **22**
Ormrod St. *Brad* —5G **13**
Ormrod St. *Farn* —4G **31**
Ormside Clo. *Hind I* —3D **34**
Ormskirk Clo. *Bury* —3H **25**
Ormston Av. *Hor* —4D **8**
Ormstons La. *Hor* —3F **9**
Ornatus St. *Bolt* —4D **12**
Orwell St. *Bolt* —1H **21**
Osborne Gro. *Bolt* —2A **22**
Osborne Wlk. *Rad* —2G **33**
Osbourne Clo. *Farn* —4H **31**
Oscar St. *Bolt* —1A **22**
Oscott Av. *L Hul* —1E **39**
Osmund Av. *Bolt* —4H **23**
Osprey Av. *W'houg* —1E **35**
Oswald St. *Bolt* —1A **30**
 (in two parts)
Oswestry Clo. *G'mnt* —1H **15**
Otterbury Clo. *Bury* —1H **25**
Oulton St. *Bolt* —4E **13**
Outterside St. *Adl* —3E **7**

Outwood Av. *Clif* —3F **41**
Outwood Gro. *Bolt* —4C **12**
Overdale Dri. *Bolt* —4G **21**
Overdene Clo. *Los* —5B **20**
Overgreen. *Bolt* —6A **14**
Overhouses. *Tur* —1F **3**
Overton La. *Bolt* —4D **20**
Owenington Gro. *L Hul* —1E **39**
Owlerbarrow Rd. *Bury* —6H **15**
Owlwood Clo. *L Hul* —4C **38**
Owlwood Dri. *L Hul* —4C **38**
Oxford Clo. *Farn* —5D **30**
Oxford Gro. *Bolt* —2A **22**
Oxford Rd. *Ath* —2B **36**
Oxford Rd. *L Lev* —2B **32**
Oxford Rd. *Los* —3H **19**
Oxford St. *Adl* —3E **7**
Oxford St. *Bolt* —4D **22**
Oxford St. *Hind* —6B **26**
Ox Ga. *Bolt* —4H **13**
Ox Hey Clo. *Los* —3G **19**
Ox Hey La. *Los* —3G **19**
Oxlea Gro. *W'houg* —6G **27**

Packer St. *Bolt* —1A **22**
Padbury Way. *Bolt* —1H **23**
Paddock Clo. *Ath* —2E **37**
Paderborn Ct. *Bolt* —5C **22**
Pailton Clo. *Los* —5D **20**
Paiton St. *Bolt* —4A **22**
Palace St. *Bolt* —3D **22**
Palatine St. *Bolt* —4D **22**
Paley St. *Bolt* —4D **22**
Palin St. *Hind* —4D **34**
Palmer Gro. *Leigh* —6G **35**
Palm St. *Bolt* —6C **12**
Pansy Rd. *Farn* —5E **31**
Panton St. *Hor* —2F **19**
Paper Mill Rd. *Brom X* —2E **13**
Paris St. *Bolt* —1H **29**
Park Av. *Bolt* —5C **12**
Park Bank. *Ath* —1F **37**
Park Cotts. *Bolt* —1E **13**
Parkdale Rd. *Bolt* —2G **23**
Parkdene Clo. *Bolt* —5H **13**
Park Edge. *W'houg* —6A **28**
Parkfield Av. *Farn* —6F **31**
Parkfield Dri. *Tyl* —6B **38**
Parkfield Rd. *Bolt* —2D **30**
Parkgate. *Wals* —4G **15**
Parkgate Dri. *Bolt* —4D **12**
Park Gro. *Rad* —1H **33**
Park Gro. *Wor* —6H **39**
Park Hill St. *Bolt* —3B **22**
Park Ho. *Tyl* —6F **37**
Parkinson St. *Bolt* —6A **22**
Parklands Dri. *Asp* —5G **17**
Park La. *Hor* —6F **9**
Park Meadow. *W'houg* —5A **28**
Park Rd. *Adl* —3D **6**
Park Rd. *Bolt* —4A **22**
Park Rd. *Hind* —3A **34**
Park Rd. *L Lev* —1B **32**
Park Rd. *Ram* —4H **5**
Park Rd. *Tur* —2A **4**
Park Rd. *W'houg* —5H **27**
Park Rd. *Wor* —6G **39**
Park Row. *Bolt* —3D **12**
Parkside. *Hind* —1A **34**
Parkside Av. *Wor* —6H **39**
Parkside St. *Bolt* —2G **23**
Parks Nook. *Farn* —6G **31**
Parkstone Clo. *Bury* —1H **25**
Park St. *Ath* —3E **37**
Park St. *Bolt* —3B **22**
Park St. *Farn* —4H **31**
Park St. *Tyl* —6G **37**
Park Ter. *Bolt* —3D **12**
Park Ter. *W'houg* —4H **27**
Park View. *Bolt* —3D **12**
 (in two parts)
Park View. *Farn* —4H **31**
Park View. *Kear* —6B **32**
Park View Ho. *Ath* —4C **36**
Park View Rd. *Bolt* —1A **30**
Park Way. *L Hul* —3C **38**
 (in two parts)
Parkway. *W'houg* —1F **35**

Parkway Gro. *L Hul* —3C **38**
Parkwood. *Eger* —5B **2**
Parkwood Dri. *Bolt* —6F **29**
Parnham Clo. *Rad* —6D **24**
Parr Clo. *Farn* —5F **31**
Parr Fold Av. *Wor* —6G **39**
Parrot St. *Bolt* —6C **22**
Parr St. *Tyl* —6F **37**
Parsonage Dri. *Wor* —5G **39**
Parsonage Rd. *Rad* —6E **33**
Parsonage Rd. *Wor* —5G **39**
Partington Ct. *Farn* —4G **31**
Partington St. *Bolt* —3A **30**
Part St. *W'houg* —3G **27**
Patchett St. *Tyl* —6G **37**
Paton Av. *Bolt* —2E **31**
Paton M. *Bolt* —2E **31**
Patricia Dri. *Wor* —5A **40**
Patterdale Rd. *Bolt* —5B **14**
Patterson St. *Bolt* —1G **29**
Patterson St. *W'houg* —6D **26**
Paulette St. *Bolt* —1C **22**
Paulhan St. *Bolt* —2B **30**
Pauline St. *Ince* —6D **34**
Pavilion Wlk. *Rad* —1H **33**
Paxton Pl. *Farn* —5H **31**
Peabody St. *Bolt* —1C **22**
Peace St. *Ath* —4E **37**
Peace St. *Bolt* —6B **22**
Peak Av. *Ath* —2C **36**
Peak St. *Bolt* —1B **22**
Pearl Brook Ind. Est. *Hor* —6D **8**
Pear Tree Dri. *Tyl* —6B **38**
Peatfield Av. *Wdly* —5F **41**
Pedder St. *Bolt* —2A **22**
Peel Clo. *Ath* —4E **37**
Peel Dri. *L Hul* —3D **38**
Peel La. *Wor* —4D **38**
Peel Mt. *Ram* —3H **5**
Peel Pk. Cres. *L Hul* —3D **38**
Peel St. *Adl* —1F **7**
Peel St. *Farn* —5A **32**
Peel St. *W'houg* —4G **27**
Peel Ter. *W'houg* —3G **27**
Peel View. *Tot* —3H **15**
Peelwood Av. *L Hul* —2E **39**
Peelwood Gro. *Ath* —5E **37**
Peers Dri. *Tot* —4H **15**
Pegamoid St. *Bolt* —2F **23**
Pelham St. *Bolt* —2A **30**
Pelton Av. *Wdly* —5E **41**
Pemberlei Rd. *Asp* —3A **26**
Pemberton St. *Bolt* —5C **12**
Pemberton St. *L Hul* —3F **39**
Pembroke Clo. *Hor* —5C **8**
Pembroke Rd. *Hind* —4E **35**
Pembroke St. *Bolt* —3B **22**
Penarth Rd. *Bolt* —1H **29**
Penbury Rd. *Wig* —6A **16**
Pendennis Av. *Los* —6D **20**
Pendennis Clo. *Rad* —6E **25**
Pendennis Cres. *Hind* —4C **34**
Pendle Av. *Bolt* —3C **12**
Pendlebury Fold. *Bolt* —3D **28**
Pendlebury La. *Haig* —5A **16**
Pendlebury Rd. *Swint* —6H **41**
Pendlebury St. *Bolt* —6D **12**
Pendlebury St. *Rad* —2H **33**
Pendle Ct. *Bolt* —6B **12**
Pendle Dri. *Hor* —4E **9**
Pengarth Rd. *Hor* —5E **9**
Pengwern Av. *Bolt* —1H **29**
Pennine Clo. *Hor* —4E **9**
Pennine Rd. *Hor* —4E **9**
Pennington Clo. *Asp* —4A **26**
Pennington Clo. *L Hul* —3C **38**
Pennington Grn. La. *Asp* —3A **26**
Pennington La. *Haig* —3C **16**
Pennington Rd. *Bolt* —2D **30**
Pennington St. *Hind* —1A **34**
Pennington St. *Wals* —5G **15**
Pennington St. *Wor* —5A **40**
Penn St. *Farn* —5G **31**
Penn St. *Hor* —6E **9**
Penrhyn Gro. *Ath* —2C **36**
Penrice Clo. *Rad* —6F **25**
Penrith Av. *Bolt* —2G **21**
Penrith Av. *Wor* —5B **40**
Penrose St. *Bolt* —4G **23**

A–Z Bolton 57

Pensford Ct.—Richmond St.

Pensford Ct. *Bolt* —3A **14**
Pentland Ter. *Bolt* —2C **22**
Percy St. *Bolt* —1D **22**
Percy St. *Farn* —6A **32**
Perth St. *Bolt* —2H **29**
(in two parts)
Peterborough Dri. *Bolt* —2D **22**
Peterborough Wlk. *Bolt* —2C **22**
(off Charnock Dri.)
Peterhead Clo. *Bolt* —2B **22**
Petersfield Wlk. *Bolt* —2C **22**
Peter St. *Tyl* —6F **37**
Peter St. *W'houg* —6C **26**
Petunia Wlk. *Wor* —4D **38**
(off Madams Wood Rd.)
Peveril St. *Bolt* —2H **29**
Pewfist Grn. *W'houg* —1G **35**
Pewfist Spinney, The. *W'houg*
—6F **27**
Pewfist, The. *W'houg* —6F **27**
Phethean St. *Bolt* —4E **23**
Phethean St. *Farn* —4G **31**
Philips Av. *Farn* —6H **31**
Philip St. *Bolt* —6B **22**
Phillips St. *Leigh* —6G **35**
Phipps St. *Wor* —3G **39**
Phoebe St. *Bolt* —1A **30**
Phoenix St. *Bolt* —3E **23**
Phoenix St. *Farn* —6H **31**
Phoenix Way. *Rad* —3H **33**
Pickering Clo. *Rad* —5C **32**
Pickford Av. *L Lev* —2E **33**
Pickley Grn. *Leigh* —6G **35**
Piggott St. *Farn* —6G **31**
Pike Av. *Ath* —5A **36**
Pike Mill Est. *Bolt* —1C **30**
Pike Rd. *Bolt* —1B **30**
Pike View. *Hor* —5F **9**
Pilkington Rd. *Kear* —1B **40**
Pilkington St. *Rad* —6H **25**
Pilkington St. *Bolt* —6C **22**
Pilkington St. *Hind* —1A **34**
Pilling Field. *Eger* —6C **2**
Pilning St. *Bolt* —1E **31**
Pilot Ind. Est. *Bolt* —1F **31**
Pimlott Rd. *Bolt* —6F **13**
Pincroft La. *Blac* —3E **7**
Pine Gro. —5F **31**
Pine Gro. *W'houg* —6G **27**
Pine Meadows. *Rad* —1D **40**
Pine St. *Bolt* —1D **22**
Pine St. *Tyl* —6G **37**
Pinewood Clo. *Bolt* —1C **22**
Pinfold Clo. *W'houg* —2F **35**
(in two parts)
Pinfold Rd. *Wor* —6G **39**
Pinnacle Dri. *Eger* —5B **2**
Pioneer St. *Hor* —5E **9**
Pitcombe Clo. *Bolt* —2B **12**
Pitfield La. *Bolt* —5B **14**
Pitfield St. *Bolt* —4F **23**
Pitt St. *Rad* —2G **33**
Pixmore Av. *Bolt* —5F **13**
Plantation Av. *Wor* —3G **39**
Plantation Rd. *Tur* —4B **4**
Platt Hill Av. *Kear* —1G **29**
Platt La. *Stand* —6A **6**
Platt La. *W'houg* —5B **28**
Play Fair St. *Bolt* —3D **12**
Pleasant Gdns. *Bolt* —3C **22**
Pleasant St. *Wals* —5H **15**
Pleasington Dri. *Bury* —1G **25**
Plevna St. *Bolt* —4E **23**
Plodder La. *Bolt & Farn* —4G **29**
Plodder La. *Farn* —5D **30**
Ploughfields. *W'houg* —2G **27**
Plowden Clo. *Bolt* —2A **30**
Plymouth Dri. *Farn* —5D **30**
Plymouth Gro. *Rad* —6F **25**
Pocket Nook Rd. *Los* —2B **28**
Pocket Workshops, The. *Bolt*
—5A **22**
Polegate Dri. *Leigh* —5E **35**
Pole St. *Bolt* —2F **23**
Pollard Ho. *Bolt* —3H **29**
Pondwater Clo. *Wor* —4E **39**
Pool Field Clo. *Rad* —2F **33**
Pool Fold Clo. *Bolt* —1G **21**
Pool Grn. *Blac* —1H **17**

Pool Pl. *Bolt* —1G **21**
(off Church Rd.)
Pool St. *Bolt* —3C **22**
(in two parts)
Pool St. *Hind* —3A **34**
Pool Ter. *Bolt* —1G **21**
Poplar Av. *Bolt* —5D **12**
Poplar Av. *Brad* —3G **13**
Poplar Av. *Hor* —2G **19**
Poplar Gro. *Hind* —4D **34**
Poplar Gro. *W'houg* —5G **27**
Poplar Rd. *Wor* —5A **40**
Poplars, The. *Adl* —3D **6**
Poplar St. *Tyl* —6F **37**
Porchester Dri. *Rad* —6E **25**
Portland Rd. *Wor* —2G **39**
Portland St. *Bolt* —1C **22**
Portland St. *Farn* —3H **31**
Portugal St. *Bolt* —4F **23**
Poulton Av. *Bolt* —4A **24**
Powys St. *Ath* —6E **37**
Preesall Clo. *Bury* —3H **25**
Prenton Way. *Wals* —4H **15**
Presall St. *Bolt* —3G **23**
Presbyterian Fold. *Hind* —1A **34**
Prescot Av. *Ast* —6B **38**
Prescot Av. *Ath* —2E **37**
Prescott Clo. *Bolt* —1A **30**
Prescott St. *Wor* —4F **39**
Prestbury Rd. *Bolt* —4E **13**
Presto Gdns. *Bolt* —1H **29**
Prestolee Rd. *Bolt* —4C **32**
Prestolee Rd. *Rad* —4C **32**
Preston St. *Bolt* —1F **31**
(Bolton)
Preston St. *Bolt* —1H **29**
(Willows)
Presto St. *Farn* —4A **32**
Prestwich St. *Ath* —3B **36**
Prestwood Clo. *Bolt* —2B **22**
Prestwood Dri. *Bolt* —2B **22**
Prestwood Rd. *Farn* —4E **31**
Pretoria Rd. *Bolt* —4A **24**
Price St. *Farn* —4H **31**
Priestley Rd. *Wor* —6F **41**
Primrose Av. *Farn* —4E **31**
Primrose Av. *Wor* —5F **39**
Primrose Bank. *Tot* —2G **15**
Primrose Bank. *Wor* —5F **39**
Primrose Clo. *Bolt* —5C **14**
Primrose St. *Bolt* —5D **12**
Primrose St. *Kear* —6A **32**
Primrose St. *Tyl* —6G **37**
Primrose St. N. *Tyl* —6G **37**
Primrose St. S. *Tyl* —6G **37**
Primula St. *Bolt* —5D **12**
Prince's Av. *L Lev* —1D **32**
Princess Av. *Ath* —2C **36**
Princess Av. *Kear* —1B **40**
Princess Gro. *Farn* —5H **31**
(in two parts)
Princess Rd. *And* —1F **7**
Princess Rd. *Los* —4B **20**
Princess St. *Bolt* —4D **22**
Princess St. *Rad* —2G **33**
Prince St. *Bolt* —3C **22**
Princethorpe Clo. *Los* —5D **20**
Printers Ct. *Tur* —3H **3**
Printers La. *Bolt* —3G **13**
Printshop La. *Ath* —6E **37**
(in two parts)
Priory Av. *Leigh* —6F **35**
Priory Rd. *Bolt* —1G **23**
Priory Rd. *Swint* —6G **41**
Prodesse Ct. *Hind* —1A **34**
Proffitt St. *Bolt* —5B **22**
Progress St. *Bolt* —2D **22**
Prospect Av. *Bolt* —6B **14**
Prospect Av. *Farn* —6G **31**
Prospect Cotts. *Haig* —5E **17**
Prospect Dri. *Farn* —2H **15**
Prospect Pl. *Farn* —6G **31**
Prospect St. *Bolt* —2D **22**
Prospect St. *Hind* —2A **34**
Prospect St. *Tyl* —6F **37**
Prosser Av. *Ath* —5A **36**
Providence St. *Bolt* —6D **22**
Pryce St. *Bolt* —2B **22**
Pulman Ct. *Bolt* —6E **23**

Pump St. *Hind* —2A **34**
Punch La. *Bolt* —3D **28**
(in three parts)
Punch St. *Bolt* —5B **22**
Pungle, The. *W'houg* —2F **35**
(in two parts)
Purbeck Dri. *Los* —2H **19**
Purcell Clo. *Bolt* —2B **22**
Putt St. *Swint* —5H **41**

Quakerfields. *W'houg* —6F **27**
Quakers Field. *Tot* —1H **15**
Quarlton Dri. *Hawk* —4D **4**
Quarry Pond Rd. *Wor* —4D **38**
Quarry Rd. *Kear* —6C **32**
Quebec Pl. *Bolt* —6A **22**
Quebec St. *Bolt* —6B **22**
Queen's Av. *Ath* —2C **36**
Queen's Av. *Brom X* —2E **13**
Queen's Av. *L Lev* —1C **32**
Queensbrook. *Bolt* —4C **22**
Queen's Clo. *Wor* —3H **39**
Queensgate. *Bolt* —3A **22**
Queens Pk. St. *Bolt* —1H **29**
Queens Rd. *Bolt* —1H **29**
Queen St. *Bolt* —4C **22**
Queen St. *Farn* —5H **31**
Queen St. *Hind* —1A **34**
Queen St. *Hor* —6C **8**
Queen St. *L Hul* —4F **39**
Queen St. *Tot* —4H **15**
Queen St. *W'houg* —5G **27**
Queensway. *Clif* —5H **41**
Queensway. *Kear* —2B **40**
Queensway. *Wor* —6F **39**

Racecourse Wlk. *Rad* —1H **33**
Radcliffe Moor Rd. *Brad T & Brad F*
—5D **24**
Radcliffe Rd. *Bolt* —4E **23**
Radcliffe Rd. *L Lev* —6G **23**
Radelan Gro. *Rad* —1F **33**
Radley Clo. *Bolt* —2G **21**
Radnor Clo. *Hind* —4C **34**
Radstock Clo. *Bolt* —2C **12**
Radway. *Tyl* —6A **38**
Raglan St. *Bolt* —1B **22**
Raikesclough Ind. Est. *Bolt* —1F **31**
Raikes La. *Bolt* —1F **31**
(in two parts)
Raikes Rd. *Bolt* —6H **23**
Raikes Way. *Bolt* —6H **23**
Railway Rd. *Adl & Brins* —2E **7**
Railway St. *Ath* —3B **36**
Railway St. *Farn* —4A **32**
Railway St. *Hind* —6A **26**
Railway View. *Adl* —2F **7**
Raimond St. *Bolt* —6A **12**
Rainbow Dri. *Ath* —2D **36**
Rainford Ho. *Bolt* —3D **22**
(off Beta St.)
Rainford St. *Bolt* —3G **13**
Rainham Dri. *Bolt* —2C **22**
Rainham Gro. *Bolt* —2C **22**
(off Rainham Dri.)
Rainshaw St. *Bolt* —5D **12**
Rake La. *Clif* —4H **41**
Ralph St. *Bolt* —1B **22**
Ramsay Av. *Farn* —6E **31**
Ramsay St. *Bolt* —5C **12**
Ramsbottom Ho. *Hor* —6E **9**
Ramsbottom Rd. *Tur & Hawk*
—5B **4**
Ramsden Fold. *Clif* —5H **41**
Ramsey Clo. *Ath* —5E **37**
Ram St. *L Hul* —3D **38**
Ramwell Gdns. *Bolt* —6B **22**
Ramwells Brow. *Brom X* —1D **12**
Ramwells Ct. *Brom X* —1F **13**
Ramwells M. *Brom X* —1F **13**
Randal St. *Bolt* —1A **30**
Randle St. *Hind* —6A **26**
Randolph Rd. *Kear* —6B **32**
Randolph St. *Bolt* —2F **23**
Range St. *Bolt* —1B **30**
Ranicar St. *Hind* —4E **35**
Rankine Ter. *Bolt* —5B **22**

Rannoch Rd. *Bolt* —4B **24**
Ranworth Clo. *Bolt* —3E **13**
Raphael St. *Bolt* —1B **22**
Rasbottom St. *Bolt* —6C **22**
Ratcliffe Rd. *Asp* —5G **17**
Ratcliffe St. *Tyl* —6H **37**
Raveden Clo. *Bolt* —6A **12**
Ravenfield Gro. *Bolt* —3B **22**
Ravenhurst Dri. *Bolt* —5D **20**
Raven Rd. *Bolt* —1G **29**
Ravenscar Wlk. *Farn* —6H **31**
Ravenscraig Rd. *L Hul* —1F **39**
Ravensdale Rd. *Bolt* —4D **20**
Ravens Wood. *Bolt* —4E **21**
Ravenswood Dri. *Bolt* —3E **21**
Ravenswood Dri. *Hind* —6A **26**
Rawcliffe Av. *Bolt* —4B **24**
Rawlinson St. *Hor* —5D **8**
Rawly Rd. *Bolt* —1G **21**
Rawson Av. *Farn* —4A **32**
Rawson Rd. *Bolt* —2A **22**
Rawson St. *Farn* —4H **31**
Rawsthorne St. *Bolt* —1C **22**
Rawsthorne St. *Tyl* —6B **38**
Rayden Cres. *W'houg* —1G **35**
Raymond St. *Pen* —6H **41**
Rayner Av. *Hind* —5A **34**
Reach, The. *Wor* —5A **40**
Recreation St. *Bolt* —1C **30**
Recreation St. *Brad* —4A **14**
Rectory Gdns. *W'houg* —2G **35**
Rectory La. *Stand* —2A **16**
Red Bank Rd. *Rad* —6H **25**
Red Bri. *Bolt* —2C **24**
Redbrook Clo. *Farn* —4A **32**
Redcar Rd. *Bolt* —5H **11**
Redcar Rd. *L Lev* —2C **32**
Reddish Clo. *Bolt* —3A **14**
Redhill Gro. *Bolt* —2C **22**
Redisher Clo. *Ram* —4H **5**
Redisher La. *Hawk* —4G **5**
Red La. *Bolt* —2C **24**
Red Rock Brow. *Wig* —3A **16**
Red Rock La. *Haig* —3A **16**
Red Rock La. *Rad* —1F **41**
Red Rose Gdns. *Wor* —3E **39**
Redshaw Av. *Bolt* —3F **13**
Redstock Clo. *W'houg* —4A **28**
Red St. *Ath* —4E **37**
Redwing Rd. *G'mnt* —5H **5**
Redwood. *W'houg* —1F **35**
Reedbank. *Rad* —5H **33**
Reedham Clo. *Bolt* —3A **22**
Reedmace Clo. *Wor* —6A **40**
Regaby Gro. *Hind* —2C **34**
Regan St. *Bolt* —6B **12**
Regent Av. *L Hul* —3G **39**
Regent Dri. *Los* —4B **20**
Regent Rd. *Los* —5B **20**
Regent St. *Ath* —5E **37**
Regent Wlk. *Farn* —5H **31**
Reginald St. *Bolt* —3G **29**
Reginald St. *Swint* —6F **41**
Renfrew Clo. *Bolt* —2F **29**
Renfrew Dri. *Bolt* —2F **29**
Renfrew Rd. *Asp* —6H **17**
Renwick Gro. *Bolt* —2A **30**
Reservoir St. *Asp* —2B **16**
Restormel Av. *Asp* —6H **17**
Reynolds Clo. *Bolt* —1F **37**
Reynolds Dri. *Bolt* —6F **29**
Rhine Clo. *Tot* —2H **15**
Rhode St. *Tot* —3H **15**
Rhosleigh Av. *Bolt* —5B **12**
Ribble Av. *Bolt* —4A **24**
Ribble Dri. *Kear* —2C **40**
Ribblesdale Rd. *Bolt* —1B **30**
Ribbleton Clo. *Bury* —2H **25**
Ribchester Gro. *Bolt* —2A **24**
Richard Gwyn Clo. *W'houg* —1F **35**
Richard St. *Rad* —2F **33**
Richelieu St. *Bolt* —1E **31**
Richmond Clo. *Stand* —4A **16**
Richmond Ct. *Tot* —3H **15**
Richmond Gdns. *Bolt* —2F **31**
Richmond Gro. *Farn* —4E **31**
Richmond Ho. *Tyl* —6F **37**
Richmond Rd. *Hind* —4C **34**
Richmond St. *Ath* —4C **36**

58 A–Z Bolton

Richmond St.—Sandray Clo.

Richmond St. *Hor* —6D **8**
Richmond Wlk. *Rad* —5H **25**
Ridge Av. *Stand* —4A **16**
Ridgeway Gates. *Bolt* —4D **22**
Ridgmont Clo. *Hor* —6H **9**
Ridgmont Dri. *Hor* —6H **9**
Ridgway. *Blac* —1G **17**
Riding Ga. *Bolt* —3A **14**
Riding Ga. M. *Bolt* —3A **14**
Ridyard St. *L Hul* —3F **39**
Riefield. *Bolt* —1H **21**
Rigby Av. *Blac* —1G **17**
Rigby Ct. *Bolt* —1D **30**
 (in two parts)
Rigby Gro. *L Hul* —3C **38**
Rigby La. *Bolt* —3G **13**
Rigby St. *Bolt* —1D **30**
Rigby St. *Hind* —1A **34**
Riley Ct. *Bolt* —2D **22**
Riley La. *Haig* —3F **17**
Riley St. *Ath* —6A **36**
Rimsdale Wlk. *Bolt* —6E **21**
 (in two parts)
Ringley Gro. *Bolt* —4C **12**
Ringley Meadows. *Rad* —6E **33**
Ringley Old Brow. *Rad* —6E **33**
Ringley Rd. *Rad* —5D **32**
 (in three parts)
Ringley Rd. W. *Rad & W'fld*
 —5G **33**
Ringwood Av. *Ram* —3H **5**
Ripley St. *Bolt* —5F **13**
Ripon Av. *Bolt* —2F **21**
Ripon Clo. *L Lev* —2B **32**
Ripon Dri. *Bolt* —2F **21**
Rishton Av. *Bolt* —3D **30**
Rishton La. *Bolt* —1D **30**
Riverbank, The. *Rad* —5C **32**
Riverside Dri. *Rad* —5D **32**
Riversleigh Clo. *Bolt* —6F **11**
Riversmeade. *Brom X* —2G **13**
River St. *Bolt* —4E **23**
Riverview Wlk. Bolt —5B **22**
 (off Bridgewater St.)
Rivington Av. *Adl* —2F **7**
Rivington Dri. *Bick* —6B **34**
Rivington Dri. *Bury* —2H **25**
Rivington Ho. *Bolt* —5D **8**
Rivington La. *And* —3H **7**
Rivington La. *Hor* —1B **8**
Rivington St. *Ath* —5A **36**
Rivington St. *Blac* —1H **17**
Rix St. *Bolt* —1C **22**
Rixton Dri. *Tyl* —6H **37**
Roading Brook Rd. *Bolt* —6D **8**
Robertson St. *Rad* —1H **33**
Robert St. *Ath* —6E **37**
Robert St. *Bolt* —4A **14**
Robert St. *Farn* —5A **32**
Robert St. *Rad* —1H **33**
Robin Clo. *Farn* —6D **30**
Robinson St. *Hor* —5D **8**
Robinson St. *Tyl* —6G **37**
Rochester Av. *Bolt* —2A **24**
Rochester Av. *Wor* —6G **39**
Rock Av. *Bolt* —1A **22**
Rock Fold. *Eger* —6D **2**
Rockhaven Av. *Hor* —5E **9**
Rock St. *Hor* —6D **8**
Rock Ter. *Eger* —6D **2**
Rodgers Clo. *W'houg* —1G **35**
Rodgers Way. *W'houg* —1G **35**
Rodmell Clo. *Brom X* —2D **12**
Rodney St. *Ath* —5C **36**
Roebuck St. *Hind* —4E **35**
Rogerstead. *Bolt* —5A **22**
Roland St. *Bolt* —1A **30**
Roman St. *Rad* —2G **33**
Romer St. *Bolt* —4G **23**
Romford Pl. *Hind* —2A **34**
Romford St. *Hind* —2A **34**
Romiley Cres. *Bolt* —3H **23**
Romiley Dri. *Bolt* —3H **23**
 (Breightmet)
Romiley Dri. *Bolt* —4E **23**
 (Mill Hill)
Romney Rd. *Bolt* —1E **21**
Romsley Dri. *Bolt* —2A **30**
Roocroft Ct. *Bolt* —2B **22**

Roocroft Sq. *Blac* —1G **17**
Roosevelt Rd. *Kear* —6B **32**
Rosamond St. *Bolt* —1A **30**
Roscoe Ct. *W'houg* —6H **27**
Roscoe Lowe Brow. *Grim V* —2H **7**
Roscow Av. *Bolt* —3A **24**
Roscow Rd. *Kear* —6C **32**
Roseacre Clo. *Bolt* —3G **23**
Rose Av. *Farn* —4G **31**
Rose Bank. *Los* —4C **20**
Rosebank Clo. *Ain* —2E **25**
Roseberry St. *Bolt* —1A **30**
Rosebery St. *W'houg* —5H **27**
Rosedale Av. *Ath* —4C **36**
Rosedale Av. *Bolt* —4C **12**
Rose Gro. *Bury* —1H **25**
Rose Gro. *Kear* —6B **32**
Rose Hill. *Bolt* —6E **23**
Rose Hill Clo. *Brom X* —2E **13**
Rose Hill Dri. *Brom X* —2E **13**
Rosehill M. *Pen* —5H **41**
Rosehill Rd. *Pen* —5H **41**
Rose Hill Ter. *Ath* —4D **36**
Rose Lea. *Bolt* —5A **14**
Rosemary La. *Bolt* —2G **37**
Roseneath Gro. *Bolt* —3B **30**
Roseneath Rd. *Bolt* —2B **30**
Rose St. *Hind* —2A **34**
Rosewood. *W'houg* —1E **35**
Roslin Gdns. *Bolt* —6A **12**
Rossall Clo. *Bolt* —3G **23**
Rossall Rd. *Bolt* —3G **23**
 (in two parts)
Rossall St. *Bolt* —3G **23**
Ross Dri. *Clif* —3G **41**
Rossini St. *Bolt* —6B **12**
Ross St. *Bolt* —2C **22**
Rostherne Gdns. *Bolt* —1H **29**
Rothay Clo. *Bolt* —2B **24**
Rothbury Clo. *Bury* —1H **25**
Rothbury Ct. *Bolt* —2H **29**
Rotherhead Clo. *Hor* —1B **18**
Rothesay Rd. *Bolt* —2H **29**
Rothwell Cres. *L Hul* —1C **38**
Rothwell La. *L Hul* —2C **38**
Rothwell Rd. *And* —2F **7**
Rothwell St. *Bolt* —6C **22**
Rothwell St. *Wor* —4B **40**
Roundthorne La. *W'houg* —6G **27**
Rowan Av. *Hor* —2G **19**
Rowans, The. *Bolt* —4E **21**
Rowena St. *Bolt* —3G **31**
Rowe St. *Tyl* —6H **37**
Rowland St. *Ath* —4D **36**
 (in two parts)
Rowsley Av. *Bolt* —2G **21**
Rowton Rise. *Stand* —3A **16**
Rowton St. *Bolt* —6F **13**
Roxalina St. *Bolt* —1C **30**
Roxby Clo. *Wor* —4F **39**
Roxton Clo. *Hor* —3D **8**
Royds Clo. *Tot* —2H **15**
Royds St. S. *Tot* —2H **15**
Royland Av. *Bolt* —2E **31**
Royland Ct. *Bolt* —2E **31**
Royle St. *Wor* —5H **39**
Roynton Av. *Bolt* —1G **23**
Royston Av. *Bolt* —3F **23**
Royston Clo. *G'mnt* —6H **5**
Roy St. *Bolt* —1H **29**
Ruabon Cres. *Hind* —3B **34**
Ruby St. *Bolt* —6D **12**
Rudford Gdns. *Bolt* —1D **30**
Rudolph St. *Bolt* —2D **30**
Rufford Dri. *Bolt* —3B **30**
Rufford Gro. *Bolt* —3B **30**
Ruins La. *Bolt* —5A **14**
Rumworth Rd. *Los* —5C **20**
Rumworth St. *Bolt* —1B **30**
Runnymede Ct. *Bolt* —6B **22**
Rupert St. *Bolt* —1G **23**
Rush Acre Clo. *Rad* —2G **33**
Rushey Field. *Brom X* —1D **12**
Rushey Fold Ct. *Bolt* —1B **22**
Rushey Fold La. *Bolt* —1B **22**
Rushford Gro. *Bolt* —5D **12**
Rushlake Dri. *Bolt* —2C **22**
Rushton Rd. *Bolt* —2H **21**
Rushton St. *Wor* —5H **39**

Ruskin Av. *Kear* —6B **32**
Ruskin Rd. *L Lev* —1D **32**
Rusland Dri. *Bolt* —1A **24**
Russell Clo. *Bolt* —3A **22**
Russell Ct. *Farn* —5A **32**
Russell Ct. *L Hul* —4G **39**
Russell St. *Ath* —3B **36**
Russell St. *Bolt* —3B **22**
Russell St. *Farn* —5A **32**
Russell St. *Hind* —6E **35**
Russell St. *L Hul* —4G **39**
Rutherford Dri. *Bolt* —6F **29**
Rutherglen Dri. *Bolt* —5F **21**
Ruth St. *Bolt* —3C **22**
Rutland Av. *Ath* —2F **37**
Rutland Av. *Pen* —5H **41**
Rutland Clo. *L Lev* —1D **32**
Rutland Gro. *Bolt* —2A **22**
Rutland Gro. *Farn* —6G **31**
Rutland Rd. *Hind* —1B **34**
Rutland Rd. *Tyl* —5F **37**
Rutland Rd. *Wor* —6G **39**
Rutland St. *Bolt* —1B **30**
Rutland St. *Swint* —6G **41**
Rydal Av. *Hind* —2A **34**
Rydal Clo. *Blac* —6G **7**
Rydal Cres. *Wor* —6A **40**
Rydal Gro. *Farn* —6D **30**
Rydal Rd. *Bolt* —2G **21**
Rydal Rd. *L Lev* —2C **32**
Ryder St. *Bolt* —1A **22**
Ryde St. *Bolt* —1G **29**
Rydley St. *Bolt* —5F **23**
Ryeburn Dri. *Bolt* —4F **13**
Ryecroft Av. *Tot* —3H **15**
Ryecroft Dri. *W'houg* —1F **27**
Ryefield St. *Bolt* —2E **23**
Rye Hill. *W'houg* —5H **27**
Ryelands. *W'houg* —5H **27**
Ryelands Ct. *W'houg* —5H **27**
 (off Ryelands)
Ryley Av. *Bolt* —6H **21**
Ryley St. *Bolt* —5A **22**

Sabden Rd. *Bolt* —1E **21**
Sackville St. *Bolt* —4G **23**
Saddle St. *Bolt* —1F **23**
Sadler St. *Bolt* —1E **31**
St Aidans Clo. *Rad* —4H **33**
St Andrew's Ct. Bolt —4D **22**
 (off Chancery La.)
St Andrew's Cres. *Hind* —2A **34**
St Andrews Rd. *Los* —4A **20**
St Andrew's Rd. *Rad* —5H **25**
St Andrew's St. *Rad* —5H **25**
St Andrews View. *Rad* —5H **25**
St Anne's Av. *Ath* —6E **37**
St Annes Rd. *Hor* —5E **9**
St Ann St. *Bolt* —2C **22**
St Aubin's Rd. *Bolt* —5F **23**
St Augustine St. *Bolt* —1B **22**
St Austell Dri. *G'mnt* —5H **5**
St Bartholomew's Bolt —1E **31**
St Bedes Av. *Bolt* —3H **29**
St Bees Rd. *Bolt* —1G **23**
St Brides Clo. *Hor* —5C **8**
St Clair Rd. *G'mnt* —4H **5**
St David's Cres. *Asp* —6F **17**
St Dominic's M. *Bolt* —2A **30**
St Edmund St. *Bolt* —4C **22**
St Edmund's Wlk. *L Hul* —3F **39**
St Elizabeth's Rd. *Asp* —5F **17**
St Ethelbert's Av. *Bolt* —6H **21**
St Georges Av. *W'houg* —1G **35**
St George's Ct. *Bolt* —3C **22**
St George's Cres. *Wor* —5H **39**
St George's Pl. *Ath* —3B **36**
St George's Rd. *Bolt* —3C **22**
St Georges Sq. Bolt —3C **22**
 (off All Saints St.)
St George's St. *Bolt* —3D **22**
St George's St. *Tyl* —6F **37**
St Germain St. *Farn* —5G **31**
St Gregorys Clo. *Farn* —6G **31**
St Helena Rd. *Bolt* —4C **22**
 (in two parts)
St Helens Rd. *Bolt* —4G **29**
St Helier St. *Bolt* —1B **30**

St James Av. *Bolt* —3A **24**
St James Cres. *Bick* —6B **34**
St James St. *Farn* —6F **31**
St James St. *W'houg* —2H **35**
St John's Av. *W'houg* —2F **27**
St John's Rd. *Asp* —6F **17**
St John's Rd. *Los* —2B **28**
St John's St. *Farn* —5A **32**
St John St. *Ath* —4D **36**
St John St. *Hor* —6D **8**
St John St. *Wor* —3G **39**
St Johns Wood. *Los* —1C **28**
St Joseph St. *Bolt* —1B **22**
St Katherine's Dri. *Blac* —6G **7**
St Kilda Av. *Kear* —1B **40**
St Leonard's Av. *Los* —2H **19**
St Lukes Ct. *Bolt* —3A **22**
St Margarets Clo. *Bolt* —3H **21**
St Margaret's Rd. *Bolt* —3H **21**
St Marks Cres. *Wor* —6H **39**
St Mark's St. *Bolt* —6D **22**
St Mark's View. *Bolt* —6D **22**
St Mark's Wlk. *Bolt* —1C **30**
St Mary's Av. *Bolt* —6H **21**
St Mary's Clo. *Asp* —6F **17**
St Mary's Clo. *Ath* —5E **37**
St Mary's Rd. *Asp* —5F **17**
St Mary's Rd. *Wor* —2G **39**
St Matthews Grange. *Bolt* —2C **22**
St Matthews Ter. Bolt —2C **22**
 (off St Matthews Wlk.)
St Matthews Wlk. *Bolt* —2C **22**
 (in two parts)
St Maws Ct. *Rad* —6E **25**
St Michael's Av. *Ath* —6A **36**
St Michael's Av. *Bolt* —3F **31**
St Michael's Clo. *Bury* —3H **25**
St Osmund's Dri. *Bolt* —4A **24**
St Osmund's Gro. *Bolt* —4A **24**
St Paul's Clo. *Adl* —1E **7**
St Pauls Clo. *Rad* —4H **33**
St Paul's Ct. *Wor* —5H **39**
St Paul's Pl. *Bolt* —6A **12**
St Paul's Rd. *Wor* —5A **40**
St Peter's Av. *Bolt* —1G **21**
St Peter's Ter. *Farn* —6H **31**
St Peter's Way. *Bolt* —2D **22**
St Philip's Av. *Bolt* —1B **30**
St Stephens Clo. *Bolt* —6G **23**
St Stephens Gdns. *Kear* —1C **40**
St Stephen's St. *Kear* —1C **40**
St Thomas St. *Bolt* —1B **22**
St William's Av. *Bolt* —2C **30**
Salcombe Av. *Bolt* —2F **25**
Salcombe Gro. *Bolt* —5C **24**
Sale La. *Tyl* —6B **38**
Salford Rd. *Bolt* —5G **29**
Salford Rd. *Wor* —6A **40**
Salisbury Av. *Hind* —1B **34**
Salisbury Rd. *Hor* —2H **19**
Salisbury Rd. *Rad* —6G **25**
Salisbury St. *Bolt* —5B **22**
Salisbury Ter. *L Lev* —2D **32**
Salop St. *Bolt* —5E **23**
Saltergate Clo. *Bolt* —1E **29**
Salters Ct. *Ath* —4D **36**
Salterton Dri. *Bolt* —3G **29**
Saltram Clo. *Rad* —6E **25**
Saltwood Gro. *Bolt* —2D **22**
Samuel St. *Ath* —6F **37**
 (in two parts)
Samuel St. *L Lev* —1C **32**
Sandalwood. *W'houg* —1F **35**
Sand Banks. *Bolt* —3D **12**
Sanderling Clo. *W'houg* —1F **35**
Sandfield Dri. *Los* —5C **20**
Sandford Clo. *Bolt* —5A **14**
Sandgate Av. *Rad* —6E **33**
Sandham St. *Bolt* —1D **30**
Sandham Wlk. *Bolt* —1D **30**
Sandhill Clo. *Bolt* —1D **30**
Sand Hole Rd. *Kear* —1C **40**
Sandhurst Ct. *Bolt* —5A **24**
Sandhurst Dri. *Bolt* —5A **24**
Sandon St. *Bolt* —1B **30**
Sandown Cres. *L Lev* —3C **32**
Sandown Rd. *Bolt* —6A **14**
Sandpiper Clo. *Farn* —6D **30**
Sandray Clo. *Bolt* —6F **21**

A–Z Bolton 59

Sandringham Clo.—*Spring Gdns*.

Sandringham Clo. *Adl* —3C **6**
Sandringham Dri. *G'mnt* —6H **5**
Sandringham Rd. *Hind* —3A **34**
Sandringham Rd. *Hor* —1F **19**
Sandwich St. *Wor* —5H **39**
Sandwick Cres. *Bolt* —6B **22**
Sandwood Av. *Bolt* —5E **21**
Sandyacre Clo. *Bolt* —1G **37**
Sandy Bank Rd. *Tur* —2H **3**
Sandybrook Clo. *Tot* —3H **15**
Sandyhills. *Bolt* —2C **30**
Sandy La. *Adl* —2B **6**
Sandy La. *Hind* —1B **34**
Sandy Pk. *Hind* —1C **34**
Sandy Way. *Hind* —1B **34**
Sapling Rd. *Bolt* —3H **29**
Sarah St. *Hind* —5D **34**
Saunton Av. *Bolt* —6B **14**
Savick Av. *Bolt* —4A **24**
Saville Rd. *Rad* —4H **25**
Saville St. *Bolt* —4E **23**
Saviours Ter. *Bolt* —6A **22**
Saw St. *Bolt* —1C **22**
Saxby Av. *Brom X* —1D **12**
Saxon St. *Rad* —2H **33**
Scaresdale Av. *Bolt* —2G **21**
Scargill Rd. *Bolt* —2H **29**
Scarthwood Clo. *Bolt* —4A **14**
Scawfell Av. *Bolt* —1F **23**
Schofield La. *Ath* —4H **35**
Scholes Bank. *Hor* —4C **8**
Scholey St. *Bolt* —6E **23**
School Hill. *Bolt* —3C **22**
School La. *Haig* —3C **16**
School St. *Ath* —5B **36**
School St. *Brom X* —2D **12**
School St. *Hor* —6E **9**
School St. *L Lev* —2D **32**
School St. *Rad* —2H **33**
School St. *Tyl* —6F **37**
School St. *W'houg* —5G **27**
Scobell St. *Tot* —4H **15**
Scope o' th' La. *Bolt* —5G **13**
Scopton St. *Bolt* —3A **22**
Scorton Av. *Bolt* —4B **24**
Scot La. *Asp & Blac* —6G **17**
Scott Av. *Hind* —1A **34**
Scott St. *Rad* —6F **33**
Scott St. *W'houg* —3G **27**
Scout Rd. *Bolt* —3G **11**
Scout View. *Tot* —3H **15**
Scowcroft St. *Bolt* —2F **23**
Seaford Rd. *Bolt* —3H **13**
Seaforth Av. *Ath* —3C **36**
Seaforth Rd. *Bolt* —4C **12**
Seaton Rd. *Bolt* —1A **22**
Second Av. *Ath* —3D **36**
Second Av. *Bolt* —4H **21**
Second Av. *L Lev* —1B **32**
Second St. *Bolt* —5F **11**
Seddon Clo. *Ath* —4C **36**
Seddon Gdns. *Rad* —5C **32**
Seddon La. *Rad* —5C **32**
Seddon St. *L Hul* —2D **38**
Seddon St. *L Lev* —2D **32**
Seddon St. *W'houg* —2G **27**
Sedgefield Dri. *Bolt* —6H **11**
Sedgefield Rd. *Rad* —5H **33**
Sedgemoor Vale. *Bolt* —1B **24**
Sedgley Dri. *W'houg* —2G **35**
Sedgwick Clo. *Ath* —4E **37**
Seedley Av. *L Hul* —3F **39**
Seed St. *Bolt* —4A **22**
Sefton Av. *Ath* —2C **36**
Sefton Ho. Bolt —3C **22**
(off School Hill)
Sefton La. *Hor* —3F **19**
(in two parts)
Sefton Rd. *Bolt* —1H **21**
Sefton Rd. *Pen* —6G **41**
Sefton Rd. *Rad* —4G **25**
Selbourne Clo. *W'houg* —4A **28**
Selby Wlk. *Bury* —1H **25**
Selkirk Rd. *Bolt* —4B **12**
Selwyn St. *Bolt* —5E **23**
Sennicar La. *Wig & Haigh* —6A **16**
Settle Clo. *Bury* —1H **25**
Settle St. *Bolt* —2B **30**
Settle St. *L Lev* —2E **33**

Sevenoaks Dri. *Bolt* —2C **30**
Severn Dri. *Hind* —4E **35**
Severn Way. *Kear* —1D **40**
Seymour Dri. *Bolt* —3G **13**
Seymour Gro. *Farn* —4E **31**
Seymour Rd. *Bolt* —6C **12**
Seymour St. *Bolt* —3G **13**
Shackleton Gro. *Bolt* —1E **21**
Shady La. *Brom X* —3F **13**
Shaftesbury Av. *Los* —3H **19**
Shaftesbury Clo. *Bolt* —2C **22**
Shaftesbury Clo. *Los* —3H **19**
Shakerley La. *Tyl* —3F **37**
Shakerley Rd. *Tyl* —6F **37**
Shakespeare Av. *Rad* —1G **33**
Shakespeare Rd. *Swint* —6F **41**
Shalbourne Rd. *Wor* —4G **39**
Shalfleet Clo. *Bolt* —4A **14**
Shamrock Ct. *Wor* —4F **39**
Shanklin Wlk. *Bolt* —6G **23**
Shap Cres. *Wor* —6B **40**
Shap Dri. *Wor* —5B **40**
Sharman St. *Bolt* —6F **23**
Sharnbrook Wlk. *Bolt* —2F **23**
Sharnford Clo. *Bolt* —5F **23**
Sharples Av. *Bolt* —3C **12**
Sharples Dri. *Bury* —5H **15**
Sharples Grn. *Tur* —1H **3**
Sharples Hall. *Bolt* —3D **12**
Sharples Hall Dri. *Bolt* —3D **12**
Sharples Hall Fold. *Bolt* —4D **12**
Sharples Hall M. *Bolt* —3D **12**
Sharples Meadow. *Tur* —1H **3**
Sharples Pk. *Bolt* —5B **12**
Sharples Vale. *Bolt* —6C **12**
Sharples Vale Cotts. *Bolt* —6C **12**
Sharp St. *Wor* —4A **40**
Shaving La. *Wor* —6H **39**
Shawbury Clo. *Blac* —2H **17**
Shawes Dri. *And* —2G **7**
Shaw Ho. Ath —3D **36**
(off Brooklands Av.)
Shaw Rd. *Hor* —4D **8**
Shaw St. *Bolt* —6C **22**
Shaw St. *Farn* —3G **31**
Shearwater Dri. *W'houg* —1F **35**
Shearwater Dri. *Wor* —4G **39**
Sheddings, The. *Bolt* —1E **31**
Shed St. *Bolt* —3G **11**
Sheepgate Dri. *Tot* —4G **15**
Sheep La. *Wor* —6D **38**
Shelbourne Av. *Bolt* —2H **21**
Sheldon Clo. *Farn* —3F **31**
Shelley Rd. *L Hul* —2E **39**
Shelley Wlk. *Ath* —2D **36**
Shelley Wlk. *Bolt* —2B **22**
Shepherd Cross St. *Bolt* —2A **22**
Shepherds Clo. *Blac* —6G **7**
Shepherds Clo. *G'mnt* —6H **5**
Shepherds Cross St. Ind. Est. Bolt —1B **22**
(off Shepherds Cross St.)
Shepherd's Dri. *Hor* —6A **10**
Shepherd St. *G'mnt* —1H **15**
Shepley Av. *Bolt* —6A **22**
Shepton Clo. *Bolt* —2B **12**
Sherborne Av. *Hind* —2C **34**
Sherbourne Clo. *Rad* —6F **25**
Sherbourne Rd. *Bolt* —2G **21**
Sheriffs Ct. *Bolt* —6B **38**
Sheriff St. *Bolt* —2F **23**
Sheringham Pl. *Bolt* —6B **22**
Sherwood Av. *Rad* —3H **25**
Sherwood Clo. *Tot* —2H **15**
Sherwood St. *Bolt* —6D **12**
Shetland Way. *Rad* —6H **25**
Shield Dean Rd. *Wor* —6E **41**
Shiel St. *Wor* —4H **39**
Shiffnall St. *Bolt* —5E **23**
Shillingfold St. *Farn* —5F **31**
Shillingford St. *Farn* —5G **31**
Shillingstone Clo. *Bolt* —6B **14**
Shillington Clo. *Wor* —4D **38**
Shilton Gdns. *Bolt* —6C **22**
Shipgates Cen. *Bolt* —4D **22**
Shipton St. *Bolt* —2H **21**
Shirebum Av. *Bolt* —3G **23**
Shoemaker Gdns. *Asp* —5G **17**
Shorefield Mt. *Eger* —1C **12**
Shoreswood. *Bolt* —4B **12**

Shorrocks St. *Bury* —6H **15**
Shrewsbury Clo. *Hind* —1B **34**
Shrewsbury Rd. *Bolt* —3H **21**
Shrub St. *Bolt* —3A **30**
Shudehill Rd. *Wor* —6E **39**
Shurdington Rd. *Ath & Bolt* —1F **37**
Shurmer St. *Bolt* —1A **30**
Shuttle St. *Hind* —1A **34**
Shuttle St. *Tyl* —6F **37**
Sicklefield. *Wig* —6A **16**
Siddall St. *Rad* —1H **33**
Sidford Clo. *Bolt* —6H **23**
Sidney St. *Bolt* —6D **22**
Siemens St. *Hor* —1E **19**
Silchester Way. *Bolt* —2A **24**
Silkhey Gro. *Wor* —6H **39**
Silk St. *W'houg* —4G **27**
Silverdale Av. *L Hul* —2E **39**
Silverdale Rd. *Bolt* —4A **22**
Silverdale Rd. *Farn* —4E **31**
Silverdale Rd. *Hind* —2B **34**
Silverton Gro. *Bolt* —5D **12**
Silverwell La. *Bolt* —4D **22**
Silverwell St. *Bolt* —4D **22**
Silverwell St. *Hor* —5D **8**
Silvester St. *Blac* —1H **17**
Simm's Sq. *Asp* —1A **26**
Simms Yd. *Asp* —1A **26**
Simonbury Clo. *Bury* —1H **25**
Simpson St. *Bolt* —2D **22**
Sindsley Ct. Swint —6F **41**
(off Moss La.)
Sindsley Gro. *Bolt* —2C **30**
Sindsley Rd. *Wdly* —5F **41**
Singleton Av. *Bolt* —4A **24**
Singleton Av. *Wor* —4E **9**
Singleton Gro. *W'houg* —5B **28**
Singleton St. *Rad* —1F **33**
Sion St. *Rad* —3H **33**
Sixth Av. *Bolt* —4H **21**
Sixth Av. *L Lev* —1B **32**
Skagen Ct. *Bolt* —2C **22**
(in two parts)
Skelton Gro. *Bolt* —3B **24**
Skelwith Av. *Bolt* —3D **30**
Skipton Av. *Hind* —3C **34**
Skipton Clo. *Bury* —1H **25**
Skipton St. *Bolt* —3G **23**
Skipton Wlk. *Bolt* —4G **23**
Slackey Brow. *Kear* —2E **41**
Slackey Fold. *Hind* —6D **34**
Slack Fold La. *Farn* —4A **30**
Slack La. *Bolt* —2H **13**
Slack La. *W'houg* —2H **27**
Slade St. *L Lev* —2C **32**
Slaidburn Av. *Bolt* —5B **24**
Slaidburn Dri. *Bury* —6G **15**
Slater Av. *Hor* —5E **9**
Slaterfield. *Bolt* —6C **22**
Slater La. *Bolt* —3E **23**
Slater's Nook. *W'houg* —4G **27**
Slater St. *Bolt* —2D **22**
Slater St. *Farn* —5H **31**
Sledmere Clo. *Bolt* —1D **22**
Slimbridge Clo. *Bolt* —2C **24**
Sloane St. *Bolt* —2H **29**
Smallbrook La. *Leigh* —4F **35**
Smeaton St. *Hor* —1E **19**
Smedley Av. *Bolt* —2E **31**
Smethurst Ct. Bolt —3H **29**
(off Smethurst La.)
Smethurst La. *Bolt* —3H **29**
Smith Brow. *Blac* —6G **7**
Smithfold La. *Wor* —3E **39**
Smithills Croft Rd. *Bolt* —6G **11**
Smithills Dean Rd. *Bolt* —3G **11**
Smithills Dri. *Bolt* —1F **21**
Smith La. *Eger* —1D **12**
Smith's La. *Hind* —6C **34**
Smith's Pl. *Ath* —4D **36**
Smith's Rd. *Bolt* —2H **41**
Smith St. *Adl* —3D **6**
Smith St. *Asp* —6G **17**
Smith St. *Ath* —4C **36**
Smith St. *Wor* —4H **39**
Smithwood Av. *Hind* —1B **34**
Smithy Croft. *Brom X* —1D **12**
Smithy Hill. *Bolt* —1G **29**
Smithy St. *W'houg* —2G **27**

Smyrna St. *Rad* —1H **33**
Snape St. *Rad* —5H **25**
(in two parts)
Snipe St. *Bolt* —6D **22**
Snowden St. *Bolt* —3C **22**
Snowdon Dri. *Hor* —4E **9**
Snow Hill Rd. *Bolt* —6H **23**
Snydale Clo. *W'houg* —3A **28**
Snydale Way. *Bolt* —4C **28**
Sofa St. *Bolt* —2H **21**
Soham Clo. *Hind* —3A **34**
Soho St. *Bolt* —5D **22**
Solent Dri. *Bolt* —6G **23**
Solway Clo. *Bolt* —2B **30**
Solway Clo. *Clif* —3G **41**
Somerdale Av. *Bolt* —3G **21**
Somersby Dri. *Brom X* —1D **12**
Somersby Wlk. Bolt —6D **22**
(off Hallington Clo.)
Somerset Av. *Tyl* —4F **37**
Somerset Rd. *Ath* —2B **36**
Somerset Rd. *Bolt* —3H **21**
Somerton Rd. *Bolt* —5B **24**
Somerville Sq. *Bolt* —6A **12**
Somerville St. *Bolt* —6A **12**
Sonning Dri. *Bolt* —3G **29**
South Av. *Kear* —1B **40**
Southbrook Gro. *Bolt* —2D **30**
South Dri. *Bolt* —6A **14**
Southend St. *Bolt* —2A **30**
Southern Ho. Bolt —2B **22**
(off Kirk Hope Dri.)
Southern St. *Wor* —2H **39**
Southfield Dri. *W'houg* —6G **27**
Southfield Rd. *Ram* —5H **5**
Southfield St. *Bolt* —1E **31**
Southgate. *Harw* —5A **14**
South Gro. *Wor* —5G **39**
Southgrove Av. *Bolt* —3C **12**
Southlands. *Bolt* —3A **24**
Southleigh Dri. *Bolt* —5C **24**
Southmoor Wlk. Bolt —6C **22**
(off Parrot St.)
Southover. *W'houg* —1G **35**
South St. *Bolt* —2C **30**
South St. *Tyl* —6E **37**
South View. *Ath* —4C **36**
S. View Rd. *Bolt* —4G **23**
Southwell Clo. *Bolt* —3B **22**
Southwood Clo. *Bolt* —2D **30**
Sovereign Fold Rd. *Leigh* —6G **35**
Sowerby Clo. *Bury* —1H **25**
Spa Cres. *L Hul* —1D **38**
Spa Gro. *L Hul* —1E **39**
Spa La. *L Hul* —1E **39**
Spa Rd. *Ath* —2C **36**
Spa Rd. *Bolt* —5B **22**
Sparta Av. *Wor* —5G **39**
Spencer Av. *L Lev* —2E **33**
Spen Fold. *Bury* —3H **25**
Spenleach La. *Hawk* —3E **5**
Spenser Av. *Rad* —1G **33**
Spindle Croft. *Farn* —5H **31**
Spindle Wlk. *W'houg* —3H **27**
Spinners M. *Bolt* —3C **22**
Spinney Nook. *Bolt* —1H **23**
Spinney, The. *Bolt* —4H **21**
Spinney, The. *Tur* —5G **3**
Spinningdale. *L Hul* —1B **38**
Spinningfields. *Bolt* —3B **22**
Spinning Meadows. *Bolt* —3B **22**
Sportside Av. *Wor* —4A **40**
Sportside Clo. *Wor* —4H **39**
Sportside Gro. *Wor* —3H **39**
Spring Clo. *Tot* —3G **15**
Spring Clough Av. *Wor* —5B **40**
Spring Clough Dri. *Wor* —5B **40**
Springfield. *Bolt* —5E **23**
Springfield. *Rad* —1E **41**
Springfield Gdns. *Kear* —1C **40**
Springfield Rd. *Adl* —1E **7**
Springfield Rd. *Ath* —3E **37**
Springfield Rd. *Bolt* —2C **12**
Springfield Rd. *Farn* —4E **31**
Springfield Rd. *Kear* —1A **40**
Springfield Rd. *Ram* —5H **5**
Springfield St. *Bolt* —1E **31**
Spring Gdns. Ath —4D **36**
(off Mather St.)

60 A-Z Bolton

Spring Gdns.—Toll St.

Spring Gdns. *Bolt* —5A **14**
Spring Gdns. *Hor* —5D **8**
Spring Mill Clo. *Bolt* —1C **30**
Springside Av. *Wor* —4A **40**
Springside Clo. *Wor* —4A **40**
Springside Gro. *Wor* —4A **40**
Spring St. *Bolt* —6D **22**
Spring St. *Farn* —4H **31**
Spring St. *Hor* —5D **8**
Spring St. *Tot* —2G **15**
Spring St. *Wals* —5H **15**
Springvale Dri. *Tot* —2G **15**
Spring Vale St. *Tot* —3G **15**
Spring View. *L Lev* —2D **32**
Springwater Av. *Ram* —4H **5**
Springwater Clo. *Bolt* —6A **14**
Square, The. *Bolt* —2F **29**
Square, The. *Tyl* —6G **37**
Squirrel La. *Hor* —5C **8**
Stafford Rd. *Wor* —6G **39**
Stainforth Clo. *Bury* —6H **15**
Stainsbury St. *Bolt* —1A **30**
Stainton Clo. *Rad* —6H **25**
Stainton Rd. *Rad* —6G **25**
Stambourne Dri. *Bolt* —5D **12**
Stamford St. *Ath* —3E **37**
Stamford St. *Pen* —6H **41**
Stancliffe Gro. *Asp* —5G **17**
Standring Av. *Bury* —3H **25**
Stanford Clo. *Rad* —6E **33**
Stanier Pl. *Hor* —1E **19**
Stanley Clo. *W'houg* —6H **27**
Stanley Gro. *Tot* —2F **19**
Stanley Pk. Wlk. *Bolt* —4G **23**
Stanley Rd. *Asp* —5G **17**
Stanley Rd. *Bolt* —2H **21**
Stanley Rd. *Farn* —5C **30**
Stanley Rd. *Rad* —5G **25**
Stanley Rd. *Wor* —5H **39**
Stanley St. *Ath* —5C **36**
Stanley St. *Tyl* —6G **37**
Stanley St. S. *Bolt* —5C **22**
Stanmoor Dri. *Asp* —5H **17**
Stanmore Dri. *Bolt* —6A **22**
Stanrose Clo. *Eger* —6C **2**
Stanway Av. *Bolt* —5B **22**
Stanway Clo. *Bolt* —5B **22**
Stanworth Av. *Bolt* —4A **24**
Stapleford Clo. *Bolt* —1G **37**
Stapleford Gro. *Bury* —1H **25**
Staplehurst Clo. *Leigh* —5E **35**
Stapleton Av. *Bolt* —2E **21**
Starbeck Clo. *Bury* —1H **25**
Starcliffe St. *Bolt* —3H **31**
Starkie Rd. *Bolt* —4F **23**
 (Tonge Fold)
Starkie Rd. *Bolt* —2F **23**
 (Tonge Moor)
Star La. *Hor* —6B **8**
Starling Dri. *Farn* —6D **30**
Starling Rd. *Rad & Bury* —3G **25**
Station Av. *Bick* —6A **34**
Station Rd. *Blac* —2A **18**
Station Rd. *G'mnt* —6H **5**
Station Rd. *Kear* —6B **32**
Station Rd. *Swint* —6H **41**
Station Rd. *Tur* —3G **3**
Station St. *Bolt* —5D **22**
Staton Av. *Bolt* —3G **23**
Staveley Av. *Bolt* —3G **12**
Steele Gdns. *Bolt* —6A **24**
Stephenson St. *Hor* —1D **18**
Stephens St. *Bolt* —4II **23**
Sterratt St. *Bolt* —4B **22**
Stevenson Rd. *Swint* —6G **41**
Stevenson Sq. *Farn* —6E **31**
Stevenson St. *Wor* —4F **39**
Stewart Av. *Farn* —6F **31**
Stewart St. *Bolt* —1C **22**
Steynton Clo. *Bolt* —3F **21**
Stirling Rd. *Bolt* —4C **12**
Stirling Rd. *Hind* —3B **34**
Stitch Mi La. *Harw* —1A **24**
Stockbury Gro. Bolt —2D 22
 (off Lindfield Dri.)
Stockdale Gro. *Bolt* —2B **24**
Stockley Av. *Bolt* —1A **24**
Stocksfield Clo. *L Hul* —2D **38**

Stocks Pk. Dri. *Hor* —6E **9**
Stocks Pk. Ho. *Hor* —6E **9**
Stockton St. *Farn* —3G **31**
Stokesley Wlk. *Bolt* —1C **30**
 (in two parts)
Stoneacre. *Los* —3H **19**
Stonebeck Ct. *W'houg* —5F **29**
Stonebridge Clo. *Los* —5C **20**
Stonechurch. *Bolt* —6B **22**
Stone Clo. *Ram* —3H **5**
Stoneclough Rd. *Fish I & Rad*
 —6B **32**
Stonedelph Clo. *Ain* —2F **25**
Stonefield. *Tyl* —6A **38**
Stonegate Fold. *Hth C* —1F **7**
Stonehaven. *Farn* —2F **29**
Stone Hill Rd. *Farn* —1H **39**
Stoneleigh Dri. *Rad* —6D **32**
Stonemead Clo. *Bolt* —1D **30**
Stones Bank Brow. *Eger* —2A **2**
Stonesteads Dri. *Brom X* —1E **13**
Stonesteads Way. *Brom X* —1E **13**
Stone St. *Bolt* —2F **23**
Stoneybank. *Rad* —6E **33**
Stoneycroft Av. *Hor* —5F **9**
Stoneycroft Clo. *Hor* —4F **9**
Stoney La. *Adl* —5C **6**
Stoneyside Av. *Wor* —3A **40**
Stoneyside Gro. *Wor* —3A **40**
Stonor Rd. *Adl* —2D **6**
Stonyhurst Av. *Bolt* —4C **12**
Stopes Rd. *L Lev & Rad* —2E **33**
Store St. *Hor* —5E **9**
Stott La. *Bolt* —2F **23**
Stourbridge Av. *L Hul* —1E **39**
Stowell Ct. *Bolt* —2C **22**
Stowell St. *Bolt* —2C **22**
Strand, The. *Hor* —6F **9**
Strangford St. *Rad* —1F **33**
Stratford Av. *Bolt* —2G **21**
Stratford Clo. *Farn* —4D **30**
Strathmore Rd. *Bolt* —2A **24**
Stratton Gro. *Hor* —4D **8**
Stratton Rd. *Pen* —6H **41**
Strawberry Hill Rd. *Bolt* —6F **23**
Stray, The. *Bolt* —5F **13**
Streetgate. *L Hul* —2D **38**
Street La. *Rad* —3G **25**
Stretton Rd. *Bolt* —1H **29**
Stretton Rd. *Ram & Bury* —5H **5**
Strines Clo. *Hind* —1A **34**
Stuart Av. *Hind* —2A **34**
Studley Ct. *Tyl* —6F **37**
Sudbury Dri. *Los* —5C **20**
Sudren St. *Bury* —6H **15**
Suffolk Clo. *L Lev* —6D **24**
Suffolk Clo. *Stand* —3A **16**
Sulby St. *Stone* —5D **32**
Summerfield La. *Tyl* —6H **37**
Summerfield Rd. *Bolt* —1F **31**
Summer Hill Clo. *Bolt* —3B **12**
Summerseat La. *Ram* —4H **5**
Summer St. *Hor* —5D **8**
Sumner Av. *Bolt* —2F **25**
Sumner St. *Asp* —6H **17**
Sumner St. *Ath* —4C **36**
Sumner St. *Bolt* —3H **29**
Sunadale Clo. *Bolt* —6H **21**
Sundridge Clo. *Bolt* —2G **29**
Sunleigh Rd. *Hind* —1A **34**
Sunlight Rd. *Bolt* —4A **22**
Sunningdale Av. *Rad* —6F **25**
Sunningdale Wlk. *Bolt* —6B **22**
Sunninghill St. *Bolt* —1B **30**
Sunny Bank. *Rad* —5C **32**
Sunnybank Rd. *Bolt* —1A **22**
Sunny Bower St. *Tot* —3G **15**
Sunny Garth. *W'houg* —5C **27**
Sunnymead Av. *Bolt* —5D **12**
Sunnyside Rd. *Bolt* —1A **22**
Sunnywood Dri. *Tot* —3H **15**
Sunnywood La. *Tot* —3H **15**
Surrey Clo. *L Lev* —1D **32**
Sussex Clo. *Clif* —5H **41**
Sussex Clo. *Hind* —2C **34**
Sussex Pl. *Tyl* —4G **37**
Sutcliffe St. *Bolt* —1C **22**
Sutherland Gro. *Farn* —5G **31**
Sutherland Rd. *Bolt* —2G **21**

Sutherland St. *Farn* —5G **31**
Sutherland St. *Swint* —6G **41**
Sutton La. *Adl* —1F **7**
Sutton Rd. *Bolt* —1F **29**
Swan La. *Bolt* —1B **30**
Swan La. *Hind* —3D **34**
Swan Rd. *G'mnt* —5H **5**
Sweetlove's Gro. *Bolt* —4C **12**
Sweetlove's La. *Bolt* —4C **12**
Swinside Rd. *Bolt* —3B **24**
Swinton Hall Rd. *Swint* —6H **41**
SWINTON STATION. *BR* —6H **41**
Swinton St. *Bolt* —4A **24**
Swithemby St. *Hor* —5C **8**
Sycamore Av. *Hind* —4B **34**
Sycamore Rd. *Rad* —5H **33**
Sycamore Rd. *Ath* —4E **37**
Sycamore Rd. *Tot* —4H **15**
Sycamores, The. *Rad* —1D **40**
Sycamore Wlk. *Hor* —1G **19**

T
Tabley Rd. *Bolt* —1H **29**
Tadmor Clo. *L Hul* —3D **38**
Talbenny Dri. *Bolt* —3F **21**
Talbot Av. *L Lev* —1C **32**
Talbot St. *Bolt* —5D **12**
Tamar Clo. *Kear* —2D **40**
Tamarin Clo. *Wdly* —6E **41**
Tamer Gro. *Leigh* —6E **35**
Tanner Brook Clo. *Bolt* —1C **30**
Tanners Brow. *Blac* —2A **18**
Tansley Clo. *Hor* —1E **19**
Tanworth Wlk. *Bolt* —1C **22**
Tarbet Dri. *Bolt* —4B **24**
Tarleton Av. *Ath* —2B **36**
Tarleton Clo. *Bury* —2H **25**
Tarleton Pl. *Bolt* —2G **29**
Tarn Gro. *Wor* —6B **40**
Tarvin Wlk. *Bolt* —1C **22**
Tattersall Av. *Bolt* —1E **21**
Taunton Av. *Leigh* —5F **35**
Taunton Clo. *Bolt* —2A **22**
Taunton Dri. *Farn* —4D **30**
Tavistock Rd. *Bolt* —5B **22**
Tavistock Rd. *Hind* —3C **34**
Tavistock St. *Ath* —3B **36**
Taylor Bldgs. *Kear* —1D **40**
Taylor Gro. *Hind* —4E **35**
Taylor Rd. *Hind* —4E **35**
Taylor's La. *Bolt* —4C **24**
Taylor St. *Hor* —6D **8**
Taylor St. *Rad* —2H **33**
Tayton Clo. *Tyl* —6A **38**
Taywood Rd. *Bolt* —3D **28**
Teak Dri. *Kear* —3F **41**
Teal St. *Bolt* —1D **30**
Telford St. *Ath* —4A **36**
Telford St. *Hor* —1E **19**
Tellers Clo. *Ath* —4D **36**
Tempest Rd. *Los* —2B **28**
Tempest St. *Bolt* —1H **29**
Templecombe Dri. *Bolt* —3B **12**
Temple Dri. *Bolt* —6A **12**
Temple Rd. *Bolt* —6A **12**
Templeton Clo. *W'houg* —5G **27**
Tenby Av. *Bolt* —2G **21**
Tennis St. *Bolt* —6B **12**
Tennyson Av. *Rad* —1G **33**
Tennyson Rd. *Farn* —1F **39**
Tennyson Rd. *Swint* —6F **41**
Tennyson St. *Bolt* —2B **22**
Tennyson Wlk. *Bolt* —1C **22**
Tensing Av. *Ath* —2C **36**
Tern Av. *Farn* —5D **30**
Ternhill Ct. *Farn* —5H **31**
Tetbury Dri. *Bolt* —2B **24**
Thames St. *Asp* —5F **17**
Thaxted Pl. *Bolt* —3A **22**
Thelwall Av. *Bolt* —3H **23**
Thetford Clo. *Hind* —3A **34**
Thicketford Brow. *Bolt* —2H **23**
Thicketford Clo. *Bolt* —1G **23**
Thicketford Rd. *Bolt* —2F **23**
Third Av. *Bolt* —4H **21**
Third Av. *L Lev* —1B **32**
Third St. *Bolt* —5F **11**
Thirlmere Av. *Hor* —1E **19**
Thirlmere Clo. *Adl* —1F **7**

Thirlmere Dri. *L Hul* —2E **39**
Thirlmere Gro. *Farn* —5C **30**
Thirlmere Rd. *Blac* —6G **7**
Thirlmere Rd. *Bolt* —6F **29**
Thirlmere Rd. *Hind* —2A **34**
Thirlspot Clo. *Bolt* —3C **12**
Thirsk Rd. *L Lev* —2C **32**
Thistleton Rd. *Bolt* —6B **22**
Thomas Dri. *Bolt* —6B **22**
Thomas Holden St. *Bolt* —3B **22**
Thomas Moor Clo. *Kear* —1C **40**
Thomason Fold. *Tur* —1H **3**
Thomasson Clo. *Bolt* —2C **22**
Thomas St. *Ath* —4D **36**
Thomas St. *Bolt* —6B **22**
Thomas St. *Farn* —5A **32**
Thomas St. *Hind* —4D **34**
Thomas St. *Kear* —6A **32**
Thomas St. *W'houg* —2G **27**
Thompson Av. *Bolt* —2F **25**
Thompson Ho. *Ath* —4C **36**
Thompson Rd. *Bolt* —2H **21**
Thompson St. *Bolt* —6D **22**
Thompson St. *Hor* —6C **8**
Thoresby Clo. *Rad* —6E **25**
Thornbank E. Bolt —6A 22
 (off Deane Rd.)
Thornbank Est. *Bolt* —5A **22**
Thornbeck Dri. *Bolt* —2F **21**
Thornbeck Rd. *Bolt* —2F **21**
Thornbury Clo. *Bolt* —3C **22**
Thorncliffe Rd. *Bolt* —4C **12**
Thorndyke Wlk. *Bolt* —1C **22**
Thorne St. *Farn* —4G **31**
Thorneyholme Clo. *Bolt* —5C **20**
Thornfield Cres. *L Hul* —2D **38**
Thornfield Gro. *L Hul* —2D **38**
Thornfield Rd. *Tot* —2F **15**
Thornham Dri. *Bolt* —3E **13**
Thornhill Clo. *Bolt* —6L **12**
Thornhill Dri. *Wor* —6A **40**
Thorn Lea. *Bolt* —5H **13**
Thorn Lea Clo. *Bolt* —4F **21**
Thornley Av. *Bolt* —1A **22**
Thornmere Clo. *Wdly* —5E **41**
Thorns Av. *Bolt* —5C **12**
Thorns Clo. *Bolt* —6B **12**
Thorns Rd. *Bolt* —6B **12**
Thornstones. *W'houg* —5G **27**
Thorn St. *Bolt* —1D **22**
Thorn St. *Hind* —3A **34**
Thornton Av. *Bolt* —2F **21**
Thornton Clo. *Farn* —6F **31**
Thornton Clo. *L Lev* —2E **33**
Thornton St. *Bolt* —4E **23**
Thorn Well. *W'houg* —6G **27**
Thorpe Av. *Swint* —6G **41**
Thorpe Rd. *Bolt* —1B **22**
Thorpe St. *Wor* —3H **39**
Thorsby Clo. *Brom X* —1D **12**
Threlkeld Rd. *Bolt* —2B **12**
Thrush Av. *Farn* —5D **30**
Thurlestone Av. *Bolt* —2F **25**
Thurnham St. *Bolt* —2A **30**
Thursford Gro. *Blac* —2H **17**
Thurstane St. *Bolt* —1A **22**
Thynne St. *Bolt* —5D **22**
Thynne St. *Farn* —4G **31**
Tig Fold Rd. *Farn* —5C **30**
Tildsley St. *Bolt* —1C **30**
Tillington Clo. *Bolt* —6C **12**
Tilside Gro. *Los* —4B **20**
Timberbottom. *Bolt* —5G **13**
Timsbury Clo. *Bolt* —6B **24**
Tindle St. *Wor* —4B **40**
Tinsley Gro. *Bolt* —3F **23**
Tin St. *Bolt* —6C **22**
Tintagel Ct. *Rad* —6E **25**
Tintagel Rd. *Hind* —3C **34**
Tintern Av. *Bolt* —1F **23**
Tipton Clo. *Rad* —6E **25**
Tithe Barn Cres. *Bolt* —5F **13**
Tithe Barn St. *W'houg* —4G **27**
Tiverton Av. *Leigh* —5F **35**
Tiverton Clo. *Rad* —6E **25**
Tiverton Wlk. *Bolt* —1F **23**
Toddington La. *Haig* —3F **17**
Tollgreen Clo. *Hind* —6A **26**
Toll St. *Rad* —1F **33**

A-Z Bolton 61

Tomlinson St.—Wearish La.

Tomlinson St. *Hor* —6D **8**
Tomlin Sq. *Bolt* —4G **23**
Tommy La. *Bolt* —2E **25**
Tonbridge Pl. *Bolt* —2F **23**
Tong Clough. *Brom X* —1D **12**
 (in two parts)
Tonge Bri. Way. *Bolt* —4F **23**
Tonge Bri. Way Ind. Est. Bolt
 (off Tonge Bri. Way) —4F **23**
Tonge Fold Cotts. *Bury* —4E **5**
Tonge Fold Rd. *Bolt* —4F **23**
Tonge Moor Rd. *Bolt* —2F **23**
Tonge Old Rd. *Bolt* —4G **23**
Tonge Pk. Av. *Bolt* —2G **23**
Tongfields. *Eger* —1D **12**
Tong Head Av. *Bolt* —5F **13**
Tong Rd. *L Lev* —1C **32**
Tong St. *Kear* —2D **40**
Topcliffe St. *Hind* —1B **34**
Top of Wallsuches. *Hor* —5H **9**
Top o' th' Gorses. *Bolt* —6G **23**
Topphome Ct. *Farn* —6A **32**
Toppings Grn. *Brom X* —2E **13**
Topping St. *Bolt* —2C **22**
Topp St. *Farn* —6A **32**
Topp Way. *Bolt* —3C **22**
Tor Av. *G'mnt* —6H **5**
Torbay Clo. *Bolt* —5A **22**
Tor Hey M. *G'mnt* —5H **5**
Torkington Av. *Pen* —6H **41**
Toronto St. *Bolt* —3A **24**
Torra Barn Clo. *Eger* —4C **2**
Torridon Rd. *Bolt* —4B **24**
Torrington Av. *Bolt* —1C **22**
Torrisdale Clo. *Bolt* —2B **26**
Torside Clo. *Hind* —1A **34**
Torver Dri. *Bolt* —3B **24**
Tottington Rd. *Bolt* —4A **14**
Tottington Rd. *Tur & Bury* —5B **4**
Tower Ct. *Tur* —3G **3**
Tower Dri. *Tur* —4G **3**
Towers Av. *Bolt* —1G **29**
Tower St. *Tur* —3G **3**
Towncroft La. *Bolt* —2E **21**
Townsend Rd. *Pen* —6H **41**
Townsfield Rd. *W'houg* —6G **27**
Toxhead Clo. *Hor* —6C **8**
Trafalgar Rd. *Hind* —2A **34**
Trafford Ct. *L Hul* —2F **39**
Trafford Gro. *Farn* —4A **32**
Trafford St. *Farn* —4H **31**
Travers St. *Hor* —2F **19**
Trawden Av. *Bolt* —1A **22**
Tredgold St. *Hor* —1E **19**
Tree Tops. *Brom X* —3G **13**
Treetops Av. *Ram* —4H **5**
Tregaron Gro. *Hind* —4C **34**
Trencherbone. *Rad* —6G **25**
Trent Dri. *Hind* —4E **35**
Trent Dri. *Wor* —5F **39**
Trentham Av. *Farn* —4G **31**
Trentham Clo. *Farn* —4G **31**
Trentham St. *Farn* —4G **31**
Trentham St. *Swint* —6G **41**
Trent Way. *Kear* —2D **40**
Trevarrick Ct. *Hor* —1G **19**
Trevor Av. *Bolt* —3B **30**
Trillo Av. *Bolt* —5F **23**
Trinity Cres. *Wor* —5A **40**
Trinity Retail Pk. *Bolt* —5E **23**
Trinity St. *Bolt* —5C **22**
Troon Clo. *Bolt* —2F **29**
Troutbeck Clo. *Hawk* —5D **4**
Tuckers Hill Brow. *Haig* —2F **17**
Tudor Av. *Bolt* —4H **21**
Tudor Av. *Farn* —6F **31**
Tudor Ct. *Bolt* —3C **22**
Tudor St. *Bolt* —1A **30**
Tulip Av. *Farn* —4E **31**
Tulip Av. *Kear* —1B **40**
Turdor Ct. *Ram* —3C **22**
Turf St. *Rad* —2H **33**
Turks Rd. *Rad* —6F **25**
Turnberry. *Bolt* —2F **29**
Turner Av. *Bick* —6A **34**
Turner Bri. Rd. *Bolt* —3G **23**
Turnerford Clo. *Eger* —6C **2**
Turner St. *Bolt* —3E **23**
Turner St. *Hind* —6A **26**

Turner St. *W'houg* —2G **35**
Turnstone Rd. *Bolt* —5E **23**
Turton Av. *L Lev* —1C **32**
Turton Clo. *Bury* —3H **25**
Turton Heights. *Bolt* —3F **13**
Turton Heights. *Tur* —5B **4**
Turton Ho. *Bolt* —3D **22**
Turton Rd. *Bolt* —3F **13**
Turton Rd. *Tot* —5C **4**
Turton St. *Bolt* —3D **22**
Twisse Rd. *Bolt* —4B **24**
Two Brooks La. *Hawk* —5D **4**
Tyldesley Old Rd. *Ath* —5D **36**
Tyldesley Pas. *Ath* —6F **37**
Tyldesley Rd. *Ath* —5D **36**
Tyne Ct. *Wor* —4G **39**
Tynesbank. *Wor* —5G **39**
Tynesbank Old Farm. L Hul —4G **39**
 (off Tynesbank)

Uganda St. *Bolt* —3A **30**
Ulleswater Clo. *L Lev* —2B **32**
Ulleswater St. *Bolt* —1D **22**
Ullswater Dri. *Farn* —6C **30**
Ulundi St. *Rad* —2H **33**
Umberton Rd. *Bolt* —6F **29**
Underwood Ter. *Tyl* —6G **37**
Unicorn St. *Rad* —2G **33**
Union Rd. *Bolt* —1E **23**
Union St. *Bolt* —3D **22**
 (in two parts)
Union St. *Eger* —5B **2**
Union St. *Tyl* —6E **37**
 (Atherton)
Union St. *Tyl* —6F **37**
 (Tyldesley)
Unsworth Av. *Tyl* —6H **37**
Unsworth St. *Rad* —1H **33**
Unsworth St. *Tyl* —6H **37**
Upland Dri. *L Hul* —1D **38**
Up. Broom Way. *W'houg* —3A **28**
Upper Dri. *W'houg* —4A **28**
Up. George St. *Tyl* —6G **37**
Up. Lees Dri. *W'houg* —4A **28**
Up. Mead. *Eger* —6D **2**
Upton La. *Tyl* —6A **38**
Upton Rd. *Ath* —3E **37**
Upton Way. *Wals* —4H **15**
Uttley St. *Bolt* —1B **22**

Valdene Clo. *Farn* —6H **31**
Valdene Dri. *Farn* —6H **31**
Vale Av. *Hor* —6C **8**
Vale Av. *Rad* —6E **33**
Vale Coppice. *Hor* —6C **8**
Vale Cotts. *Hor* —1B **18**
Valentines Rd. *Ath* —6A **36**
Vale St. *Bolt* —4C **24**
Vale St. *Tur* —3H **3**
Valletts La. *Bolt* —2A **22**
Valley, The. *Ath* —4E **37**
Valley View. *Brom X* —2E **13**
Valpy Av. *Bolt* —6F **13**
Vantomme St. *Bolt* —5C **12**
Varley Rd. *Bolt* —1G **29**
Vauze Av. *Blac* —2H **17**
Vauze Ho. Clo. *Blac* —1H **17**
Venice St. *Bolt* —1A **30**
Ventnor Av. *Bolt* —6D **12**
Verbena Av. *Farn* —4E **31**
Verdure Av. *Bolt* —3E **21**
Vermont St. *Bolt* —3B **22**
Verne Av. *Swint* —6G **41**
Vernham Wlk. *Bolt* —1C **30**
Vernon Rd. *G'mnt* —6H **5**
Vernon St. *Bolt* —3C **22**
Vernon St. *Farn* —4A **32**
Vernon Wlk. *Bolt* —3C **22**
Vicarage Clo. *Adl* —1E **7**
Vicarage La. *Bolt* —6A **12**
Vicarage Rd. *Blac* —1G **17**
Vicarage Rd. *Wor* —3G **39**
Vicarage Rd. W. *Blac* —1G **17**
Vicarage St. *Bolt* —6B **22**
Vicker Clo. *Clif* —5H **41**
Vickerman St. *Bolt* —1B **22**
Vickers St. *Bolt* —6B **22**

Victoria Av. *Bick* —6A **34**
Victoria Clo. *Asp* —5F **17**
Victoria Ct. *Farn* —3G **31**
Victoria Ct. *Hor* —6E **9**
Victoria Gro. *Bolt* —2A **22**
Victoria Ho. *W'houg* —5H **27**
Victoria Rd. *Bolt* —4D **20**
Victoria Rd. *Hor* —6E **9**
Victoria Rd. *Kear* —1C **40**
Victoria Sq. *Bolt* —4D **22**
Victoria Sq. *Wor* —4H **39**
Victoria St. *Ain* —2E **25**
Victoria St. *Blac* —1H **17**
Victoria St. *Farn* —3F **31**
Victoria St. *Plat B* —5F **17**
Victoria St. *Rad* —2H **33**
Victoria St. *Tot* —2G **15**
Victoria St. *W'houg* —5H **27**
Victoria Vs. *Bolt* —2A **22**
Victory Rd. *L Lev* —1C **32**
Victory St. *Bolt* —3A **22**
 (in two parts)
Victory Trad. Est. *Bolt* —6E **23**
View St. *Bolt* —6B **22**
Vigo Av. *Bolt* —2H **29**
Viking St. *Bolt* —1E **31**
Vincent Ct. *Bolt* —2C **30**
Vincent St. *Bolt* —5B **22**
Vine St. *Hind* —1A **34**
Vine St. *Ram* —3H **5**
 (in two parts)
Viola St. *Bolt* —6C **12**
Violet Av. *Farn* —4E **31**
Virginia Ho. *Farn* —6H **31**
Virginia St. *Bolt* —1H **29**

Waddington Clo. *Bury* —1G **25**
Waddington Rd. *Bolt* —2G **21**
Wade Bank. *W'houg* —5H **27**
Wadebridge Clo. *Bolt* —2E **23**
Wadebridge Dri. *Bury* —1H **25**
Wade St. *Bolt* —2D **30**
Wadsley St. *Bolt* —3C **22**
Waggon Rd. *Bolt* —2H **23**
Wagner St. *Bolt* —6B **22**
Wakefield Dri. *Clif* —2F **41**
Waldeck St. *Bolt* —3A **22**
Waldon Clo. *Bolt* —1A **30**
Walkdene Dri. *Wor* —4F **39**
Walkden Mkt. Pl. *Wor* —4G **39**
Walkden Rd. *Wor* —5H **39**
Walkdens Av. *Ath* —5A **36**
WALKDEN STATION. *BR* —5H **39**
Walker Av. *Bolt* —2D **30**
Walker Clo. *Kear* —1C **40**
Walker Fold Rd. *Bolt* —6C **10**
Walkers Ct. *Farn* —5H **31**
Walker St. *Bolt* —5B **22**
Walker St. *W'houg* —5G **27**
Walk, The. *Ath* —4D **36**
Walkway, The. *Bolt* —6F **21**
 (in two parts)
Wallbank St. *Tot* —2H **15**
Wallbrook Cres. *L Hul* —1E **39**
Wallbrook Gro. *Farn* —3F **31**
Walleach Fold Cotts. *Tur* —1A **4**
Walley St. *Bolt* —6C **12**
Walls St. *Hind* —5E **35**
Wallsuches La. *Hor* —5G **9**
Wallwork Rd. *Rad* —1H **33**
Walmer Rd. *Hind* —2C **34**
Walmley Gro. *Bolt* —2A **30**
Walnut Clo. *Clif* —3F **41**
Walnut St. *Bolt* —6D **12**
Walshaw Brook Clo. *Bury* —5H **15**
Walshaw La. *Bury* —5H **15**
Walshaw Rd. *Bury* —5H **15**
Walshaw Wlk. *Tot* —4H **15**
Walshaw Way. *Tot* —4H **15**
Walsh Ho. Ath —3D **36**
 (off Brooklands Av.)
Walsh St. *Hor* —5D **8**
Walter Scott Av. *Wig* —6A **16**
Walter St. *Rad* —4H **25**
Walter St. *Wor* —5H **39**
Waltham Gdns. *Rad* —1G **33**
Walton Ct. *Bolt* —1D **30**
Walton Pl. *Kear* —6A **32**

Walton St. *Adl* —3E **7**
Walton St. *Ath* —3E **37**
Walworth Clo. *Rad* —5E **33**
Walworth St. *Bolt* —1A **30**
Wapping St. *Bolt* —1B **22**
Warbeck Clo. *Hind* —4A **34**
Warbreck Clo. *Bolt* —4B **24**
Warburton Pl. *Ath* —4D **36**
Warburton St. *Bolt* —1D **22**
Wardend Clo. *L Hul* —1E **39**
Warden's Bank. *W'houg* —2G **35**
Wardle Clo. *Rad* —6G **25**
Wardle St. *Bolt* —6F **23**
Wardley Av. *Wor* —4F **39**
Wardley Hall Rd. Wor & Wdly
 —6D **40**
Wardley Ind. Est. *Wor* —6D **40**
Wardley Rd. *Tyl* —6B **38**
Wardley Sq. *Tyl* —6B **38**
Wardlow St. *Bolt* —1H **29**
Wardour St. *Ath* —5C **36**
 (in two parts)
Ward St. *Hind* —6A **26**
Wareing St. *Tyl* —6F **37**
Wareing Way. *Bolt* —5C **22**
Warlow Dri. *Leigh* —6F **35**
Warren Clo. *Ath* —2E **37**
Warren Rd. *Wor* —4A **40**
Warton Clo. *Bury* —2H **25**
Warwick Av. *Wdly* —5F **41**
Warwick Clo. *G'mnt* —6H **5**
Warwick Dri. *Hind* —1B **34**
Warwick Gdns. *Bolt* —3H **29**
Warwick Rd. *Asp* —6G **17**
Warwick Rd. *Ath* —2B **36**
Warwick Rd. *Rad* —5H **25**
Warwick Rd. *Tyl* —5G **37**
Warwick Rd. *Wor* —6G **39**
Warwick St. *Adl* —3D **6**
Warwick St. *Bolt* —5C **12**
Warwick St. *Pen* —6H **41**
Wasdale Av. *Bolt* —2B **24**
Washacre. *W'houg* —6H **27**
Washacre Clo. *W'houg* —6H **27**
Washbrook Av. *Wor* —6F **39**
Washburn Clo. *W'houg* —3H **27**
Washington St. *Bolt* —5A **22**
Washwood Clo. *L Hul* —1F **39**
Watergate Dri. *Bolt* —6A **30**
Water Ga. La. *Bolt* —5A **30**
Water La. *Kear* —6A **32**
Water La. *Rad* —1H **33**
Water La. St. *Rad* —2H **33**
 (in two parts)
Waterloo St. *Bolt* —2D **22**
Watermans Clo. *Hor* —5E **9**
Watermillock Gdns. *Bolt* —5D **12**
Waters Edge. *Farn* —3E **31**
Watersedge. *Wor* —5B **40**
Waterside. *Bolt* —6G **23**
Waterslea Dri. *Bolt* —3F **21**
Watersmead Clo. *Bolt* —1D **22**
Waters Meeting Rd. *Bolt* —6D **12**
Water's Nook Rd. *W'houg* —5A **28**
Water St. *Ath* —4D **36**
Water St. *Bolt* —4D **22**
Water St. *Eger* —5B **2**
Water St. *Rad* —2H **33**
Watford Clo. Bolt —1C **22**
 (off Chesham Av.)
Watkinson's Yd. *W'houg* —4G **27**
Watling St. *Aff* —5B **4**
Watling St. *Bury* —2H **25**
Watson Rd. *Farn* —5D **30**
Watson St. *Rad* —1H **33**
Watson St. *Swint* —6H **41**
Watts St. *Hor* —1E **19**
Waverley Av. *Kear* —1B **40**
Waverley Rd. *Bolt* —6C **12**
Waverley Rd. *Wor* —6F **39**
Waverley Sq. *Farn* —1G **39**
Wavertree Av. *Ath* —2C **36**
Wavertree Ho. Bolt —3C **22**
 (off School Hill)
Wayfaring. *W'houg* —3H **27**
Wayoh Croft. *Tur* —1H **3**
Wayside Gro. *Wor* —3A **40**
Wealdstone Gro. *Bolt* —1F **23**
Wearish La. *W'houg* —2E **35**

62 A-Z Bolton

Weaste Av.—Woodlands, The

Weaste Av. *L Hul* —3F **39**
Weaver Av. *Wor* —5E **39**
Weavers Ct. *Bolt* —6C **22**
Weavers Grn. *Farn* —5H **31**
Webb St. *Hor* —6E **9**
Weber Dri. *Bolt* —6B **22**
Webster St. *Bolt* —6F **23**
Weeton Av. *Bolt* —4B **24**
Welbeck Rd. *Bolt* —3G **21**
Weldon Av. *Bolt* —3G **29**
Welland, The. *W'houg* —5G **27**
Wellbank St. *Tot* —3H **15**
Wellburn Clo. *Bolt* —3F **29**
Wellfield Rd. *Bolt* —6A **22**
Wellfield Rd. *Hind* —3C **34**
Welling St. *Bolt* —2F **23**
Wellington Rd. *Ath* —2F **37**
Wellington Rd. *Tur* —3G **3**
Wellington St. *Bolt* —5B **22**
Wellington St. *Farn* —5H **31**
Wellington St. *W'houg* —3E **27**
 (in two parts)
Wellington Wlk. *Bolt* —5B **22**
Well Rd. *Leigh* —6F **35**
*Wellsprings. Bolt —4D **22***
 (off Victoria Sq.)
Wellstock La. *L Hul* —1D **38**
Well St. *Ain* —2E **25**
Well St. *Bolt* —4E **23**
Well St. *Tyl* —6G **37**
Wemsley Gro. *Bolt* —2F **23**
Wenderholme Lodge. *Bolt* —3E **21**
Wendover Dri. *Bolt* —6E **21**
Wenlock Clo. *Hor* —3E **9**
Wenlock Rd. *Hind* —2A **34**
Wenlock St. *Hind* —3A **34**
Wentbridge Rd. *Bolt* —3F **29**
Wentworth Av. *Farn* —6G **31**
Wentworth Clo. *Rad* —1F **33**
Wesley Clo. *W'houg* —3G **27**
Wesley Ct. *Tot* —2G **15**
Wesley Ct. *Wor* —3G **39**
Wesley M. *Bolt* —4E **23**
Wesley St. *Ath* —4E **37**
Wesley St. *Bolt* —6C **22**
Wesley St. *Brom X* —1E **13**
Wesley St. *Farn* —6A **32**
Wesley St. *Tot* —2G **15**
Wesley St. *W'houg* —3G **27**
Wessex Clo. *Stand* —2A **16**
West Av. *Farn* —5F **31**
West Av. *Wor* —4G **39**
Westbank Rd. *Los* —5D **20**
W. Bank St. *Ath* —6E **37**
Westbourne Av. *Bolt* —2E **31**
Westbourne Av. *Clif* —2F **41**
Westbrook Ct. *Bolt* —5E **23**
Westbrook St. *Bolt* —5E **23**
 (in two parts)
Westbury Clo. *Bury* —2H **25**
Westbury Clo. *W'houg* —4A **28**
Westby Gro. *Bolt* —3G **23**
Westcliffe Rd. *Bolt* —3D **12**
West Clo. *Ath* —6E **37**
Westcott Clo. *Bolt* —4A **14**
Westcourt Rd. *Bolt* —2B **30**
Westend St. *Farn* —4F **31**
Westerdale Clo. *Tyl* —6H **37**
Westerdale Dri. *Bolt* —6G **21**
Westerton Ct. *Bolt* —6B **22**
Westfield Rd. *Ath* —6E **37**
Westfield Rd. *Bolt* —3H **29**
Westgate Av. *Bolt* —4A **22**
Westgate Av. *Ram* —5H **5**
West Gro. *W'houg* —1G **35**
Westgrove Av. *Bolt* —3C **12**
Westhoughton Rd. *Hth C* —1D **6**
WESTHOUGHTON STATION. *BR*
 —3G **27**
Westlake Gro. *Hind* —3D **34**
Westland Av. *Bolt* —2G **21**
Westland Av. *Farn* —1G **39**
Westleigh. *Bolt* —2D **22**
Westleigh La. *Leigh* —5F **35**
Westmarsh Clo. *Bolt* —2C **22**
W. Meade. *Bolt* —3B **30**
Westmeade Rd. *Wor* —2G **39**
Westminster Av. *Farn* —5G **31**
Westminster Av. *Rad* —1F **33**

Westminster Rd. *Bolt* —4C **12**
Westminster Rd. *Wor* —5H **39**
Westminster St. *Farn* —5G **31**
Westminster St. *Swint* —6F **41**
Westmorland Rd. *Tyl* —5G **37**
Weston Av. *Clif* —3G **41**
Weston Rd. *Rad* —4G **25**
Weston St. *Ath* —3E **37**
Weston St. *Bolt* —1D **36**
Weston St. *Tyl* —6G **37**
Westover St. *Swint* —6G **41**
West St. *Ath* —6E **37**
West St. *Bolt* —4A **22**
West St. *Farn* —4A **32**
West St. *Ince* —4D **34**
West Wlk. *Eger* —5B **2**
West Way. *Bolt* —6F **13**
West Way. *L Hul* —2E **39**
*Westwell Gdns. Bolt —2C **22***
 (off Halliwell Rd.)
Westwick Ter. *Bolt* —1C **22**
Westwood Av. *Wor* —4E **39**
Westwood Rd. *Bolt* —3A **22**
Westwood Rd. *Farn* —5H **31**
Westworth Clo. *Bolt* —3B **22**
Wetheral Clo. *Hind I* —4E **35**
Wetheral Dri. *Bolt* —2C **30**
Weybourne Gro. *Bolt* —5F **13**
Weybridge Clo. *Bolt* —3C **22**
Weycroft Clo. *Bolt* —5C **24**
Weymouth Dri. *Hind* —3C **34**
Weymouth St. *Bolt* —1C **22**
Weythorne Dri. *Bolt* —5D **12**
Whalley Av. *Bolt* —6F **11**
Whalley Cotts. *Blac* —3A **18**
Whalley Dri. *Bury* —1H **25**
Whalley Gro. *Leigh* —6F **35**
Wharfedale. *W'houg* —3H **27**
Wharncliffe St. *Hind* —2A **34**
Wharton La. *L Hul* —3B **38**
Wheatfield St. *Bolt* —6F **23**
Wheatley Rd. *Wdly* —5F **41**
Wheeldale Clo. *Bolt* —1C **22**
Wheelton Clo. *Bury* —2H **25**
Whewell St. *Tyl* —6G **37**
Whins Av. *Farn* —5C **30**
Whins Crest. *Los* —4C **20**
Whinslee Dri. *Los* —4C **20**
Whipney La. *G'mnt* —5F **5**
Whiston Dri. *Bolt* —5G **23**
Whitbeam Gro. *Hind* —5A **34**
Whitburn Rd. *Bolt* —1E **29**
Whitby Clo. *Bury* —1H **25**
*Whitchurch Gdns. Bolt —1C **22***
 (off Gladstone St.)
Whitebeam Wlk. *W'houg* —3H **27**
White Birk Clo. *G'mnt* —5H **5**
Whitechapel Clo. *Bolt* —4A **24**
Whitecroft Rd. *Bury* —6H **15**
Whitecroft Rd. *Bolt* —2F **21**
Whitegate. *Bolt* —3C **22**
Whitegate Dri. *Bolt* —4D **12**
Whitehall La. *Blac* —1H **17**
Whitehead Cres. *Rad* —6E **33**
Whitehead St. *Wor* —3H **39**
Whitehill Cotts. *Bolt* —3B **12**
Whitehill La. *Bolt* —3B **12**
White Horse Clo. *Hor* —4E **9**
White Horse Gro. *W'houg* —3A **28**
White Houses. *Bolt* —2F **21**
White Lady Clo. *Wor* —4D **38**
Whiteland Av. *Bolt* —6A **24**
White Lion Brow. *Bolt* —4C **22**
Whites Croft. *Swint* —6H **41**
Whitestone Clo. *Los* —5D **20**
Whiting Gro. *Bolt* —5E **21**
Whitland Av. *Bolt* —3F **21**
Whitley Cres. *Wig* —6A **16**
Whitley St. *Bolt* —3H **31**
Whitsters Hollow. *Bolt* —6H **11**
Whitsundale. *W'houg* —3H **27**
Whittle Dri. *Wor* —2G **39**
Whittle Gro. *Bolt* —2H **21**
 (in two parts)
Whittle Hill. *Eger* —4C **2**
Whittle's Ter. *W'houg* —4G **27**

Whittle St. *Wor* —4H **39**
Whitton M. *Hor* —5D **8**
Whitwell Gdns. *Hor* —4D **8**
Whitworth St. *Hor* —1E **19**
Whoolden St. *Farn* —4G **31**
Whowell Fold. *Bolt* —6A **12**
Whowell St. *Bolt* —5C **22**
Wichbrook Rd. *Wor* —4D **38**
Wicheaves Cres. *Wor* —4D **38**
Wicheries, The. *Wor* —4D **38**
Wicket Gro. *Clif* —3G **41**
Wickliffe St. *Bolt* —3C **22**
Widcombe Dri. *Bolt* —6B **24**
Widford Wlk. *Blac* —2H **17**
Wiend Hall. *W'houg* —3G **27**
Wigan La. *Chor* —1B **6**
Wigan La. *Cop* —3A **6**
Wigan La. *Wig* —6A **16**
Wigan Rd. *Ath* —4H **35**
Wigan Rd. *Bolt* —3D **28**
Wigan Rd. *Ince* —6F **16**
Wigan Rd. *Stand* —5A **16**
Wigan Rd. *W'houg* —6C **26**
Wilbraham Rd. *Wor* —4H **39**
Wilbraham St. *W'houg* —5G **27**
Wilby Av. *L Lev* —6C **24**
Wildbrook Clo. *L Hul* —4C **38**
Wildbrook Gro. *L Hul* —4C **38**
Wildbrook Rd. *L Hul* —3C **38**
Wilderswood Av. *Hor* —5E **9**
Wilderswood Ct. *Hor* —5E **9**
Wildman La. *Farn* —5D **30**
Wildwood Clo. *Ram* —3H **5**
Wilfred Rd. *Wor* —5H **39**
Wilfred St. *Brom X* —2E **13**
Wilfred St. *Swint* —6H **41**
Wilkinson Av. *L Lev* —6C **24**
Wilkinson Gdns. *Bolt* —4B **12**
Wilkinson Rd. *Bolt* —4B **12**
Willand Clo. *Bolt* —5C **24**
Willand Dri. *Bolt* —6C **24**
Williamson Av. *Rad* —5H **25**
William St. *Hind* —2A **34**
William St. *Hor* —6D **2**
William St. *L Lev* —2D **32**
Willis St. *Bolt* —1A **30**
Willowbank. *Clif* —5H **41**
Willowbank. *Rad* —5H **33**
Willowbank Av. *Bolt* —5F **23**
Willow Clo. *And* —1F **7**
Willow Clo. *Bolt* —1H **29**
Willowcroft Av. *Asp* —2B **26**
Willowdene Clo. *Brom X* —1D **12**
Willow Dri. *Hind* —4B **34**
Willow Hey. *Brom X* —2G **13**
Willowmoss Clo. *Wor* —6A **40**
Willows La. *Bolt* —1H **29**
*Willows, The. Ath —4D **36***
 (off Water St.)
Willows, The. *Brad F* —6C **24**
Willow St. *Ath* —3C **36**
Wilmcote Clo. *Los* —5D **20**
Wilmot St. *Bolt* —6A **12**
Wilmslow Av. *Bolt* —4C **12**
Wilson Fold Av. *Los* —2H **19**
Wilsons Brow. *Farn* —4B **32**
Wilson St. *Farn* —5A **32**
Wilson St. *Hor* —5C **8**
Wilson St. *Rad* —1H **33**
Wilton Rd. *Bolt* —4C **12**
Wilton St. *Bolt* —6D **12**
Wimberry Hill Rd. *W'houg* —2F **27**
Wimborne Clo. *Los* —2H **19**
Wincanton Dri. *Bolt* —2B **12**
Winchester Rd. *Rad* —6F **25**
Winchester Way. *Bolt* —2H **23**
Windale. *Wor* —4F **39**
Windermere Av. *Ath* —2D **36**
Windermere Av. *L Lev* —1C **32**
Windermere Dri. *Adl* —1F **7**
Windermere Rd. *Farn* —5C **30**
Windermere Rd. *Hind* —2A **34**
Windermere St. *Bolt* —6D **12**
Windley St. *Bolt* —3E **23**
*Windley St. Cvn. Site. Bolt —3E **23***
 (off Windley St.)
Windmill Clo. *Wor* —2G **39**
Windmill Rd. *Wor* —3G **39**
Windover Clo. *Bolt* —6G **29**

Windover St. *Bolt* —1G **29**
Windrush Dri. *W'houg* —4H **27**
Windsor Av. *Adl* —3D **6**
Windsor Av. *L Hul* —2F **39**
Windsor Av. *L Lev* —2C **32**
Windsor Clo. *G'mnt* —6H **5**
Windsor Cres. *Asp* —6H **17**
Windsor Dri. *Hor* —1G **19**
Windsor Gro. *Bolt* —2A **22**
Windsor Gro. *Hind* —4D **34**
Windsor Gro. *Rad* —6D **32**
Windsor Rd. *Brom X* —2E **13**
Windsor St. *Ath* —5E **37**
Windycroft. *Brom X* —1F **13**
Windy Harbour La. *Brom X* —1F **13**
Windyhill Dri. *Bolt* —2G **29**
Wingate Rd. *L Hul* —3F **39**
Wingates Gro. *W'houg* —2F **27**
Wingates Ind. Est. *W'houg* —2F **27**
Wingates La. *W'houg* —6G **19**
Wingates Rd. *Wig* —6A **16**
Wingates Sq. *W'houg* —2G **27**
Winifred Kettle Ho. *W'houg*
 —6H **27**
Winifred Rd. *Farn* —4E **31**
Winmarleigh Clo. *Bury* —2H **25**
Winscar Rd. *Hind* —6A **26**
Winsford Gro. *Bolt* —6F **21**
Winslow Rd. *Bolt* —2C **28**
Winson Clo. *Bolt* —1C **30**
Winster Clo. *Bolt* —2B **24**
Winster Dri. *Bolt* —2A **24**
Winston Av. *L Lev* —2E **33**
Winston Clo. *Rad* —6G **25**
Winterbottom St. *Bolt* —6C **22**
Winterburn Av. *Bolt* —3F **13**
Winterfield Dri. *Bolt* —2G **29**
Winter Hey La. *Hor* —6D **8**
Winter St. *Bolt* —6B **12**
Winterton Clo. *W'houg* —4A **28**
Winton Grn. *Los* —3H **19**
Winton Gro. *Bolt* —1E **29**
Winward St. *Bolt* —1G **29**
Winward St. *W'houg* —4G **27**
Wirral Clo. *Clif* —5H **41**
Wisbeck Rd. *Bolt* —3G **23**
Withington La. *Asp* —4A **26**
Withins Clo. *Bolt* —3A **24**
Withins Dri. *Bolt* —3A **24**
Withins Gro. *Bolt* —3A **24**
Withins La. *Bolt* —3A **24**
Withnell Dri. *Bury* —2H **25**
Witney Clo. *Bolt* —1C **22**
Woburn Av. *Bolt* —6G **13**
Woburn Av. *Leigh* —6F **35**
Woking Gdns. *Bolt* —2C **22**
*Woking Ter. Bolt —2C **22***
 (off Bk. Woking Gdns.)
Wolfenden St. *Bolt* —1C **22**
Wolfenden Ter. *Bolt* —1C **22**
Wolford Dri. *Tyl* —6A **38**
Wolsey Clo. *Rad* —2H **33**
Wolsey St. *Rad* —2H **33**
Wolver Clo. *L Hul* —1F **39**
Woodbank. *Bolt* —1H **23**
Woodbine Rd. *Bolt* —2A **30**
 (in two parts)
Woodbridge Dri. *Bolt* —2F **23**
Woodburn Dri. *Bolt* —6H **11**
Woodchurch Clo. *Bolt* —2C **22**
Wood Cottage Clo. *Wor* —4D **38**
Wooddagger Clo. *Bolt* —2B **34**
Woodfield Gro. *Farn* —1G **39**
Woodfield St. *Bolt* —2D **22**
Wood Fold. *Brom X* —3G **13**
Woodford Dri. *Swint* —5G **41**
Woodford Gro. *Bolt* —1A **30**
Woodford St. *Hind* —1A **34**
Woodgate St. *Bolt* —2E **31**
Woodhall Clo. *Bolt* —6G **13**
Woodham Wlk. *Bolt* —6B **22**
Wood Hey Clo. *Rad* —7F **33**
Woodhey Rd. *Ram* —4H **5**
Woodhouse St. *Ath* —5D **36**
Woodland Av. *Bolt* —3F **31**
Woodland Av. *Hind* —4C **34**
Woodland Gro. *Eger* —5B **2**
Woodlands Dri. *Bolt* —2F **37**
Woodlands, The. *Los* —3C **20**

A-Z Bolton 63

Woodland View—Zetland Av.

Woodland View. *Brom X* —1F **13**
Woodside Av. *Wor* —5B **40**
Woodside Pl. *Bolt* —6G **23**
Woods Lea. *Bolt* —4F **21**
Woodsleigh Coppice. *Bolt* —5F **21**
Woodsley Rd. *Bolt* —1F **21**
Woods Rd. *Asp* —6G **17**
Woodstock Dri. *Bolt* —2G **21**
Woodstock Dri. *Tot* —2F **15**
Wood St. *Ath* —3B **36**
Wood St. *Bolt* —4D **22**
Wood St. *Farn* —3H **31**
Wood St. *Hind* —4D **34**
Wood St. *Hor* —6E **9**
Wood St. *Rad* —5G **33**
Wood St. *Tyl* —6H **37**
Wood St. *W'houg* —5G **27**
Wood Ter. *Ain* —2F **25**
Woodvale Av. *Asp* —2B **26**
Woodvale Av. *Ath* —2B **36**
Woodvale Av. *Bolt* —3B **30**
Woodvale Dri. *Bolt* —3B **30**
Woodvale Gdns. *Bolt* —3B **30**
Woodvale Gro. *Bolt* —3B **30**
Woodwards Rd. *W'houg* —1H **35**

Woolden St. *Swint* —5G **41**
Woolston Dri. *Tyl* —6A **38**
Worcester Av. *Hind* —1B **34**
Worcester Rd. *L Lev* —2B **32**
Worcester Rd. *Wdly* —5F **41**
Worcester St. *Bolt* —2C **22**
Wordsworth Av. *Ath* —3D **36**
Wordsworth Av. *Farn* —6F **31**
Wordsworth Av. *Rad* —1G **33**
Wordsworth Rd. *L Hul* —2F **39**
Wordsworth Rd. *Swint* —6F **41**
Wordsworth St. *Bolt* —2B **22**
Worrell Clo. *Rad* —1H **33**
Worsbrough Av. *Wor* —5G **39**
Worsel St. *Bolt* —1A **30**
Worsley Av. *Wor* —4E **39**
Worsley Gro. *Wor* —5E **39**
Worsley Rd. *Bolt* —1G **29**
Worsley Rd. *Farn* —1H **39**
Worsley Rd. N. *Wor* —2H **39**
Worsley St. *Pen* —5H **41**
Worsley St. *Tot* —2G **15**
Worston Av. *Bolt* —6F **11**
Worthing Gro. *Ath* —4B **36**
Worthington Fold. *Ath* —4B **36**

Worthington St. *Bolt* —2A **30**
Wrath Clo. *Bolt* —4F **13**
Wrenbury Dri. *Bolt* —3D **12**
Wren Clo. *Farn* —5D **30**
Wrigglesworth Clo. *Bury* —6H **15**
Wright St. *Hor* —5D **8**
Wright St. *Rad* —2H **33**
Wroe St. *Pen* —4H **41**
Wykeham M. *Bolt* —4G **21**
Wyndham Av. *Bolt* —3G **29**
Wyndham Av. *Clif* —4H **41**
Wynne Av. *Clif* —4H **41**
Wynne St. *Bolt* —1C **22**
Wynne St. *L Hul* —3E **39**
Wynne St. *Tyl* —6F **37**
Wyresdale Rd. *Bolt* —3A **22**
Wythall Av. *L Hul* —1F **39**
Wythburn Av. *Bolt* —2G **21**

Yarrow Gro. *Hor* —5D **8**
Yarrow Pl. *Bolt* —2B **22**
Yates Dri. *Wor* —4E **39**
Yates St. *Bolt* —2E **23**
Yealand Gro. *Hind* —2C **34**

Yellowbrook Clo. *Asp* —5G **17**
Yellow Lodge Dri. *W'houg* —4B **28**
Yew Clo. *Bolt* —1H **29**
Yewdale Av. *Bolt* —1B **24**
Yewdale Gdns. *Bolt* —1B **24**
Yew Tree Av. *Ath* —3C **36**
Yew Tree Dri. *Los* —5B **20**
Yew Tree La. *Bolt* —4E **13**
York Av. *L Lev* —2C **32**
York Av. *Swint* —5F **41**
York Av. *Tyl* —5F **37**
York Pl. *Adl* —1E **7**
York Rd. *Hind* —1B **34**
York St. *Ath* —4D **36**
York St. *Farn* —5A **32**
York Ter. *Bolt* —1C **22**
Young St. *Farn* —6A **32**
Young St. *Rad* —6H **25**

Zetland Av. *Bolt* —3H **29**
Zetland Av. N. *Bolt* —3H **29**

Every possible care has been taken to ensure that the information given in this publication is accurate and whilst the publishers would be grateful to learn of any errors, they regret they cannot accept any responsibility for loss thereby caused.

The representation on the maps of a road, track or footpath is no evidence of the existence of a right of way.

The Grid on this map is the National Grid taken from the Ordnance Survey map with the permission of the Controller of Her Majesty's Stationery Office.

Copyright of Geographers' A-Z Map Co. Ltd.

No reproduction by any method whatsoever of any part of this publication is permitted without the prior consent of the copyright owners.